战争
事典
057

中 国 甲 胄 史 图 鉴

周渝 —— 著

江苏凤凰文艺出版社

JIANGSU PHOENIX LITERATURE AND
ART PUBLISHING, LTD

图书在版编目（CIP）数据

战争事典 . 057, 中国甲胄史图鉴 / 周渝著 . -- 南京：江苏凤凰文艺出版社，2020.6
ISBN 978-7-5594-4940-5

Ⅰ . ①战… Ⅱ . ①周… Ⅲ . ①战争史 – 史料 – 世界 Ⅳ . ① E19

中国版本图书馆 CIP 数据核字 (2020) 第 097792 号

战争事典.057，中国甲胄史图鉴

周渝 著

责任编辑	孙金荣
特约编辑	丁秀群 朱章凤
装帧设计	王　星
出版发行	江苏凤凰文艺出版社
	南京市中央路 165 号，邮编：210009
网　　址	http://www.jswenyi.com
印　　刷	重庆长虹印务有限公司
开　　本	787 毫米 × 1092 毫米 1/16
印　　张	21
字　　数	310 千字
版　　次	2020 年 6 月第 1 版　2020 年 6 月第 1 次印刷
书　　号	ISBN 978-7-5594-4940-5
定　　价	99.80 元

江苏凤凰文艺版图书凡印刷、装订错误可随时向承印厂调换

目录

CONTENTS

目录
C O N T E N T S

前言

说实话，我对古代甲胄最初的认知既没有考虑历史，也没从军事武备的角度思考，而是陷于其颜值——被历史上各国甲胄精美的外观所吸引，总希望有朝一日有机会穿。不过，后来能成为甲胄爱好者的起源来自军装，自中学时代开始，就对二战时期的军服产生了浓厚的兴趣；大学毕业后，从事的工作又与历史相关，可谓如鱼得水。那时，我的主要精力在中国近代史上，收藏了近代中国军人相关的各种老军服、老照片、老物件，甚至会将一些复刻的军服作为日常服饰穿。出于对戎装的喜爱，在研习和收藏近代中国军服的同时，也会关注古代军戎服饰。万万没想到，一入甲坑深似海，尤其是收藏了第一套复原款甲胄后，便深陷其中无法自拔。

2016 年是我对甲胄热情最盛的时期，当时虽然主攻方向仍是中国近代史，但每天只要一打开电脑，就情不自禁地在网上搜罗各种与甲胄相关的资料、图片，或是欣赏一些手艺人根据文物资料复原的甲胄，在此期间结识了许多志同道合的好友。为了不辜负这份热情，当时便向所在单位申请，在《国家人文历史》上做一期关于甲胄的选题，很快获得批准，这样一来热情更为高涨，沉迷甲胄也变得名正言顺。这期名为《铠甲：冷兵器时代的男人装》的刊物于 2017 年元旦正式上市。其偏向于科普，涉及内容比较广泛，既有中国古代甲胄的内容，也介绍了西方甲胄、日本甲胄等国外甲胄，当时我个人担任明清甲胄与日本甲胄这两部分的撰稿，虽然限于篇幅不能展开写，但在做完这期专题后，萌生了专门撰写一本讲述中国甲胄图书的想法。

此后，我一面收藏越来越多的甲胄模型，先后购置了几套仿明制甲胄；一面无论是平时研读史料，还是到各地博物馆游览，都会下意识去拍摄、搜集和甲胄相关的东西。大概在 2018 年年底便下定决心撰写一部《中华甲胄史》。我一开始的规划是，将甲胄与中国古代战争史、武备发展史结合起来进行叙述，类似于微观历史的模式。其后资料收集和撰写过程也大体是朝着这个方向进行的，例如写秦代甲胄，秦陵兵马俑是极为重要的参考对象，根据出土的彩俑可知，秦军戎服的服色并不统一。而另一件出土文物，一封两千多年前的战地家书的内容又印证了秦军服色不统一这一细节，家书不仅提供了凭证，也为内容增添了几分人情味，我希望用这样的方式去触碰历史的温度。

历史的温度是我撰稿过程中一直努力去寻找的。此前在进行抗日战争史的研习和写作时我养成了"四位一体"的习惯。写一场战役，首先，尽可能地阅读和整合该战役的第一手历史资料，基础工作准备充分；其次，访谈参与过该战役的老兵，通过亲历者的口述史来印证战史；第三，凭借历史旧物，如历史照片、证章文物、军品等探寻历史细节；第四，穿着那个年代的军服、打上绑腿、背上装备重走战场。通过研读、寻访、收藏和体验，再撰写与该战役相关的文章，会有身处历史之感，不容易限于枯燥的数据而倍感无聊。这次撰写《中国甲胄史图鉴》，也沿用了这一方法。

当然，古代史与近代史存在区别，例如，之前写中国远征军，我还能找到不少健在的抗战将士，但后来写萨尔浒之战就不可能找到亲历者了。故而，这方面得靠古人留下的笔记、札记来弥补。此外，我爱收藏甲胄，时常穿着各式铠甲进行体验，例如，我曾穿明制布面甲重走平播之役的古战场海龙屯，穿明制札甲重走明清战争中的墙子岭长城遗址，穿大汉将军仪仗甲"重演《出警入跸图》"等，在夏季被朋友称为"反季节战士"。与此同时，在撰写本书期间，就甲胄复原中的修复与甲胄制作问题，我请教了专业人士，如采访了曾领队兵马俑修复工作的王东峰老师，对唐墓壁画进行修复和保护的王佳老师等文物工作者，并向甲胄圈内的宗匠老师、郝岭老师、李辉老师等甲胄制作师寻求帮助。可以说，多亏众多师友的帮助，这本《中国甲胄史图鉴》今天才得以完成。

在我个人看来，《中国甲胄史图鉴》一书的主角虽是甲胄，但终究离不开古代战争史这个大课题。故而在书中，除了对甲胄发展史进行叙述外，我也撰写了不少相关历史稿件作为知识链接附于正文后。这些知识链接，我都投入了很多心血，希望各位读者能够喜欢。

古语有云："国之大事，在祀与戎！"甲胄作为中国古代战争史上的一个重要组成部分，其历史、文化及影响博大精深。对我而言，这本《中国甲胄史图鉴》只是在武备研

前言

习路上的开端。在下才疏学浅，谬误之处还望大家斧正。今后征途，愿与诸君风雨同舟。

《中国甲胄史图鉴》一书，既是这些年赏玩甲胄的见证，亦是两年以来从史料收集、实践体验到撰稿完成的心血结晶，同时也是本人出版的第一部关于中国古代史的作品，于我而言意义非凡。必须强调的是，在本书创作过程中，笔者得到了众多师友的帮助！

首先感谢丁秀群老师在本书出版过程中提供的帮助。与此同时，在历史资料方面，本书得到了刘永华、郭晔旻、陈大威、王东峰几位老师的帮助；在甲胄制作技术方面，得到宗匠、郝岭、何东明以及函人堂团队众师友的帮助；复原款甲胄摄影插图，陈斐孺、李辉两位师友提供了帮助；甲胄绘图得到了刘永华、刘诗巍、程亮、杨翌几位师友的帮助；复原款明代赐服摄影插图，得到了陈雪飞、楼静以及控弦司团队的帮助；清代部分新军制服史料，得到了好友三桶兄的帮助。特此感谢！

此外，此书撰写和出版过程中，笔者还得到了许多朋友的帮助和支持，他们是（排名不分先后）：

唐建光、熊崧策、纪彭、桂湘黔、马伊腾、狐周周、曹江波、温陈华、洪玮、尉迟紫阳、张思迪、李洋洋、殷大为、阿宁、秦智雨、小碗、凡心客、凌霄、王茜霖、于梦婷、周娜、冬小蜜、董进、姚璇－西子、脑洞使者伊闪闪、好儿公子、美泪、听风、林屋公子、秦尸三摆手、李彬彬、殿前司－胖虎、吉恩煦、孙宇翔、王戬、邹德怀、石智文、孙潇潇、于岳、安梁、杨津涛、黄麒冰、徐艺格、白孟宸、林依婷、琥璟明、原廓、北条早苗、郭登利、黄哲、萧西之水、李想、林小乔、圈圈圈儿、绯莳七等。由于人数众多，鸣谢中如有不慎漏列的朋友，还望见谅。

周渝

2020 年 4 月

· 清　· 明　· 元　· 宋　· 唐　· 三国两晋南北朝　· 汉　· 秦　· 先秦

甲胄前传

操吾天戈兮被犀甲，车错毂兮短兵接。

从蚩尤传说到皮革时代

操吴戈兮被犀甲，车错毂兮短兵接。

旌蔽日兮敌若云，矢交坠兮士争先。

凌余阵兮躐余行，左骖殪兮右刃伤。

霾两轮兮絷四马，援玉枹兮击鸣鼓。

天时怼兮威灵怒，严杀尽兮弃原野。

出不入兮往不反，平原忽兮路超远。

带长剑兮挟秦弓，首身离兮心不惩。

诚既勇兮又以武，终刚强兮不可凌。

身既死兮神以灵，子魂魄兮为鬼雄！

——屈原《九歌·国殇》

传说时代与原始护甲

在遥远的先秦时代，楚国诗人屈原以楚地民间祭神乐歌为底，书成《楚辞》中的名篇——《九歌》。相信读过它的人都知道，《九歌》中多数篇章描写的是神灵间的眷恋或是缠绵的爱情，思念与伤感并存，充满浪漫气息。唯《国殇》这篇

▶ 错金银云纹青铜犀尊，长 58.1 厘米，1963 年出土于陕西兴平豆马村，现藏于中国国家博物馆。根据其通体的流云纹，可以推测是西汉的器物

颇为特殊，它留给后人的画面是金戈铁马的沙场，是奋勇驰骋的国士，更是吴戈、健马、秦弓、旌旗、战鼓、硝烟编织成的一曲战歌。有关中华甲胄的历史，我们就从《国殇》首句中的"犀甲"说起。

今天的中国人都知道，犀牛是"外国的牛"，现在中国是不产犀牛的。但根据考古发现，古中国有犀牛。犀牛生活的主要特点为：栖息于低地或海拔2000多米的高地，夜间活动，独居或结成小群，生活区域从不脱离水源。中国浙江河姆渡遗址、河南安阳殷墟遗址都曾挖掘出犀牛骸骨。中国国家博物馆藏有一尊错金银云纹青铜犀牛，根据其通体的流云纹，可以推测出其为西汉时期的器物。大量证据表明，历史上犀牛在我国中原分布的北界直抵黄河一带。这些曾广泛生活在中原的犀牛竟至消亡（或迁徙），很大程度上与战争和铠甲相关。

有句骂人脸皮厚的话叫"脸皮比犀牛皮还厚"，可谓十分贴切。犀牛是一种厚皮动物，但也因此给它们带来了灭顶之灾——犀牛坚厚的皮成为先秦武士们制作"护身衣"的首选材料。在先秦古籍中，多有以犀牛皮制作护身甲的记载，如《国语·晋语》中就记有"昔吾先君唐叔射兕于徒林，以为大甲，以封于晋"，这里的"兕"，指犀牛一类的动物。全句意为射死了独角犀，并用它的皮制作成了甲。而《周礼》对犀牛皮制作武士之甲则有更详细的说明："函人为甲。犀甲七属，兕甲六属，合甲五属。犀甲寿百年，兕甲寿二百年，合甲寿三百年。"所谓"函人"，是指制作甲胄的工匠，而两片犀牛皮双合则称"合甲"，也是先秦记载中寿命最长的一种甲。

春秋战国时期，甲胄已经发展得相当成熟。那么，犀牛皮究竟是什么时候成为武士甲胄首选品的？中国的甲胄究竟起源于何时？根据现有的考古成果还很难下结论。在中国传说中，甲胄的发明者是与黄帝争霸的蚩尤。上古之世，神州大地，诸多部落战争不断，蚩尤"以金作兵，一弓，二殳，三矛，四戈，五戟"，又发明了盔甲，厉兵秣马，率领八十一个兄弟重组联军北上抵御黄帝部落，激战于涿鹿，最终为黄帝所杀。尽管蚩尤战败，但他发明的兵器和甲胄却在中原大地流传，与之相伴的是连年兵祸。宋金时期的诗人元好问生逢乱世，苦于战火，愤然写下"从谁细向苍苍问，争遣蚩尤作五兵"这样的诗句。

当然，所谓蚩尤发明甲胄和兵器之说只属于上古传说，而甲胄真正的起源，

▶ 汉代蚩尤画像拓片，上古传说中，蚩尤是甲胄的发明者，但在真实历史中，甲胄不可能是一个人发明的，而是在长期不断的部落冲突中产生的

不可能是一人一时所成。可以说，世界各地最早的甲都大同小异。一是利用竹子、藤条等植物进行编织，制作成具有一定防御力的原始甲，《三国演义》中孟获麾下藤甲兵使用的甲就是这类原始甲。事实上，这种原始甲并未因文明发展而消失，直至19世纪末至20世纪上半叶，中国台湾、云南以及东南亚等地依然存在不少原始部落，当时有一批日本学者对这些部落的原始甲进行过收集，这些甲基本上都以植物为原材料。尽管不能下定论说远古中国的原始甲胄形制就是这样，但通过它们不难推断出原始甲胄的基本制作方法。

二是利用动物皮毛制甲。以植物作为原始甲胄材料毕竟防御力有限，而人类在原始部落相互征伐中为了保护自己，从动物皮毛得到了启发。早在山顶洞人时期，人类就已经开始用兽皮制衣，而后又演变为战斗中的甲。东汉刘熙在《释名》中这样解释甲的意义："铠，犹垲也；垲，坚重之言也。或谓之甲，似物孚甲以自御也。"也就是说，先人们从动物"孚甲以自御"得到启示，遂以动物皮毛作为材料，与植物结合编织，制作成甲以护身，同时也制作了保护头部的护具，形成了最早的甲胄。

▲ 商周时期的青铜胄复制品，现藏于中国人民革命军事博物馆（周渝 摄）

◀ 江西新干大洋洲商墓出土的商代青铜胄

殷商甲胄之影

先秦时代，皮甲无疑是甲胄的主流形制。不过皮制品不易保存，加上年代久远，如今很难准确得知当时甲胄的具体形制，只能通过史料记载和考古发掘出的残片进行推断。

远古时期兽皮衣与作战用的甲的界限该如何划分？中国究竟在什么时候出现的甲？唐人司马贞撰写的《史记索隐》，对《史记·夏本纪》中"帝少康崩，子帝予立"的注解为"作甲者也"。予也作"杼"，是夏朝第七代国君，按照司马贞的考证，至少在夏朝，我国已有军事意义上的甲。当然，如果以考古实物作为依据的话，我国最早的甲则出现在殷商时代。20世纪初，河南省安阳市发现了商朝后期都城遗址——殷墟。1928年，殷墟正式开始考古发掘，发现了大量都城建筑遗址，出土了以甲骨文、青铜器为代表的文化遗存，这些遗迹和文物系统地展现了中国商代晚期辉煌灿烂的青铜文明，也确立了殷商社会作为信史的科学地位。

1935年在河南安阳侯家庄1004号墓道中发现的皮甲残迹，也向世人证明，早在殷商时代，武士们已有专用的防身甲胄。由于年代久远，殷商皮甲出土时皮革

商代武士复原图（刘永华 绘）

已腐烂，只有甲面上黑、红、白、黄四色漆彩的图案纹样残存于泥土之上。这一副皮甲残迹最大直径在 400 毫米左右，据此推断其形制为整片的皮甲。这也是迄今发现的年代最早，也比较可信的一个实例，年代大约为商代后期。

与皮甲残迹一同发现的还有大量青铜胄。胄即头盔，在甲骨文中，"胄"字与顶部有盔缨的头盔非常相似。由于材质为青铜，殷墟中的胄得以遗存，数量在 140 顶以上。殷墟文物证明，商代胄的形制并没有完全统一，至少有六至七种，大多数青铜头盔顶部都铸有一根用来插羽璎饰物的铜管，此外还配有青铜面甲，这些面甲大多是面目狰狞的兽面。之所以如此制作，可能是为了在战场上吓唬敌人，也可能与商代巫术有关。近年来，还新发现了戴在盔胄上的青铜首铠，应为加强头部防御的增补装置。

通过殷墟的青铜胄和皮甲残迹，可以推测出当时中国甲胄已有较为成熟的工艺。商代虽是青铜文明，但还不具备将青铜制作成身甲的技术。当时的青铜除了铸造头盔外，还会被铸造成身甲上一些小的配饰和装备。学者刘永华根据现有考古成果结合推断进行复原，绘制了殷商时期身穿甲胄的武士图，图上的武士身穿纹样华丽的皮甲，耳朵戴有耳环，与我们印象中秦汉时期的武士形象差别相当大，倒是与 20 世纪 30 年代，仍处于原始状态的云南傈僳族使用的皮甲颇为相似。不过，商周军士完整的甲胄究竟是何模样，还待进一步的考古发现。

千年札甲

约公元前 1046 年，武王伐纣，周武王姬发带领周与各诸侯联军起兵推翻商王帝辛（纣）的统治，建立周朝。进入西周后，中原地区皮甲的形制和制作工艺都发生了革命性变化。

周朝的甲胄变革最主要表现是札甲出世。殷商时期的身甲为整片式，进入周朝后，逐渐出现了小块的皮革甲片，这些甲片根据身体不同部位而剪裁，在甲片上穿孔，再以绳子穿引，构成便于活动的身甲，该类甲片构成的甲统称为"札甲"。在中国甲胄史上，札甲的出现是标志性变革，根据现有的考古证据，可知这种形制的甲出现于西周，至春秋战国时期进入巅峰，此后历代无论甲片材质、形制如何变化，这种以甲片编织的形式一直延续到明末清初。可以说，札甲是华夏甲胄的主流形制。周朝的另一个进步则是出现了"合甲"，即将两层或多层的皮革合在一起，涂上漆，既加强了甲的牢固性，也使甲胄更加美观。

进入东周后，王室衰微，列国争霸风起云涌，随着战争越来越频繁，用甲量与日俱增，对甲胄的数量、制式及工艺有了更高的要求。从儒家经典《周礼》中的《考工记》部分能够看到，东周对甲胄的生产已经有了严格的规定。《考工记》是春秋战国时期记述官营手工业各工种规范和制造工艺的文献，不仅保留有先秦大量的手工业生产技术、工艺美术资料，还记载了生产管理和营建制度。这部齐国的官书对函人（专门制造甲胄的工匠）制甲进行了规范："凡为甲，必先为容，然后制革。权其上旅与其下旅，而重若一，以其长为之围。凡甲，锻不挚则不坚，已敝则桡。"

▲ 根据曾侯乙墓出土的战国皮甲胄复原的模型，现藏于湖北省博物馆

也就是说，函人必须按照这个规定来制甲才算合格。唐代儒学家贾公彦为《考工记》疏证时进一步解释："上旅七节六节，节数已定，更观人之形容，长大则札长广，短小则札短狭，故云裁制札之广袤。广即据横而言，袤即据上下而说也。"不过，要用抽象的文字确定其形制并不容易，还得结合考古发现的实体文物来印证。河南安阳曾出土过战国时期的皮甲，全甲有甲片66片，其中胸甲和背甲各3片、肋甲8片、裙甲52片。裙甲由4排甲片组成，每排13片，甲片均上窄下宽，微外弧。裙甲编织方法也颇有代表性，先横编成排，后纵向相连，上下两排通过甲片中部穿孔进行活动编缀，下排压上排以便灵活向上推叠。而湖北江陵出土的一副楚国木胎皮甲，则出现了木块与皮甲结合编缀的情况，甲块正好为5列，与《考工记》中"合用，五属"的结构相印证。

先秦时代的战争中，函人制甲"必择犀、兕之皮而为之"。春秋到战国，是规模有限的争霸战过渡到残酷惨烈的兼并战的过程，随着战争越来越残酷，列国用甲量剧增，从而导致大量犀牛被捕杀。根据商代卜辞的记载，商王捕猎犀牛，战果丰盛时竟然多达71头，不难想象，当时的中国也曾遍地犀牛，但战争给生活在这片土地上的犀牛带来了灭顶之灾。当然，动物也不傻，并不会一直坐以待毙，当危险来临时，往往会发生迁徙。进入春秋战国时期后，原本分布在中原一带的犀牛大约以每年半公里的速度向西南移动，主要原因就是列国为了制甲迎战而大规模捕杀犀牛。在战国时期，犀牛资源日渐匮乏，诸侯国则退而求其次，开始将牛皮作为制甲材料。吴越争霸战争中，夫差的军队号称"水犀之甲者，亿有三千"。这里的"水犀之甲"指的便是牛皮，而"亿有三千"显然是夸张之辞，通常作"带甲十万"，当时用甲之广可见一斑。

武备时代革命

众所周知，春秋战国时代有大量青铜兵器被用于战争，放眼世界，青铜时代，地中海地区已经开始流行青铜盔甲，那么，同一时期的中国有没有青铜甲呢？还真有！山东西庵的西周车马坑出土过一具由青铜甲片编缀的胸甲。这副胸甲横向37厘米、纵向38厘米，由左、中、右三部分组成。青铜甲的边缘有8个孔，说明这副铜胸甲并非独立的甲，而是钉缀在皮甲上的增补装置。如果没有皮甲作为底衬，青铜胸甲几乎不具备防护能力。

中国工业博物馆藏有战国时期的菱形青铜甲片编织成的甲，但该甲残缺不全，具体属于哪个部位的护具尚不好确定。此外，云南省博物馆藏有一套战国时期青铜镶嵌玛瑙管的"凹"字形胸甲，不过这与金缕玉衣一样，显然是陪葬器物而非用于作战的甲胄。总体而言，这些都属于个例，在春秋战国时期，皮甲占据着甲胄的主流地位，究其原因，首先是青铜相对于皮革更重，制作成甲胄灵活度不如皮甲，制作上只能采用甲片编缀的方式，多有不便；其次，经过多年的战争，人类在制作皮甲时积累了相当多的经验，皮甲已能应对青铜兵器以及铁器的穿刺。既然皮甲已能够应对，那就没有必要去制作笨重、灵敏度低的青铜甲。

实际上，在烽烟四起的战国时代，为了不被残酷的兼并战淘汰，各国都在进行军事竞赛，皮甲制作技术突飞猛进，可以说已相当成熟。除了甲胄革新，战国时期军士的戎服也发生了革命性的改变。最著名的莫过于赵武灵王"胡服骑射"。赵国地处边境，北方有匈奴、楼烦之类的游牧民族。赵武灵王吸取了胡地的作战经验，对赵国武士所穿戎服进行改制，一改此前宽袍大袖的深衣，换为窄小利索的胡服，

▲ 战国时期的镶玛瑙管"凹"字形铜甲，江川县李家山 21 号墓出土，现藏于云南省博物馆

▲ 战国时期的菱形青铜甲片，现藏于中国工业博物馆铸造馆

变战车作战为骑马作战，很快在军事上取得成效。而赵国的革新也被六国纷纷效仿，至此奠定了历代以来甲胄之下的戎服皆为窄袖轻袍的基本形制。

不过，战国时期骑兵始终不是主流，重点还在步兵身上。随着一系列的军事变革展开，开始出现重装步兵，其中最具代表性的非魏武卒莫属。所谓"魏武卒"，指的是战国初期魏国军事家吴起训练的精锐部队。《荀子·议兵篇》记载："魏之武卒以度取之，衣三属之甲，操十二石之弩，负矢五十，置戈其上，冠胄带剑，赢三日之粮，日中而趋百里。中试则复其户，利其田宅。"这里专门提及了魏武卒的甲胄，每个士兵身上必须披上三重甲，手执长戟，腰悬铁利剑，后负犀面大橹，五十弩矢和强弩，从装备上看，已是不折不扣的重装步兵。他们不仅要带这些装备，还要携带三天的军粮，在一天内能连续急行军一百里。士兵只有通过这一系列考验，才能成为一个合格的魏武卒。

这些记载，在 20 世纪后半叶考古发现的大量实物中得到了印证，也为后人研究当时甲胄的形制和制造技术提供了宝贵的资料。1978 年，湖北随县擂鼓墩一号古墓出土了大量皮制甲胄，经过专业人士的清理和修复，成功复原了其中比较完整的 12 套甲胄。学者刘永华根据湖北随县出土的实物，结合河南洛阳出土的战国银人像上的袍服，云南剑川出土的战国臂甲和辽宁沈阳郑家洼出土的战国薛，复原了战国武士图。从复原图上不难看出，战国时期军士身甲的覆盖率已相当高，形成了由胸甲、裙甲、甲袖、盔胄组成的完整甲胄。

从青铜胄到铁兜鍪

尽管春秋战国时期没有广泛使用金属甲，但金属盔胄一直是主流。相对商朝时期纹样复杂的青铜盔胄，进入周朝后的盔胄要朴素得多。西周的胄与商代一样，采用青铜为材料，但摒弃了商代盔胄上繁杂的纹饰，从出土文物上看，完全就是个青铜帽子盖在脑袋上，什么都没有，自然不如殷墟出土的商代盔胄美观。不过，殷墟商胄工艺复杂，应该不是普通武士佩戴的。而西周朴素的盔胄在铸造成本和工艺方面大大降低，更有利于批量生产。

进入战国时期，不仅戎装、身甲不断进步，军士们保护脑袋的盔胄也有了革新，并有了新的名词——兜鍪。兜鍪，在历代记载中有时等同于胄，有时指由胄与顿项组成，覆盖面较大的头盔，有时则直接代指士兵。战国后期，随着春秋晚期出现的生铁冶炼金属技术逐步成熟，兴起了新一轮的军备革命，铁制兵器、铁制甲胄先后问世。如《吕氏春秋·贵卒》中所载："赵氏攻中山，中山之人多力者曰吾丘鴪，衣铁甲操铁杖以战。"这里的"衣铁甲"是否真为铁制呢？存在实物。1965 年，河北易县燕下都遗址 44 号墓中，出土了一顶铁制兜鍪，它的问世证实了记载中的铁制甲胄。

兜鍪，一般是指在"胄"之后出现的，形同于口袋，非整盔塑造，又有一定可变性的头盔。河北易县出土的战国兜鍪形制与出土的西周、东周青铜胄完全不同，并不是由一片式的金属打造而成，而是由 89 片铁甲片编缀而成，

▲ 战国时期的青铜胄复制品，现藏于中国人民革命军事博物馆（周渝 摄）

具有可变性，防护范围从头顶一直到下巴部位，仅五官露出。这项铁制兜鍪的形制与后来秦始皇兵马俑坑出土的石甲胄形制高度相似。洛阳金村出土的战国铜镜上的武士像，也戴着类似的兜鍪。可见并非特例，极可能是战国晚期军士头盔的基本形制。

在血流成河的战国时代，秦、齐、楚、燕、韩、赵、魏七个大国为一统天下进行最后决战，战争规模大、烈度强。在这场生死角逐中，七国都尽了最大努力进行军事革新，这一时期甲胄的发展就是明证。一方面，冶铁技术的发展让铁甲、铁盔相继问世，另一方面，当时冶铁技术又尚未成熟，只能使用陨铁，资源极其有限，故而皮甲和青铜胄依旧是那个时代甲胄的主流。

这场军事大决战的最后赢家是崛起于西部的秦国。公元前237年，秦王嬴政亲政，其吞并六国的统一战争计划随后启动。前236年秦军攻赵，前229年秦灭赵。前231年，韩国向秦军请降，秦国受降后，把韩地划为川郡，韩亡。前225年，秦将李信率20万人伐楚，被楚军击败。同年，秦王任王贲为将率兵攻魏，仅用三个月就将魏国灭亡。前222年，秦将王翦率60万人攻灭楚国，同年，王翦之子王贲又率军攻灭燕国。前221年，王贲又率军灭齐。至此，秦王嬴政终于攻灭六国，统一天下，成为中国第一位皇帝——秦始皇。

"秦王扫六合，虎视何雄哉！挥剑决浮云，诸侯尽西来。"这究竟是一支怎样的虎狼之师，能够爆发如此高的战斗力？作为中国历史上第一个帝制王朝，大秦帝国军士们身上所穿的甲胄是何模样？它与战国时期其他几国遗址出土的甲胄有什么不同？一切谜底都将在秦始皇的地下军阵——秦陵兵马俑中揭开。

▲ 河北易县燕下都 44 号墓出土的战国铁兜鍪

西周武士复原图（刘永华 绘）

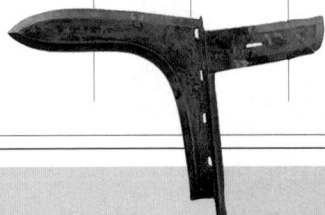

第一章

秦俑密码

岂曰无衣？与子同袍。

帝国军团的武备复原

岂曰无衣？与子同袍。

王于兴师，修我戈矛。与子同仇。

岂曰无衣？与子同泽。

王于兴师，修我矛戟。与子偕作。

岂曰无衣？与子同裳。

王于兴师，修我甲兵。与子偕行。

——《诗经·秦风·无衣》

每个战士都独一无二

　　激昂慷慨的《无衣》是秦国将士同仇敌忾、共御外侮的战歌。行军士气高涨，作战舍生忘死，正是以战扬名、闻战而喜的秦军之写照。数千年来，秦人在史家笔下一直没有缺席，他们总被作为参照物，有人批判他们残暴失德，也有人赞扬他们奋勇尚武，真正的秦军究竟是何模样？他们穿着什么样的戎装？甲胄又是什么形制？

　　1974 年，秦陵兵马俑重见天日，给予世界震撼的同时，也解开了诸多历史之惑。众所周知，秦陵兵马俑只是秦始皇陵的陪葬坑，但浩浩荡荡的军阵、制作精良的马车、栩栩如生的武士面容令人叹为观止，它使越来越多的人相信，司马迁在《史记》中关于秦陵地宫"以水银为百川江河大海，机相灌输，上具天文，下具地理。以人鱼膏为烛，度不灭者久之"的记载并没有夸张。

　　秦陵兵马俑最著名、最具代表性的照片摄自秦始皇兵马俑博物馆一号坑：一列列秦帝国军士整装待发，他们大小如真人，身披铠甲，手做持兵器状；腰束革带，腿扎裹鞋，或直立，或侧立，或半跪。他们有老有少，有喜有怒，无一相同。上千秦俑排列在一起给人整齐肃穆之感。如果去兵马俑遗址，肯定会听到当地导游讲述兵马俑如何"复活"的故事。

　　1974 年 3 月 25 日早晨，临潼县西杨村的几名农民开始动工为村子打一口水井。打井开始动工的第五天，他们发现土壤变成了红烧土，紧接着又挖出许多陶片。当时村里不少人认为是神庙里的瓦爷，很多老人赶来焚香叩拜祈福。但另一些人却不买账，他们认为这是瘟神现世，正是因为这些家伙兴妖作怪，西杨村才长期

▲ 秦始皇陵兵马俑一号坑遗址。一号坑为东西向的长方形坑，主要为车兵，车、步兵联合编队成矩形。有的
兵俑穿战袍，有的着铠甲，中间有战车，每辆战车后有驭手一名、车士两名（周渝 摄）

贫困，他们甚至拿着铁锹气势汹汹将陶俑砸碎。几个陶俑的忽然现世将宁静的小
村搅得沸沸扬扬。

也多亏这么一闹，引起了正在临潼县宴寨公社负责农田水利的干部房树民的
注意，他亲自到现场调查，发现这些陶片并不像村民说的瓦爷，而很可能是文物。
这个消息很快被通报给县文化馆，主管干部赵康民闻讯后火速赶往现场，将散失
的残片集中运回文化馆进行拼接修复，并对现场进行局部清理发掘。此事很快引
起新华社的注意，消息一经披露，立即引起国务院高度重视。当年6月30日，时
任副总理的李先念做出批示："建议请文物局与陕西省委一商，迅速采取措施，妥

善保护好这一重点文物。"

国务院做出指示后，陕西临潼立即成为全国考古学界关注的焦点。国家文物局与相关专家学者迅速赶赴陕西，对陶俑出土现场进行详尽考察，并决定委托陕西省委组织考古队进行发掘。1974 年 7 月 15 日，42 岁的考古队长袁仲一和 3 名考古队员身背行军床，带着几件简单的考古工具来到了西杨村，秦俑考古队就这样匆匆成立了。通过现场清理和考察，考古队员们发现，这批陶俑被发现并非偶然，首先，它们是在地下 5 米深处。其次，陶俑规模庞大，只要在此地一动土，就很容易挖到陶俑残片。第三，在后来的发掘过程中，于俑坑内先后发现汉墓 6 座、近现代墓 20 余座、古井 3 个、大扰坑 1 个，这些迹象无疑都证明，在 1974 年之前，兵马俑有 30 余次被人见到的经历，只是之前的人都不知此乃珍贵文物，与其失之交臂，最终将这一历史使命留到了 1974 年。

秦陵兵马俑一经面世，很快引起国内外广泛关注，政府决定在发现兵马俑的原址修建一座遗址性的专题博物馆——秦始皇兵马俑博物馆。当遗址性博物馆就地成立时，由陕西省文管会领导的"秦俑坑考古队"也随即转入正式发掘工作。最先发现的坑被定名为秦俑一号坑，该坑东西长 230 米、南北宽 62 米、坑深 4.5—6.5 米，总面积 1.426 万平方米。坑内埋藏有陶俑、陶马俑约 6000 件，复原后呈现一个长方形军阵。一号坑也是目前发掘的兵马俑坑中面积最大的一个，坑内兵俑排列整齐，威武雄壮，前三排为前锋，每排有武士俑 68 尊，共计 204 尊。坑道南北各列一排武士俑，分别为军阵的左翼与右翼，西端还有一排向西的武士俑，为后卫。中间则为 38 路向东的军队，每 4 路中间列有战车。在地下埋藏两千年后重现天日，复活的军团立即引起世界的瞩目。

站在兵马俑遗址上向下望，映入眼帘的是浩浩荡荡、气势磅礴的大秦帝国军阵，但它让人震撼的地方不在于规模，而在于每一个个体细节——千人千面，无一重样。如果用望远镜仔细观察，你一定会发现，无论将军俑、军吏俑还是武士俑，每一个都雕刻细腻、制作精美，不仅身材高矮胖瘦、容貌装扮长幼贵贱不同，而且数千军俑的容貌也无一撞脸。再仔细观察，还能发现陶俑的发丝纹、指甲，甚至他们鞋底的针脚、手掌上的掌纹以及铠甲编缀细节。这些细节不仅显示了秦代高超的烧造技术，也展现了工匠们精湛的雕刻艺术。当然，不容忽视的是，如此精细的作品是在秦政高压下完成的，秦代土木工程有明确立法，陵园工程尤其严格，从主管到工匠，每个人都承担着法律责任，工期也有严格规定，一旦出现一点疏忽，都会被追责，而惩罚往往十分严厉，甚至因此丢掉性命。可以说，这些栩栩如生的兵马俑，是秦代工匠们用生命雕刻出来的。

每个秦俑都是独立的个体，数量最多的武士俑中，既有身经百战满脸沧桑的老兵，也有初生牛犊稚气未脱的少年兵，有"国"字脸的，也有"甲"字脸、瓜子脸、圆脸、鹅蛋脸的，应有尽有。有网友将兵马俑的容貌与当下明星对比后发现，秦俑中竟然还有陈道明、姚明、方文山、徐峥、王宝强、冯远征、段奕宏等明星脸，可见两千多年前的中国人，与今天的我们的长相差别并不大。

除了无一雷同的容貌，各种胡子与发型也是秦俑很有意思的特点。大多秦俑都梳着发髻，但发髻有高有矮，有圆有扁，有的位于头左侧，有的位于头右侧，也有的位于正中，靠前、靠后的位置也各不相同，螺旋形、波浪形各式各样，给人千变万化之感。至于胡须，既有长须，亦有短须；既有络腮胡，也有八字胡。我们在生活中能够见到的胡须样式，在秦俑脸上都能找到。仅是秦俑的发型与胡须，就大有学问，值得研究一番。

当然，秦陵兵马俑为后世解开的最大谜底之一，就是再现了秦帝国甲胄。通过它们，秦人的军戎服饰与武备得以较完整地复原。

尚黑就要穿黑衣？

一支优秀的军队应该是什么样子？统一着装，统一发型，军容整齐，其疾如风，其徐如林，侵掠如火，不动如山。这是大多数人固有的印象。秦军以善战著称，所以他们自然应该是铠甲整齐，着装统一的部队吧？

那么，秦军到底是什么样的？曾有人做出推测——一片黑！先秦时，阴阳家们推崇五行相生相克理论影响了诸多王侯，国家崇尚的颜色也与五行相对应，秦属水德，故而尚黑，秦始皇本人也对这套深信不疑。所以，兵马俑问世之前，人们根据"尚黑"推测，秦国军士应身着黑衣黑甲，作战时犹如一片黑云袭来。兵马俑问世，这些"复活"的大秦将士明确告诉后人："小老弟们，你们都说错了！秦人尚黑没错，但不代表我们都是黑衣黑甲的暗黑武士。"

▲ 根据为数不多的彩色兵马俑，我们可以看到秦代皮甲以赤色绳索编缀的方法，明显是纵向相连

秦俑在制成时都是经过彩绘的，只是历经两千多年的重黏土覆盖、山洪冲刷以及人为焚烧、破坏、盗掘，陶俑上的色彩几乎都脱落殆尽。但总有蛛丝马迹可循，秦陵兵马俑一、二、三号坑出土的文物中不乏还残留着颜色的陶俑碎片，近年来，又有几件保存较为完整的彩绘俑出土，他们用身上的衣甲为我们解开了秦军服色的密码。

二号坑 T4 试掘方出土的一尊高级军吏俑身上的彩绘保存得较完好，这位军爷身着双重长襦，外层为深紫色、内层为朱红色，下身着粉绿色长裤，冠和履皆为黑褐色，外披彩色鱼鳞甲，甲上还有精美图案。这难道才是秦军的标准服色吗？另一位军爷马上跳出来反对。这位军爷是 T2 掘方出土的，也是高级军吏俑，不同于前者的是，他上身穿着粉紫色长襦，下穿粉红色长裤。这两位不是粉红就是粉绿，可能为了避免让人误以为秦尚粉，二号坑中 T4 试掘方的又一位军爷赶紧用自己的着装向世人证明，并不是所有秦军都像那两位那样喜欢穿粉色。这位是个中级军吏俑，他上穿绿色长襦，下穿红色长裤，冠和履为褐黑色，铠甲的领、边缘和背带上都绘有精美的几何图形。

难道秦人根本不穿黑甲？马上就有一位驭手出来解答。这位驭手俑于二号坑T1试掘方出土，严格地说，他是一辆战车上的三尊兵俑之一。他身着绿色上衣，外披黑色铠甲，下穿粉紫色裤，搭配绿色护腿；他的另外两位战友与他服装的颜色又不相同，一个穿着绿色上衣、粉紫色裤，套着白、紫相间的护腿；另一个则上穿红衣、下穿蓝裤，搭配紫色护腿。除了他们，还有其他残留彩绘的兵俑，服色也不尽相同，秦军其实还是有穿黑衣黑甲的，只是并不统一，大多铠甲为赭色，甲上编缀的绳带和包边则有白、中黄、橘黄、黑等颜色。至于袍服，更是五颜六色，紫、粉紫、朱红、粉红、绿、粉绿、蓝、黑等色皆有。

为何如此彪悍的秦军，铠甲和袍服的色系竟五花八门，毫无统一整齐之感？秦陵考古学者袁仲一认为，秦军的确没有统一服装颜色。步兵、骑兵和驭手的颜色都没有统一规定，即使同一兵种的服装颜色也不一样，甚至同一辆战车上的驭手都没有规定服色统一。为什么会这样？因为秦军的服饰都是自备，而不是由朝廷统一发放。

秦军自备戎服绝非只是推测，我们完全可以从另一个地方的考古成果中得到证实。1975 年 12 月，湖北省云梦县城关镇西郊睡虎地一座战国末年秦墓被打开，出土了大量竹简等文物，其中有两封木牍战地家书也现身了。家书是两名秦国士兵写的，分别叫"黑夫"和"惊"。木牍战地家书原文如下。

黑夫给衷的家书：

> 二月辛巳，黑夫、惊敢再拜问衷，母毋恙也？黑夫、惊毋恙也。前日黑夫与惊别，今复会矣。黑夫寄益就书曰：遗黑夫钱，母操夏衣来。今书节（即）到，母视安陆丝布贱，可以为禪裙襦者，母必为之，令与钱偕来。其丝布贵，徒（以）钱来，黑夫自以布此。黑夫等直佐淮阳，攻反城久，伤未可智（知）也，愿母遗黑夫用勿少。书到皆为报，报必言相家爵来未来，告黑夫其未来状。闻王得苟得……毋恙也？辞相家爵

不也？书衣之南军毋……不也？为黑夫、惊多问姑姊、康乐孝须（婴）故尤长姑姊外内……为黑夫、惊多问东室季须（婴）苟得毋恙也？为黑夫、惊多问婴记季事可何如？定不定？为黑夫、惊多问夕阳吕婴、區里阎诤丈人得毋恙……矣。惊多问新负（妇）、婟（婉）得毋恙也？新负（妇）勉力视瞻丈人，毋与……勉力也。

惊给衷的家书：

　　惊敢大心问衷，母得毋恙也？家室外内同……以衷，母力毋恙也？与从军，与黑夫居，皆毋恙也……钱衣，愿母幸遣钱五六百，布谨善者毋下二丈五尺……用垣柏钱矣，室弗遗，即死矣。急急急。惊多问新负（妇）、婟（婉）皆得毋恙也？新负（妇）勉力视瞻两老……惊远家故，衷教诏婟，令毋敢远就若取新（薪），衷令……闻新地城多空不实者，且令故民有为不如令者实……为惊祠祀，若大发（废）毁，以惊居反城中故。惊敢大心问姑秭（姐），姑秭（姐）子彦得毋恙……新地入盗，衷唯毋方行新地，急急急。

　　这两封两千多年前的战地家书读来令人感慨万分。这两兄弟最终命运如何无从得知，我们自然希望他们得胜凯旋与家人团聚，不过事实可能很残酷，两兄弟最终战死沙场，再无音讯，而这两份家书则成为他们留给家人的最后纪念，被哥哥带入墓中。通过黑夫写给自己哥哥"衷"的家书可以看到，他让哥哥转告母亲，让母亲织几件夏衣送来，同时请母亲留意一下安陆丝布的贵贱，若不贵，一定要给他们兄弟做好夏衣，连钱共同送来。如果丝布贵，就送钱来，他们兄弟在当地买布做夏衣。惊在家书中也表达了希望母亲寄钱来的愿望，并且布要挑选好点耐磨的，至少二丈五尺。

　　穿越千年的战地家书，也印证了袁仲一的说法，秦国的军士衣服都是自备的。这就解释了为何秦陵中的军士俑们穿着颜色各异的衣裤和鞋履。

▶ 身穿高级军官甲的将军俑。高级军官甲与普通士兵、军吏的甲不同，该甲由整片皮革或其他材料制成护甲，在护甲上再镶缀甲片，细小甲片有可能为金属甲片

王于兴师，修我甲兵

作为战争必备品的甲胄在中国已有数千年历史，遗憾的是，甲胄不易保存，而且历代也没有像西方或日本那样刻意保存和收藏甲胄的习惯，导致中国古代甲胄留下的实物非常稀少，资料也很有限。通常来说，时代离我们越近，有实物的概率就越大，资料也越多；越远，则考证难度越大。但秦兵马俑的发现改变了这一定律，秦代是隋唐之前，甲胄资料最全面、最准确、最为详尽的时代。

秦朝的军戎服饰能有大量资料供后人考据和复原，很大程度要归功于兵马俑写实的雕刻手法。目前已出土的兵马俑近8000尊，就以军士俑而言，除去底座和发髻，实际身高大多在170—181.5厘米之间，基本可以确定是按真人比例制作，除了千人千面，神态生动，他们身上的铠甲、衣服、护腿、履、靴等细节都十分逼真，这显然有利于后人通过陶俑去复原秦代的甲胄。

已出土的兵俑有将军俑、军吏俑和武士俑三大类，数量最多的武士俑又分步兵俑、射手俑、骑士俑和驭手俑四类，从他们身上的铠甲能够看出不同兵种的武备，头上的首服（也称"头衣"，泛指冠、帽等一切裹首之物）则体现出秦代森严的等级制度。

先从数量最少的将军俑说起。将军俑身上的铠甲应该是所有兵马俑中制作最精良的。这种甲最大的特点就是其下缘呈三角形，长度至小腹以下。有的有披膊，有的则没有。如果仔细观察，会发现将军俑身上的甲片比其他俑的要小，而且更薄。当时的甲胄以皮甲为主，但将军俑上的甲片很可能是轻薄的金属片编缀而成。将军甲的上部，也就是前胸和后背的部位，由整块的甲片制成，上面有彩带装饰，十分精良。遗憾的是，我们无法通过陶俑准确判断其具体材质，只能推测为皮革或金属。

将军俑的首服称为"绛帕"，是帻的一种，通常以较厚的织物折成，通常是红色头巾。它并不是单纯的头部装饰，根据《后汉书·志第三十·舆服下》记载："秦雄诸侯，乃加其武将首饰为绛帕，以表贵贱。"也就是说，绛帕是秦军等级身份的象征。

相比将军俑精良的铠甲，军吏俑的甲则要朴素得多。军吏俑所穿的基本可以确定为皮制铠甲，一种为简单皮甲，仅能护胸腹，这种甲胄与西周铜甲（陕西长安普渡村出土）形制相似，应是秦军中较为原始和落后的铠甲，故而这种甲在整个俑群中数量很少。大部分军吏俑穿的是带披膊，胸前及后背，腹部及胯下都是由甲片编缀而成的铠甲。这种军吏俑的甲片要比将军俑的大一些，而且铠甲上也没有彩带装饰。首服为用皮革制成的帻，这种帻罩于发髻之上，以丝绦系于颔下，很可能与绛袍一样，是等级、军衔的象征。他们的身份低于将军俑，高于一般武士俑。

武士俑因兵种不同，铠甲样式也分几种，但总体而言，他们身上铠甲的甲片都比较大。秦陵出土的大量兵器皆为青铜，由此可见当时铁制品有限，秦人不太可能装备大量铁甲，因此人数众多的武士俑身上所穿的很可能是皮甲。半跪射手俑身上穿的皮甲带有披膊，甲片较大，做工远不如将军甲精细，他的发髻位于头顶左侧。

骑兵俑的身甲与射手俑差不多，但脚上穿的不再是秦俑中常见的方口履，而是高筒靴，这自然与兵种有关。古往今来，骑兵都有穿靴的传统，即使是今天的骑兵也会配发各式马靴，主要起防护作用。穿上靴子骑马不磨腿脚，一旦坠马也不至于出现危险，千年前的秦人早就注意到了这个问题。骑兵头上的皮冠也颇有特色，这种冠与汉代的武冠相似，有学者推测这是秦朝赐给优秀骑士的奖品，也有人认为，这种冠只是为了

▲ 秦始皇陵兵马俑中唯一的"绿脸"俑。这尊俑除了脸色异于常人，其遗留的色彩也较多，可以清楚地看到秦代军吏皮甲的编缀走向。至于为何脸为绿色，已成千古之谜。有人推测是因为这个人类似于现代的特种兵，在脸上涂抹绿色颜料以达到伪装目的

固定发髻，无特殊意义。

武士俑中身甲最为复杂的当属驭手俑。驭手俑甲的甲身比其他武士俑要长，甲片也较小；其次，脖根处有竖起的盆领，以及覆盖整条手臂、长到手背的臂甲。实际上，这种臂甲形制并非秦人独有，它的构造与湖北随县出土的战国皮甲非常相似。至于秦军驭手穿的究竟是铁甲还是皮甲，目前难下定论，但皮甲的可能性更大。驭手的首服通常也是皮帻，故有观点认为，驭手身份在军吏俑之下，但高于射手俑和步兵俑。

秦人无胄？石甲胄来了

秦军各军阶与军种之间，除了铠甲和首服的差异外，都是上穿深衣，下着小口裤，士卒有的绑腿，有的穿靴，有的则配有护腿，上至将军，下至士卒皆是如此。此外，相当大一部分秦俑步兵是身无片甲，他们仅穿着战袍，没有任何防护装备，头上要么戴帽，要么只有发髻。这类兵俑在秦俑中占三分之二。当然，有学者推测，他们身上的袍服可能与明代的棉甲有异曲同工之妙，即棉絮通过加工制成软甲后，外形看似棉衣，但可以抵挡流矢。不过，没有实物留下，仅凭陶俑上的衣服难以下定论。

谈及中国古代军戎服饰，往往甲胄不分家，但兵马俑展现的秦军，我们都只能说有甲，胄则无从说起，因为还没有发现一个戴头盔的兵俑。正因如此，在相当长一段时间里都有"秦人无胄"的说法。根据此说，甚至衍生出了秦人尚武，闻战而喜，作战不戴头盔体现了他们不畏死的精神之说。这种推论乍看有道理，细品则逻辑上存在大问题，敢死不是赶死，更不是送死。但又因兵马俑中数千军士的确有甲无胄，要推翻它竟然一时找不到有力证据。幸运的是，1999 年，考古人员在秦始皇陵封土东南约 200 米处发现了一座石甲胄坑，该坑东西长 120 米、南北宽 128 米，是迄今为止秦始皇陵园城墙内发现的面积最大的陪葬坑，它更像是一座象征性的甲胄库。石甲胄坑破土而出，彻底终结了"秦军究竟有没有头盔"这个争论多年的话题。

目前对石铠甲坑的发掘面积仅 145 平方米，约占总面积的十分之一，然而就这冰山一角，已出土石铠甲约 87 领、石质胄 43 顶、马甲 1 副、石马缰 3 组、青

▲ 石制甲，秦始皇陵 9801 号陪葬坑出土。虽是陪葬石甲，但其形制与实用甲相同

▲ 石制胄，秦始皇陵 9801 号陪葬坑出土。石甲胄坑的发现推翻了多年以来"秦人无胄"的推论

铜插 1 件，此外还发现一些青铜簇和一段陶俑手指。坑内出土的石甲胄皆是用质地均匀、颜色呈青灰色的石灰岩石片（简称青石）和扁铜条连缀而成，制作方式类似金缕玉衣，可称"铜缕石甲胄"。尤其具有研究价值的是，这些石甲胄都是按照原比例制作。不过，这些石甲胄显然不能用于作战，因为中国历代古籍从没有关于石质甲胄的记载，况且青石材质重且易碎，完全不能用于实战，因此这些石甲胄应该是按真实甲胄制作的石质陪葬品。

秦陵出土的石甲胄有四种类型，甲片主要有长方形、正方形、舌形、等腰梯形、直角梯形等。从一件已完成复原的身甲来看，它的形制和半跪射手俑的皮甲相似，但分有披膊版和无披膊版；还有另一种大体形制相同，但甲片更小。最为特殊的一款甲，甲身很长，甲片薄而小，编缀起来呈鱼鳞状，形制可能与将军俑相似，这种甲十分稀少，目前仅出土了两件，每件由 800 多甲片组成。遗憾的是，这两件甲因残损严重，目前还无法复原，但它极有可能是迄今为止发现的年代最早的鱼鳞甲的实物仿制品。

最有意思的是，该坑的石铠甲皆配有胄，石胄形制与战国时期相同。根据学者刘永华考证，该坑的胄外形和制作方法与河北易县燕下都出土的战国铁兜鍪完全相同，基本可以肯定这种石胄是仿制铁品。在实际使用时，它们应有皮革或织物作为内衬，故而在沿扣部位也应有包边。它的出现，解开了"秦人无胄"的历史之惑。

马甲，又一个谜团的产生

石甲胄坑还有一个发现值得注意——出土了一副石质马甲！尽管兵马俑坑内的数千陶俑已经展示了秦军的防护情况，但石甲胄坑中出土的文物更具体和真实，尤其是胄和马甲。

兵马俑坑中的马俑数量远少于人俑，但做工丝毫不亚于人俑。以一号坑出土的陶马为例。马身高 2.1 米，马通首（带脖）高 1.72 米，双耳前耸，张口做嘶鸣状，尾巴微微翘起。可以看出该马的体形不大，头较宽，脖颈短，符合河曲马的特征。马前的地面上有车辕和半个车轮遗迹，车轮原位于马后，因人为的扰动而移于马前。但这些马俑除了配备马鞍等基本马具外，并没有披挂马甲。此外，还有按 1 比 2 制作的精致青铜马车，铜车马通体被施以彩绘，有云纹、几何纹、夔龙纹等图案，红、绿、紫、蓝等色彩艳丽丰富，制作精美，堪称"青铜之冠"，但拉车的四匹马也没有披挂马甲。

从史料来看，战马的护具自先秦就有，但都比较简单，即使到了东汉，使用得最多的还是马前胸的皮质"荡胸"。那种全副武装式的马铠，在文献记载中首现于三国时代，但大规模使用则是东晋到南北朝时期。随着骑兵作用大幅度提高，马铠甲的结构也日趋完备，从此有了具装铠或马具装的专有名词。然而在秦陵石甲胄坑出土的石马甲并非先秦至两汉时期简单的护具，而是类似于南北朝时期全副武装的马具装，只是出土数量实在太少，又无法判断其具体用途，所以石甲胄坑在解决了"秦人无胄"的问题后，又留给后人新谜团：是否秦代战马就已装备较为完备的马铠甲，这种装备究竟是个例，还是已颇具规模，它是金属甲还是皮甲？

秦俑修复专家对秦俑甲胄的解读

秦始皇的地下军团自 1974 年重现天日后，不仅在考古发掘与文物修复方面取得了重大成就，对秦朝历史研究也做出了巨大贡献，并且再现了秦帝国军队的戎

▲ 秦始皇陵兵马俑一号坑遗址中身穿皮甲的武士俑，其中有兵士俑和军吏俑。排头的军吏俑，头戴双版长冠、身穿皮甲，神态威猛，应是一位身先士卒的中级军吏

装武备。不过,秦军铠甲的具体材质一直存在争议,有人认为是木甲,也有人认为是皮甲,还有人主张是金属材质的甲片,甚至有人根据石铠甲坑出土的几副石甲,认为兵马俑身上的甲片可能为石制。

前文我们根据现在看到的秦俑甲胄结合秦代史料进行了分析,但谨慎起见,同时也为了进一步弄清楚秦军甲胄实况,笔者拜访了曾对兵马俑进行修复的文物修复专家王东峰老师,就兵马俑甲胄问题向他请教。王东峰老师曾任秦始皇帝陵博物院兵马俑一号坑修复组组长,带领他的团队夜以继日地为那些沉睡多年的秦俑解开封印。他们重新赋予了秦俑生命,秦俑因此成为他们生命中不可分割的一部分。

关于兵马俑甲胄材质问题,王东峰认可主流看法,他说:"首先,我们觉得大部分兵马俑身上穿石铠甲和金属甲的可能性不大。尤其那个石铠甲,多重啊,穿着很不舒服,何况是作战。现在大家最主流的推测就是皮甲。"

作为日常与秦俑打交道,近距离接触秦俑的文物修复者,王东峰对此有自己的见解。他将一尊跪射俑的图片放大,指着俑腹部弯曲的铠甲对笔者说:"你看这个弯曲度,都很贴身,如果是金属或石质,很难有这样的柔韧性。"

王东峰还从另一个角度分析了关于皮甲的推测:"所有的兵马俑其实都是彩俑,我曾通过土上残留的这些色彩把它重新画出来。画出来以后,我就发现皮甲的可能性最大,因为它身上的彩色带子是穿起来的,如果是金属甲,它肯定是用金属去穿,用这种丝带穿不起来。目前来说,材质是皮甲的可能性最大。"

相对普通士兵俑、军吏俑,将军俑身上的铠甲又有不同。总体而言,将军俑甲片比较细小。王东峰认为,与普通军士相比,将军作为指挥官,受到攻击的可能性较小,不需要那么大的铠甲。穿什么样的甲,甲片覆盖率也与兵种有关,例如兵马俑坑道中还有很多根本不穿甲的军士,有人认为是秦人好战,不穿甲直接上战场;也有人认为那是一种较轻的甲袍,是用于冲锋作战。担负防守任务的,着重装可能性自然大;如果是进攻,穿得太重反而影响了进攻效果。

王东峰告诉笔者,博物馆一些考古人员曾用纸板裁成与秦俑甲片大小的纸片,再用绳子串接起来,做成一副纸片甲。因为大家日常接触秦俑,对串接方法、甲片分布、大小及走向都很清楚,按照这个流程串接出来后,甲片的形制基本与秦俑身上穿的没有差别。可以说,在中国古代甲胄尤其是秦代的甲胄复原方面,秦

▲ 身披皮甲的秦代军士模型，身甲根据秦始皇陵兵马俑身上的皮甲仿制。不过，秦军所持的盾有误，在秦陵兵马俑出图的盾中并无这种样式的圆盾，秦汉时期盾牌以方盾为主（周渝 藏）

始皇兵马俑具有重要的参考价值。此外，彩俑对秦代色彩工艺研究也有相当高的价值。

外界根据之前统计的资料，一直认为整个秦陵兵马俑只出土了 6 尊将军俑，实际上在近十几年的发掘中，又有 3 尊将军俑陆续出土，一共有 9 尊，其中就有 1 尊彩色将军俑。王东峰这样描述这尊将军俑："他身材魁梧，很威严，比其他的俑都大。我当时在想，当年王翦将军的气势大概就是这样的吧。"

这尊将军俑除了身材高人，气质威武，还有个重要特征就是色彩非常好。王东峰从手机上调出这尊将军俑的照片给笔者展示，并解说："你看，他身上颜料是紫色的，穿着紫色的袍子。这个紫色颜料就是我们经常说的'汉紫'，这个颜料很了不起，以前很多颜料都是采到矿物后直接研磨使用，但这个紫色颜料它必须经

▲ 秦始皇陵兵马俑出土的彩色俑

　　过人工合成。也就是说两千多年前的秦代人，已经完全把它合成出来了。当时已经进入青铜时代，我推测可能是工匠无意中生产了这个颜色的颜料，觉得很漂亮就用到了兵马俑身上。这种紫色以前只是汉代墓里面有，现在兵马俑身上发现了，相当于把它出现的时间往前推了很多年。"

彩色俑身上的信息量远大于普通陶俑，与之相对的，对彩俑的清理、保护及修复也比普通陶俑要复杂得多。据王东峰介绍，考虑到彩俑出现的可能性，现在无论是发掘还是对出土陶俑的清理都格外小心和细致，但凡发现有彩绘的地方，清理工作就要马上停下。接着，工作人员就会给彩俑喷保护剂，做好保湿措施避免起壳掉落，而后整体打包提回实验室。在实验室，湿度、温度容易控制，在这个环境下，文物工作者们才开始用竹签、木刷慢慢清理，并在清理过程中逐渐加固。"一边清理，一边加固，就是把泥土剥离下来，把彩绘赶快加固在这个俑身上，一点儿一点儿地做。至于加固的材料，我们也是在不断更新。"王东峰道。

青铜时代的先进武备

一扫六国，战力爆表的秦军用什么武器，是人们长期以来关注的问题。这在秦陵也能找到答案，几乎每个俑坑都有大量武器出土，剑、戈、矛、钺、簇、弩等应有尽有。当年，大多数秦俑都是手执兵器的，但因兵器柄多为木制，早已朽坏，故而当兵马俑重见天日时，兵马俑手上空空如也，而兵器的金属部分则散落一地。

从秦陵出土的兵器可以知道，秦军的武备依然以青铜器为主。尽管在战国时期的韩国遗址上发现了大量炼铁的痕迹，但秦陵兵马俑告诉人们，在大秦帝国的统治下，青铜

▶ 秦甲士示意图。该甲士身披的皮甲胄为秦始皇陵兵马俑石甲胄坑出土的石制甲胄款式，配长青铜剑。此时的甲胄，身甲、披膊、胄的防护已较成熟，但腿部仍缺乏防御（杨翌 绘）

器仍然占据着主导地位。与铁器相比，青铜器最大的问题是易折断，无法铸造太长的兵器。但是秦陵出土的青铜武器显示出秦人高超的工艺。大量金属皆有防锈措施，这在那个时代是非常先进的工艺。秦陵出土了一把长达90厘米的青铜剑，剑身被陶俑压住而弯曲，但这么多年不仅没有折断，而且当考古人员搬开陶俑后，这把剑竟然奇迹般地反弹恢复平直。考古人员利用现代技术检测，发现剑中的铜含量为76%、锡为21.38%、铅为2.18%，还有微量稀有金属，使得青铜剑具有良好柔韧性。更令人震惊的是，青铜剑表面还镀有一层10—15微米的铬盐氧化物。这一切证明，尽管处于青铜时代，但秦人已经具备领先的工艺水平，并发挥到了极致。

秦俑坑出土的青铜兵器均为铸剑，再经锉磨、抛光等工序制作而成。现已发现的青铜镞有数万枚，但皆制作得极为工整，箭镞为三棱形，3个面和3条棱均被加工成抛物线形，这样一来，箭射出后不仅飞行平稳，而且速度快、命中率高。同时出土的机关弩残件也表明秦军装备有弩。战国时期，弩这种远程武器就深受各国军队的青睐，而秦国制作的弩又以射程远而闻名，据说要比其他国家多几百米。在冷兵器时代，兵器长、射程远都是优势。秦陵中的各种青铜兵器无疑也告诉了后人，秦军为什么战力强大。

值得注意的是，秦陵兵马俑虽是以军士俑为主，但并非只有武备。出土的青铜器，除了大量武器之外，还有青铜马车、青铜鼎、各种青铜禽类等与军武关系不大的文物，还有百戏俑、文官俑、圉人俑等陶俑，至于陶盆、陶盘、陶瓮、陶灯、陶罐，更是不计其数。也就是说，秦陵兵马俑不仅为后人解锁了秦帝国军戎武备的密码，也展现了秦帝国的文官装束、娱乐生活及青铜工艺等，值得研究。在这里，每一个秦俑都是会说话的当事人，只等有心者前来聆听。

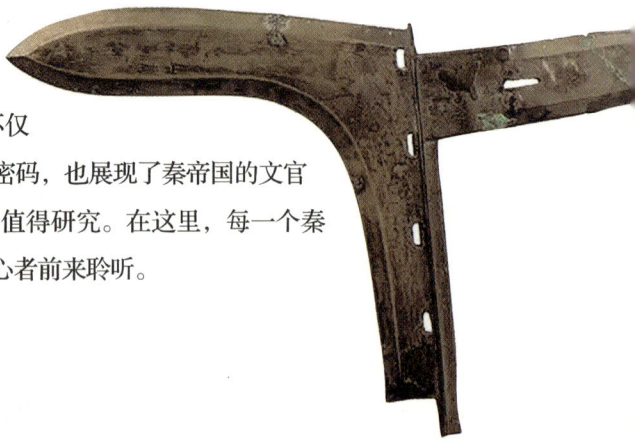

▶ 秦始皇陵兵马俑遗址出土的青铜戈

中国人"事死如事生""事亡如事存"的历史延续了几千年，中国人主张"节葬"的历史也有几千年。奢靡厚葬必引盗掘，这是千古不变的定律。除了孔子外，与儒家争鸣了上百年的墨家始祖墨子也主张"节葬"。然而，当六国俱灭，四海归一后，中国的第一个皇帝嬴政偏反其道而行之，为自己筑了一座空前宏伟和奢华的陵墓——秦始皇陵。

秦皇陵位于渭河流域的关中平原中部，"八百里秦川"腹心地带，南依骊山，北临渭水，地形高阔，山林郁葱，大概是中国最神秘莫测的帝王陵墓。西汉的司马迁早就在《史记》留下一段读之令人震撼的文字："始皇初即位，穿治骊山，及并天下，天下徒送诣七十余万人，穿三泉，下铜而致椁，宫观百官奇器珍怪徙藏满之。令匠作机弩矢，有所穿近者辄射之。以水银为百川江河大海，机相灌输，上具天文，下具地理。以人鱼膏为烛，度不灭者久之。"

日月星辰，山川河流，世间一切在秦陵地宫都应有尽有。70多万人耗费数十年，其工程之浩大、用工人数之多、持续时间之长都是前所未有的。直到秦始皇公元前210年去世时，秦陵仍未完工，但人已死，只能入土为

▶秦代将领铠甲示意图（程亮 绘）

秦俑密码：帝国军团的武备复原

安。更骇人听闻的是，始皇入陵后，秦二世担心筑陵工匠泄密，竟下令"闭中羡，下外羡门，尽闭工匠臧者"，以至"无复出者"。至于修建秦陵的人员是否有70万人，历来存在争议，但在秦末战乱，秦军节节败退时，将领章邯临时组织骊山囚徒为军，抵抗各地起义军，竟一度挽回败局，可见修建秦陵的纵使没有70万人，人数也绝对不少。

秦王朝灭亡后，醒目的秦始皇陵自然逃不过被盗掘的劫难。《史记·高祖本纪》记载，楚汉之争项、刘对峙于广武期间，刘邦罗列了项羽的十大罪状，其中第4条是"怀王约入秦无暴掠，项羽烧秦宫室，掘始皇帝冢，私收其财物"。当然，这种两军对垒时期讨伐式的罪状不完全可信，但兵马俑一号坑确有被焚烧和破坏的痕迹，很可能就是项羽所为，是时距秦始皇去世仅隔了三年。项羽放的那把大火将皇陵的地面建筑焚为一片废墟，只剩下一座高大如山的封冢。万幸的是，项羽这次报复性行为并没有给秦皇陵内部造成毁灭性破坏，至于后来陆续出现的石勒盗掘、黄巢盗掘等说法，都经不起推敲。总体而言，秦始皇陵内部至今基本仍保存完好。这不仅是因为秦陵修筑时无所不用其极的防盗措施，还要归功于历代对秦皇陵的保护。

秦朝一直设有专门管理秦皇陵的机构。进入西汉后，汉高祖十二年（前195年），刘邦下令将秦始皇陵列为历代帝王陵之首加以保护，令20户住在秦陵附近的人家作为守陵人看管秦始皇陵。尽管以反秦起家建立天下的刘邦下令保护秦始皇陵，有笼络人心之嫌，但从文物保护的角度来看，刘邦做了一件大好事。后来历代效仿其政，对秦皇陵加以保护。

帝制时代，对前朝帝王陵加以保护是新朝雅政的政治表现，而到了民国后，随着中国知识分子考古意识日渐增强，这种思想也开始影响一些官员。20世纪20年代初，在陕西省建设厅担任厅长的刘楚材曾组织人在秦始皇陵进行大规模植树，保护皇陵。尽管后来树几乎都没有存活下来，但也能看出政府对帝王陵等古迹已有了保护意识。新中国成立后，政府对文物保护工作非常重视，秦始皇陵则是重中之重。1956 年，秦始皇陵被列为陕西省名胜古迹第一批重点文物保护单位；1961 年，经国务院批准，秦始皇陵成为首批全国重点文物保护单位。1962 年，陕西省文物管理委员会首次对秦始皇陵园进行全面考古勘探，立"秦始皇帝陵"碑亭，并绘制了第一张秦始皇陵局部图。

尽管秦始皇陵得到了很好的保护，但人们对秦陵地宫中的景象依然浮想联翩，甚至有人质疑司马迁的记载是否可信。那些日月星辰、山川江海真的存在吗？这些质疑没有持续太久，1974 年，一个偶然的发现，让秦始皇陵再次成为考古界的中心。尽管只是陪葬坑，但那复活的军团，浩浩荡荡的大秦武士，足以让世界震动。

兵马俑迎来高光时刻

秦陵兵马俑的发掘工作并非一帆风顺，尤其在 1974—1987 年期间遭遇了数次劫难，发掘工程甚至几度被叫停。考古队也经历了从"秦俑考古队"到"秦陵考古队"的蜕变。

秦陵兵马俑发掘前期，一方面，发现一、二、三号坑；另一方面，因发掘工作步骤混乱，出现了一些违规的田野操作，导致外界担心发掘与文物保护的问题，考古队的发掘工作也处于时续时停的"半瘫痪"状态。1979 年，越来越多的学者和专家开始关注兵马俑的发掘和保护问题。这一年的 4 月 6—12 日，已停止活动十余年的中国考古学会在西安召开成立大会，并举行第一次年会。随后，夏鼐等 16 位学者向中央报告了秦俑发掘情况及存在的隐患。中央接受了专家们的意见，停止秦俑发掘工作，检查总结。10 月 1 日，秦始皇兵马俑博物馆正式对外开放。

兵马俑发掘工作再次被提上日程是 1985 年，这一年的 2 月 4 日，陕西省考古研究所受省文物局委托，重新组建"秦始皇陵兵马俑考古队"，省文物局于 8 月 23 日批复，"秦俑坑考古队"改名为"秦陵考古队"；陕西省考古研究所所长石兴邦任考古队队长（兼），王学理、袁仲一、吴梓林任副队长。王学理主持考古队日常工作。这标志着持续了 11 年的秦俑坑考古队寿终正寝，兵马俑考古进入了一个新阶段。然而谁也没有想到，就在秦陵兵马俑发掘工作刚恢复不到两年，就发生了一件震惊全国的大事——将军俑头颅不翼而飞！

要知道在秦陵兵马俑出土的近 8000 尊陶俑中，将军俑仅有 6 尊，十分珍贵，被列为国家一级甲等文物。所幸案发后，当地警方迅速成立特大案件专案组，通过调查，终于在 6 月 17 日抓获了盗窃将军俑头颅的犯罪嫌疑人王更地，追回了被盗的将军俑头颅。经专家鉴定，这次追回的俑头系秦陵一号坑兵马俑坑出土的八号战车上的将军俑头颅。尽管保住了珍贵文物，但受此事影响，刚开工一年的秦俑发掘工作再度停工。

将军俑头颅风波过去后，秦陵兵马俑随之迎来它的高光时刻！1987 年 12 月 11 日，第 11 届世界遗产大会在法国巴黎召开，秦始皇陵与兵马俑坑因符合世界文化遗产评定标准的第一、三、四、六项，被正式列入《世界遗产名录》。世界遗产委员会对兵马俑进行了这样的评价："毫无疑问，如果不是 1974 年被发现，这座考古遗址上的成千件陶俑将依旧沉睡于地下。秦始皇，这个第一个统一中国的皇帝，殁于公元前 210 年，葬于陵墓的中心，在他陵墓的周围环绕着那些著名的陶俑。结构复杂的秦始皇陵是仿照其生前的都城——咸阳的格局设计建造的。那些略小于人形的陶俑形态各异，连同他们的战马、战车和武器，成为现实主义的完美杰作，同时也保留了极高的历史价值。"

他们在秦陵修文物

1988 年后，秦陵兵马俑开始从前期的发掘为主转变为保护为主。两千多年来，兵马俑遭受了焚毁、坍塌，多次山洪冲刷也对其造成了严重影响。为了更好地保护这些珍贵的历史遗产，相关部门开始对秦俑遗址坑进行加固和修缮。1988—1991 年，根据俑坑的实际情况，采用 U 形、H 形、网状钢架等多种机械方法加固，对俑坑遗址中一些险情较大的地方实施加固治理。1992 年开始，秦俑保护进一步升级，引进了德国无振动钻具，采用钢板相夹法，对原加固过的危块进行重新加固。两千年后，又与德国巴伐利亚州文物保护局合作，采用砂灰锚杆加固的新方法，对一、二号兵马俑坑及文官俑坑内的几处危块进行治理。秦陵兵马俑遗址的保护项目已通过国家文物局的技术鉴定，得到了"国内先进水平"的评价。

自1979年后，世界各地到秦始皇兵马俑博物馆观摩的游人不计其数，却鲜有人知道，今天见到的每一个陶俑，都离不开考古工作者们的辛劳付出。因为发掘之初，兵马俑并非像我们今天见到的这样一个个完好无损地整齐排列着。刚出土时，这些兵马俑几乎没有一件是完整的，如今能看到的陶俑、陶马，都是由几十片甚至百余片陶片粘接起来的。

文物修复不同于粘接一般工艺品，有专业而严格的流程。当兵马俑出土后，考古工作者们首先要记录每个残破陶片的出土地点、出土形状和出土坐标，还有它与周围文物的相互关系。其次，工作者必须照相、绘图，为后期研究和修复提供可靠的数据与实物资料，也方便以后的文物复位工作。第三，对陶俑进行修复前，考古工作者们需要对修复对象进行全面观察和分析，了解其结构及其附件情况。最后，根据前期一系列准备工作，制定出完整的修复方案才能开工。

修复兵马俑既是技术活，也是体力活，考古人员在进行修复时，要先仔细清除粘在陶片及茬口上的泥垢，接着以清水清洗，晾晒或烘干后，根据陶片出土时的编号进行拼对。残片拼对结束后，才能开始把陶片由下而上地顺着茬口逐步粘接。在这个过程中，还要把陶俑身体分成若干部分进行加固，以免胶体脱落。等胶干后，还要修补俑体表面的裂缝，最后进行做旧处理。今天我们看到的每一个秦俑，都是经过多道工序才完成修复的。

相比普通陶俑的修复工作，对彩色陶俑的保护和修复是更大的考验。秦俑埋在地下两千余年，经过焚烧、坍塌和山洪冲刷，当时的彩绘大多已消失殆尽，因此，少数还残留着彩绘的陶俑就更显珍贵。可考古人员面临着一个大难题：这些彩俑即使出土也很难保护，尤其是在前期清理泥垢的过程中，只要稍不注意，色彩就会随着土壤而掉落，如果不及时进行有效保护，这些残存下来的色彩很快便会荡然无存。考古人员拿着有彩绘俑的残片，就如拿到了掌上明珠，捧在手里怕碎了，含在嘴里怕化了。为了解决这一世界性难题，兵马俑博物馆决定与德国巴伐利亚州文物保护局合作，从1991年开始了相关文物的保护和修复工作。1999年3月，中德联合在西安召开秦俑及彩绘文物保护与研究国际学术研讨会。如今，针对彩绘秦俑，已建成彩绘保护修复实验室和金属文物修复室。

新阶段：在保护中探索

完成了大量陶俑的复原工作后，考古工作者们还完成了一件功德无量的事——修复还原了秦陵中的重量级文物青铜马车。

1980年冬，秦陵西侧发现铜马车坑。两乘造型优美、做工精细、比例准确、马具齐全的青铜马车破土而出，其做工之精，让人很难相信这是两千多年前制造的。考古学家宿白将秦陵铜马车称为"青铜之冠"。无论重量、比例、做工，还是历史价值，青铜马车都无愧于这一美誉。青铜马车一组两乘，前后排列，考古人员依出土时的前后顺序将其分别命名为一号车和二号车。一号车为古时的立车，又叫高车、戎车；二号车古称安车，又叫辒辌车。两乘车都为双轮、单辕，前驾为四匹铜马，车上各有铜御官俑一尊。

一号车和二号车的总重量为23吨，与真马车的比例为1比2，体量大且通体彩绘。然而，铜马车的复杂程度也是秦俑文物中无与伦比的！两辆马车的零件加起来多达7000余件，故而修复工作的难度和复杂性也是少见的。修复铜马车时，考古人员采用了一系列新工艺方法，对修复难度较大的伞盖还采用了特种合金加强筋及隐蔽加固工艺。文物修复工作者前后用了八年时间，终于将出土时破损成6000多块碎片的两乘青铜马车复原。1997年，一号铜马车的修复获得国家科技进步二等奖。复原后的铜马车，不仅具有极高的观赏价值，也具备学术研究价值，对研究中国古代战车尤其有重要的实证意义。

在以保护为主的新阶段，秦陵兵马俑同样不乏新的发现。1995年5月，考古人员在秦始皇陵东南方向的内城发掘了一个东西长 40 米、南北宽 15 米，面积为 600 平方米的陪葬坑，出土了一批罕见的百戏俑。1996 年 2 月 22 日，有考古证实兵马俑还存在第四个俑坑，但这个四号坑非常神秘，有坑无俑，只有回填的泥土。主流观点推测，该坑因为秦末战争未建成；也有人认为，该坑主要是以活马殉葬，故而无俑；还有人认为，该坑压根就不是秦始皇陵的陪葬坑。关于四号坑，至今迷雾重重。

2000 年底，秦陵又有新的重大发现，考古工作者在秦始皇陵南部距封土 20 米处发现了一个陪葬坑，坑内除了出土陶俑、木车、活马遗骸外，还有青铜钺、陶罐等器物。这个坑为地下坑道式建筑，面积 144 平方米，由斜坡门道、前室、后室三部分组成。室内有 12 尊大型陶俑，不同于兵马俑坑的武士和将军，这里的陶俑一个个头戴长冠，身穿长襦，腰束革带，脚穿齐头方口浅履，俨然一副文官装扮，故而这个坑又被称为文官俑坑。

1999 年发现的石铠甲坑、2000 年先后发现的水禽坑和文官俑坑，是秦陵兵马俑保护性发掘阶段的几大新发现，为后世提供了解开秦帝国的历史密码。2009 年 6 月 13 日，秦始皇陵兵马俑一号坑开始第三次大规模发掘，不同以往的是，这项工程强调，在发掘过程中要注重对文物的保护。

秦始皇陵：盗墓史上最醒目的坐标

自先秦开始，中国就有"事死如事生""事亡如事存"的说法，即使是寻常百姓家，死者生前认为珍贵的物品通常会随棺一同安葬，王侯将相更不用说，他们的陵墓建得恢宏大气，墓中财宝多不胜数，无论是人们熟知的秦陵兵马俑、殷墟妇好墓，还是近年发掘的汉代海昏侯墓，莫不如此。

奢靡的厚葬必然引发盗掘现象，先秦经典《孔子家语》就记载，鲁国正卿季平子死后，他的儿子和部下准备以美玉、珠宝作为陪葬品，孔子听闻后前往劝说："送而以宝玉，是犹曝尸于中原也。其示民以奸利之端，而有害死者，安用之？且孝子不顺情以危亲，忠臣不兆奸以陷君。"最终说服了操办后事的人。孔子将厚葬等同于曝尸，实际上也反映出早在先秦时期，盗墓现象就已很普遍。除了孔子外，与儒家争鸣了上百年的墨家始祖墨子也主张"节葬"。可惜先秦诸子的主张并不被后世帝王接受，就在"六王毕，四海一"后，中国的第一个皇帝就为自己筑起一座空前宏大的陵墓——秦始皇陵。

如前文所述，盗墓在先秦时就很普遍，到战国末期，王侯将相陵墓更是频频遭盗。后世的帝王深知这一点，因此在修筑陵墓的同时开始装置反盗墓设施。"生则张良锥之荆轲刀，死则黄巢掘之项羽烧。"这是清代诗人袁枚在《始皇陵咏》中感慨始皇嬴政的诗句，前一句讲嬴政生前遭遇的"博浪沙击秦"与"荆轲刺秦王"两次刺杀，后一句则提到了嬴政死后陵墓发生的两次大规模被盗掘之事。尽管精湛的反盗墓技术会让盗墓者付出很高的代价，但"重赏之下，必有勇夫"，因此机关重重，水银弥漫的秦始皇陵历史上也屡次被盗。

民间盗墓行为自是多不胜数，大规模的"官盗"至少也有三次，最早的一次为袁枚诗中的项羽烧陵。项羽焚秦皇陵之事最主要的记录见于《史记·高祖本纪》,《汉书·高帝纪》也有同样记载。当然，这种两军对垒时期讨伐式的罪状也不完全可信，何况刘邦公布了项羽10条罪状后，"项羽大怒，伏弩射中汉王"。项羽的"大怒"究竟是因为老底被揭了，还是因为有的罪状是无中生有，如今已不得而知，但后来挖掘的兵马俑一号坑中确有被焚烧和破坏的痕迹，很可能就是项羽所为，是时距秦始皇去世仅隔三年，还真是"山河一易姓，万事随人去。白昼盗开墓，玄冬火焚树"。

根据刘邦为项羽罗列的罪状，项羽掘秦始皇陵的目的是"私收其财物"，但若放到当时反秦大起义的背景下来看，早有"楚虽三户，亡秦必楚"之心的项羽若真有掘陵举动，必然也含有如春秋时伍子胥掘楚平王墓（存疑）那样的复仇动机。但袁枚诗中提到的"黄巢掘之"的动机只可能是取财。不过，关于黄巢盗始皇陵的说法目前为止都于正史无考，只存在于诗人们的作品中，倒是在《晋书》中有一段关于五胡十六国时期后赵国君石勒、石季龙盗掘秦始皇陵的记载，史书中直言石氏父子的盗墓动机乃"贪而无礼"，坐拥十州之地尚不满足，"曩代帝王及先贤陵墓靡不发掘，而取其宝货焉……又使掘秦始皇冢，取铜柱铸以为器"。

尽管古书中一直不乏秦始皇陵被盗的说法，但根据今天的考古技术探测与资料分析，除了兵马俑一号坑有被焚烧、破坏比较严重的痕迹之外，秦陵核心的地宫部分并未曾遭遇过大规模盗掘。秦汉史学者王子今分析，项羽与石氏父子掘始皇陵的说法很可能"只是对陵墓地面官祠以及若干从葬建筑设施造成破坏"。后世文人在作品中反复提及秦皇陵被盗之事，更多是为了表达提倡节葬，反对厚葬的意愿，给予君王"哀哉送死厚，乃为弃身具"的警醒。奢华、宏大而又神秘的秦始皇陵是中国盗墓史上的一座醒目的坐标，关于它被盗掘的几种传说也正好概括了历史上"官盗"最主要的两大劫机：取财或政治复仇。

秦代将领皮甲

▼秦代士兵皮甲，函人堂制，根据秦始皇陵兵马俑跪射武士俑复刻。跪射武士俑比一般的陶俑要更加精细，对表情、发髻、甲片、履底的刻画生动传神，并且文物原本的彩绘保存状况极好，真实表现了秦军作战的情景。武士俑因兵种不同，铠甲样式也分几种，但总体而言，他们身上铠甲的甲片都比较大。秦陵中出土的大量兵器皆为青铜，由此可见当时铁制品还相当有限，秦人不太可能装备大量铁甲，因此人数众多的武士俑身上所穿可能是皮甲。半跪射手俑身上所穿的皮甲带有披膊，甲片较大，做工远不如将军铠甲精细

秦代士兵皮甲

▲秦代将领皮甲，函人堂制，根据秦始皇陵兵马俑将军俑复刻。将军俑是目前俑坑中级别最高的，在战争中起着举足轻重的作用，因而发现的将军俑屈指可数。将军俑身上的铠甲应该是所有兵马俑中制作最为精良的，这种甲最大的特点是，其下缘呈三角形，长度至小腹以下，有的有披膊，有的则没有

秦代骑兵服饰复原图（刘永华 绘）

秦俑密码：帝国军团的武备复原

· 清

· 明

· 元

· 宋

· 唐

· 三国两晋南北朝

· 汉

· 秦

· 先秦

第二章

铁血时代

尚武时代与铁器传奇

复活的大汉铠甲

出身仕汉羽林郎，初随骠骑战渔阳。

孰知不向边庭苦，纵死犹闻侠骨香。

——唐·王维《少年行》

皮甲失去霸主地位

唐代诗人王维以《少年行》诗组塑造了一位心怀大志、不畏艰险，跟随霍去病征战匈奴的少年英雄。尽管与汉代相隔数个世纪，但汉时的李广、卫青、霍去病等人依旧是唐朝人心中的偶像，诗词中一次次再现数百年前英雄们驰骋于疆场的场面。那汉代英雄们身上飒爽的甲衣又是何种风采？

经过战国七雄军备竞赛和秦末大战争，脱颖而出的汉王刘邦终于在楚汉战争中击败楚霸王项羽，开创了大汉王朝。但天下并未彻底承平，北方的匈奴对新生的汉王朝一直虎视眈眈，这一客观背景促使汉朝必须不断在军事上进行革新。根据现有资料，西汉初年汉军的甲胄及戎服皆袭承秦制，前文已讲过，秦军中皮制甲占据着主流地位，西汉初年不太可能马上变革，故而当时汉军甲胄的主流也是皮甲。在汉代的文献中，皮甲通常被称为"革甲"。

除了匈奴的威胁，汉朝在平定七国之乱后，不再有大规模战争。经过一段时间的恢复，至武帝时期，国力空前强盛。在军备上，最大的转折点是汉代钢铁冶炼技术的突飞猛进。冶铁技术虽然春秋晚期就已出现，战国时期也被运用到了军备上，但当时技术有限，故而直到秦代，青铜依旧占据着主流地位。进入西汉后，冶铁技术飞速发展，至西汉中晚期，中国已从原先的生铁冶铸跨越到"百炼钢"阶段，并发明了新的炼钢技术"炒钢"法。冶铁技术发展的直接影响是，汉代兵器得到了变革，青铜兵器逐渐退出历史舞台，铁制兵器成为这个时代的"霸主"；其次是兵种的变革，春秋战国以来的战车终于让位于骑兵和步兵；三是甲胄的变革，铁制甲胄的出现，让中国传统甲胄在材料、形制、规格、组合方面都呈现出与前代不同的面貌。

汉人尚武，也有将甲胄作为随葬品的习惯，因此，汉墓中出土了不少甲胄，为后人研究汉代甲胄提供了宝贵的实物资料。20世纪后半叶考古发现的汉代甲胄以铁甲居多，而且都是锻铁制成。需要注意的是，传统的皮甲并未像青铜兵器一样，因为铁器的普及而退出历史舞台，它在两汉的军事史上仍占有一席之地。江苏尹湾汉墓出土的《武库永始四年兵车器集簿》记载，当时东海郡的武器储备有"甲十四万二千三百二十二、铠甲六万三千三百二十四"，甲即皮甲，铠为铁铠，从这个记录可知，西汉末年时汉军仍装备了大量皮甲。

相对于铁铠，皮制甲不易保存，出土数量必然不及铁铠，但也有少量汉墓有皮甲残片出土。此外，汉墓出土的汉代武士俑中，也存在大量与秦兵马俑类似的皮甲。汉人留下的记载中多处都有"革甲"一词，不过它出现的频率远不如"铁铠"。可以确定，汉代皮甲的工艺比秦代更为精细，但这时的皮甲失去了自东周以来独领风骚的地位，甲胄"霸主"地位已被铁甲夺走。

铁甲依然在

生活在东汉末年的文学家孔融曾发出感叹："古圣作犀兜革铠，今盆领铁铠，绝圣甚远。"说古时候都以犀牛皮制作盔甲，而今都是铁铠，与古代相差太大了。孔融虽是借甲感叹，怀古伤今，却从侧面留给了后人一个信息——汉代的甲胄与前代相差巨大。实际上，汉代甲胄的形制依旧是札甲，其最大的差异是，材料由皮变铁。在冶铁技术大力发展的时代，铁制甲胄生产迅速，至汉武帝时期已在军队中普遍装备。

汉代史籍中，"玄甲"一词出现频率很高，如《史记》记载，霍去病去世

▶ 西汉铁甲（复制品），保定市满城区中山靖王刘胜墓出土，现藏于河北博物院。此甲共有甲片 2859 片，重 16.85 千克，甲片由纯铁热锻制成

铁血时代：复活的大汉铠甲

后，汉武帝为悼念他，"发属国玄甲军，陈自长安至茂陵"。这个玄甲究竟是什么种类的甲？主要有两种推测：其一，玄乃玄铁之意，玄甲即铁制的甲；其二，玄是指颜色，玄甲顾名思义为黑甲，并非特指甲胄的材料。笔者更倾向于第二种说法，这可以从考古发现来推测：1942 年，朝鲜汉乐浪郡遗址的汉墓出土了表面涂有黑漆的皮甲残片；1953 年在长沙出土的一领皮甲残片底子涂有黑漆，甲面绘有红、白、黄三色花纹。这些皮甲共同点是都涂上了黑漆，汉墓出土的铁制铠甲，多数也涂有黑漆。漆黑的甲片用红色绳索编缀，是汉代甲胄的主要形式。

　　尽管"玄甲"不能武断地认为是铁甲，但汉代人记载中同样频频出现的"铁铠"一词所指的就是不折不扣的铁制甲胄了。20 世纪 50 年代至 90 年代的考古发现中，汉代的铁甲先后 7 次被发掘出土，分别为：1957 年，洛阳西郊 3032 号西汉晚墓出

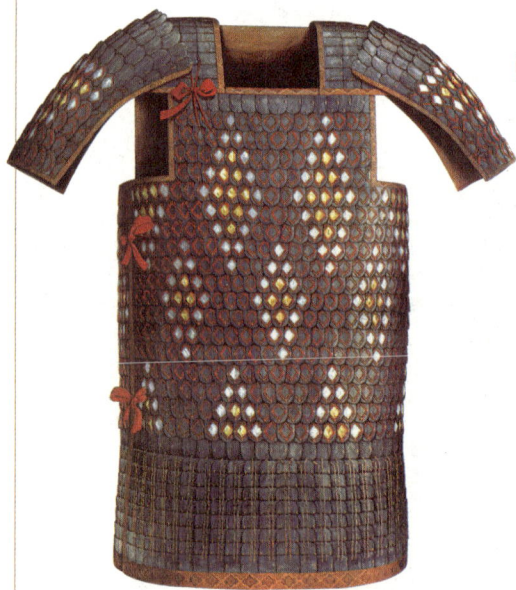

▲ 山东临淄的西汉齐王墓 5 号随葬坑出土的金银饰铠甲（复制品），甲片多达 2244 片。甲片小型化是汉代甲胄的一大特征

▲ 中山靖王刘胜墓出土的筒袖铁甲复制品，由鱼鳞甲片编缀而成，但并非鱼鳞甲

土残铁铠一领，但这领铁铠锈蚀严重，仅有329块甲片遗存；1960年，内蒙古呼和浩特市郊的二十家子汉城遗址的清理工作中发现一领较为完整的铁铠；1968年，河北中山靖王刘胜墓中出土铁铠一领，甲片多达2244片；1975—1977年，中科院考古研究院在勘察和发掘西汉长安城武库遗址时，又发现了一批汉代铁制甲胄；1979年，山东临淄的西汉齐王墓5号随葬坑又出土了两套铁铠和一顶铁胄；1983年，广州西汉南越王墓出土了一领保存得较完整的铁铠；1991年，西安市郊发现一座被盗的西汉早期墓，也出土了一领完整的铁制甲胄。此外，1994年，江苏徐州狮子山顶的西汉楚王墓被发现，墓中出土了约8465片铁制甲片。后经中科院专家修复，成功复原了四种铠甲和一种胄。这些甲胄的出土，使后人得以一睹汉代铁甲的风采。

从形制上来看，这些铁甲皆为札甲，但结构上又存在异同。中山靖王刘胜的甲为方领口，前胸对开襟，穿上后以细线作为扣连。齐王墓中出土的两领铁甲虽也为方口领，但并襟不在前胸而在右肩和侧腋下，以三组丝带系接，其中较为华丽的一领还贴有金银饰片。

从刘胜甲与两套齐王甲基本可以确定，汉代铁甲较为完整的一种是由身甲、钎（披膊）、锻铏（盆领）组成，甲身下有一段垂缘。不过，南越王墓中的铁甲无釪和身甲垂缘，与汉俑较为常见的挂身甲非常相似。汉代甲胄的革新除了材质由皮变铁外，甲片小型化也是一大特征。从战国到西汉，身甲长度一般以80厘米为限，穿着时通常只及臀腹部位。但战国时期出土的皮札甲形制大多比较简单，如曾侯乙墓出土的皮甲，仅有181片甲片。出土较为完整的几领汉甲中，刘胜墓的铁甲甲片多达2859片；山东齐王墓的金银饰铁铠甲，甲片有2244片；西安城郊汉墓发现的铁甲胄，甲片也有2857片。

甲片小型化对甲胄有两种重要作用，首先是能够有效减少单甲片的受力面积，提升甲胄的抗打击力；其次是这样的甲上身后会更加柔软灵活，使军士在战场上更灵活。实际上，从战国到两汉，甲片小型化都是趋势。战国初期的曾侯乙墓甲仅181片，到了秦代，兵马俑中甲片较为多的鱼鳞甲已有800余片，而汉代王侯墓中出土的铁甲，动辄两三千片。甲片的编缀方式则与东周时期的皮札甲一脉相承。

专门研究中国甲胄的学者白荣金、钟少异两位老师在其著作中对古代甲胄甲片小型化做了这样的总结："中国甲胄甲片的小型化，始于皮甲，铁甲继承了皮甲的成果，并将之推向极致。"

▲ 东汉时期画像砖上的东汉甲胄

大汉士兵穿什么

汉代甲胄最明显的两个特征是材料金属化和甲片小型化，这种变革除了冶铁技术发展等客观原因外，也与汉代一直注重武备的政策息息相关。西汉景帝时期的名臣晁错就在《言兵事疏》中明确说道："兵不完利，与空手同；甲不坚密，与袒裼同；弩不可以及远，与短兵同。"对甲胄提出了两个硬性要求，一是要坚硬，能够有效防刺穿；二是编缀时甲片一定要密，既能减轻受力，又可增加灵活度。而甲片形式也呈现多样化，有方形、菱形、鱼鳞形、精细鱼鳞等，这些甲片也是后世中国甲胄甲片的基本形式。

▲ 西汉步兵俑，头包发巾，身穿红色至膝长襦，腿扎行藤，仅有胸甲，右手半握拳上举，原来应持有武器，现藏于陕西历史博物馆

必须强调的是，目前汉墓中出土的汉代甲胄都是高级将领穿的，代表着当时甲胄的顶尖水平。至汉武帝时代，朝廷已建立起一套较为完善的武官制度，因此士兵与军官之间的服饰有着明显的区别。那么，汉代普通士卒身上的甲是否也跟上了时代的步伐呢？

先看甲胄。1972—1974年新发现的居延汉简中，有枚简记载道："革甲六百五十，铁铠二千七百一十三。"居延旧简中最早的纪年简为武帝太初三年（公元前102年），最晚者为东汉建武六年（公元30年），内容涉及面很广。这枚关于甲胄的汉简中，铁甲数量竟是皮甲的4倍多。结合其他史料中"铁铠"出现频率远高于"革甲"，基本可以确定，自汉武帝时代后，军中主要有皮甲和铁甲两类甲胄，但铁甲逐渐占据主流，皮甲则退居辅助地位。

汉军的披甲率究竟能达到多少至今仍争议不断，但断无可能为百分之百。通过出土的汉代军士俑，我们可以发现，汉军与秦军一样，存在大量身无片甲、只穿戎服的士兵。东汉初年的史籍《汉官解诂》记载道："旧时以八月，都试讲习其射力，以备不虞。皆绛衣戎服，示扬武威。"其中提到了西汉时候的戎服颜色主要为红色。此外，汉代常提及的禁军"缇骑"中的缇也是指服饰颜色，"缇，大赤也，今俗称谓大红也；缇，丹黄色也"（许慎《说文解字》）。

　　另一方面，由于旧时战车被淘汰，骑兵开始登场，甲胄内的军戎服饰也逐渐轻便化。汉初时，男子服饰主要为深衣。所谓的深衣，是古代上衣下裳改良后的一种新形制。大致从春秋后期开始，深衣开始在贵族阶层中流行。儒家五经之一的《礼记》中专门有一篇《深衣》。到唐代，孔夫子的后代孔颖达这样解释深衣："此深衣衣裳相连，被体深邃。"也就是说，深衣一改此前的衣制，将从前独立的上衣和下裳合二为一，但在剪裁上仍保留着一分为二的界限，穿着时将全身深深包裹。《礼记》对深衣的长短也有要求，短不能露出肌肤，长不能拖地吃灰。不过，实际

▲ 西汉彩绘陶武士俑，于 1965 年在陕西咸阳杨家湾汉墓出土。杨家湾汉墓共出土 2500 余件彩色兵马俑，这批兵马俑形象地表现了汉初的军阵，现藏于中国国家博物馆（周渝 摄）

情况不可能如记载中那般规矩。先秦时的战争流行战车，军士往往直接在深衣外披上战甲，登上战车作战。

到了西汉，男子的深衣主要有曲裾袍和直裾袍两种，曲裾袍是春秋战国时期沿革下来的老款式，穿着时像螺丝钉一样将身体绕起来，行动时多有不便。随着骑兵的作用越来越大，曲裾袍很快便被淘汰。另一种直裾袍穿起来相对方便，但军戎服饰体系中的直裾袍下摆往往会比平常的直裾袍下摆短。在杨家湾等处出土的汉俑大多穿有两层深衣。另外，根据学者刘永华推测，汉代武士俑身上穿的深衣可能与秦俑一样，是絮衣。这种衣服见载于《汉书·晁错传》："可赐之坚甲絮衣、劲弓利矢。""絮衣"和"坚甲"并列，可知絮衣很可能也是甲的一种。

此外，汉代官兵的军服开始出现徽识。这种制度并非汉代首创，先秦时就已有，但在汉代发展得较为成熟。根据出土的汉俑和雕刻，汉代军队的徽识主要分章、幡、负羽三种。其中，章最为普遍，杨家湾汉墓出土的军士俑背后有一长方形物为汉军的章。

关于这种章的作用，主要有两种观点。第一种以《中国古代军戎服饰》的作者刘永华为代表。结合史料记载，这种观点认为，章是普通士兵乃至参战平民都佩戴的姓名牌，上面注明了佩戴者的身份、姓名和所属部队，类似于二战时期美军的"狗牌"，在佩戴者牺牲后，便于识别其身份和收殓。另一种观点以《画说中国历代甲胄》的作者陈大威为代表。这种观点认为，并非每个士兵都

▲ 西汉彩绘指挥俑，于 1965 年在汉高祖刘邦的长陵陪葬墓中出土，墓主为周勃或周亚夫。这尊指挥俑在地下指挥着庞大的军阵，应为军官装束

佩戴识别身份的章，如果章是身份牌，没有必要背在背后，还做得这么大。陈大威认为："这种章与第二次世界大战时美军战地军官所佩戴的钢盔的识别作用可能一样，是为了小队其他人员能够紧紧跟随指挥官，避免跟错队伍而使用的，所以这种章很可能只是汉军基层军官佩戴的。"

至于幡的作用，也存在有分歧，主流观点认为幡的用处类似于日本战国时期足轻背后的"指物旗"，有识别部队作用；但也有观点推测是信使、传令官或特殊职位特有的识别装饰。

至于负羽，因为没有实物和具体形象，究竟是什么人使用也不明确，但可以确定的是，不会是基层军官的标识，因为负羽目标太大，很容易吸引敌军火力。还有人认为"负羽出征"的负羽，其实是汉代军队背后背负的弓箭、弩箭，汉代陶俑身上确实有装羽箭的方形盒子。日本战国时期的日军中也有类似负羽的士兵，但多为传令兵，他们因来往于战场和大本营之间，危险性远低于在前线直接作战的官兵，因此，负羽作为传令兵饰品的可能性相当高。

铁胄与髀裈

坚甲可防身，但头上的护具更重要。自商周以来，金属胄就很普遍，战国晚期已出现铁制兜鍪，秦陵兵马俑石甲胄中的胄也极可能是铁制，而到了铁器发达的汉代，新兴的铁胄取代延续了千年的青铜胄是毫无悬念的。

汉代铁胄的样式很多，前文提及的西汉齐王墓五号坑出土的铁甲胄相对完整，其铁胄的样式非常独特，高约25厘米，由鱼鳞甲片编缀成圆锥筒形。其编缀方式有多种，头部主要是下压上，中间压两侧，下方保护面颊部分为上压下。不过与大多数传统胄不同，齐王墓中的铁胄为无顶形制，考虑到佩戴时不太可能直接套上铁胄，将发髻暴露在外，所以，这顶铁胄的穿戴顺序应为，

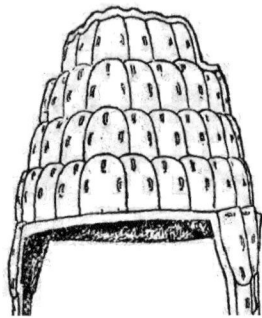

▲ 山东临淄大武村西汉齐王墓出土的铁胄示意图

先戴上内衬包裹头部和发髻，然后再戴上无顶铁胄。

另一种更为普遍的胄为有顶铁胄，这种形制可以参考1980年在吉林省榆树县老河东汉墓出土的汉铁胄。其胄体也是由甲片编缀而成，顶部由一排长甲片围成，下排以短甲片编缀，佩戴后可以保护头部、耳朵和后颈部位，边缘有织物包裹以防擦伤，顶部的形制与日本古坟时代的"冲角付胄"相似。另一种防护性更强的铁胄则可参考江苏徐州西汉楚王墓出土的复原铁胄，这顶铁胄由120片甲片编缀而成，其中胄顶13片、胄体35片、垂缘72片，戴上后仅露出五官，其形制与战国晚期的铁兜鍪、秦陵中的石甲胄如出一辙。

除了铁胄外，汉俑中还普遍存在头戴皮帻、武冠的情况。陕西咸阳杨家湾出土的一尊彩绘将军俑上有很多重要信息，这名将军身穿方领口形的鱼鳞札甲，靴子也色彩华丽，但没有佩戴铁胄，只有一顶巾帻，这种装束应该不会用于战场，很可能是在非战时状态或仪仗场合使用。杨家湾出土的骑兵俑头上戴的武冠则更为常见。戴这种武冠时，要先戴皮帻，而后在帻的外层罩武冠。汉代的帻与武冠种类繁多，如樊哙冠、鹖冠、平巾帻、屋山帻，等等。总而言之，这个时期的帻、冠都与秦代的相差较大，有明显的汉代特色。

西汉有较多甲胄实物出土，东汉时甲胄资料反而比较少，不过还是可以从出土的东汉时期陶俑看出其发展轨迹。东汉甲胄在西汉的基础上取得了进一步发展。首先，形制上有所突破，出现了"髀裈"。髀指大腿部位，裈为有裆的裤子，甲胄中的"髀裈"就是裙甲，比之前80厘米左右的身甲要长出不少。其次，随着"百炼钢"工艺的成熟，东汉甲胄的质量也大幅提升。东汉末年的文学家，名列建安七子之一陈琳的《武

▲ 西汉铁兜鍪，江苏徐州狮子山西汉楚陵出土。这种铁兜鍪与战国、秦代的兜鍪相似

库赋》对当时进贡的锻造甲胄进行了赞美："铠则东胡阙巩，百炼精钢。函师震旅，韦人制缝。元羽缥甲，灼瀹流光。"

　　陈琳在辞赋中首推东胡和阙巩国所产的甲胄，东胡乃春秋战国时期的北方民族，因居匈奴（胡）以东而得名。至于阙巩国，本是上古时期以制造铠甲闻名的小侯爵之国，《左传·昭公十五年》："阙巩之甲，武所以克商也。"但阙巩后来也被周武王姬发吞灭。史载阙巩国隶属豫州，此地善于打造铠甲的传统一直流传到东汉末年。

　　这个时期的甲胄，无论是数量还是质量都有很高的需求，生活在汉末三国时期的诸葛亮在《作刚铠教》中明确规定："敕作部皆作五折刚（钢）铠。"这里的"五折"指，折叠反复锻打5次才算合格。汉末三国时期频繁发生战争，自黄巾之乱到三国归晋，兵祸持续了近一百年。群雄逐鹿的形势催生武备的发展与革新。西晋的一统也没有换来天下承平，随着八王之乱、永嘉之乱的爆发，中国进入大分裂的诸侯混战时期，作为战争必需品的甲胄，也由此进入一个新阶段。

◀ 汉甲士示意图，图中绘的是东汉时期的铁札甲，比西汉时期的有所发展，综合参照老深河出土的东汉鲜卑甲胄、乌桓校尉府壁画、东汉画砖等资料绘成。此处铁胄为铁叶编缀，肩臂部采用筒袖形式，大腿部增加了防护，配长环首刀（杨翌 绘）

1. 长冠，又称刘氏冠、斋冠，用竹皮编制，通常搭配袀玄使用，汉高祖刘邦先前戴之，后定为公乘以上官员的祭服。

2. 袀玄，即纯玄色（全黑色）的外袍，秦代至西汉时期为贵族男子的礼服。

3. 帝王着袀玄时，里面要着绛色（红色）缘领袖的中衣。中衣又称里衣，相当于今天的衬衣，起搭配和衬托作用。

4. 帝王着袀玄时，所穿的裤子与袜子也为绛色。

5. 正坐，我国古代居坐的一种方式，即席地而坐。

秦汉时期的皇帝应该穿什么样的衣服？很多影视剧、动漫或古画像展现给我们的都是，皇帝身穿龙纹黑袍，头戴冕旒礼冠，他们的服饰庄重而华美，只要看一眼就能认出他是帝王。荧幕上的帝王服饰都是以冕服形象呈现，冕服的确

▲ 袀玄，帝王着袀玄时，所穿的裤子和袜子也为绛色（程亮 绘）

◀ 头戴汉代长冠的衣木俑，湖南长沙马王堆汉墓出土

是古代的一种礼服，主要由冕冠、玄衣、纁裳、白罗大带、黄蔽膝、素纱中单、赤舄等组成。不过，冕服主要是古代帝王在重大仪式时穿的礼服，并非时刻都穿着。

冕服在先秦经典《礼记》中就有记载，服饰外袍称为玄衣，肩部织日、月、龙纹；背部织星辰、山纹；袖部织火、华虫、宗彝纹。纁裳织藻、粉米、黼、黻纹各二，合称"十二纹章"。不过，这种冕服在秦代就中断了，我们都知道秦始皇统一六国后，下令书同文，车同轨，废除六国旧文字，焚烧经典，统一度量衡。在这一系列大刀阔斧的改革中，周代传下来的华丽冕服也被废除。从那时起，贵族男子的礼服色调与配饰就变得极其简单，秦代尚黑，故改用全黑深衣作为男子礼服，名为"袀玄"。西汉继承秦朝制度，帝王的礼服也随秦

▲ 汉代早期流行的深衣款式。在骑兵兴起之前，甲胄里面通常穿着深衣。随着骑兵的发展，深衣便不再作为戎服（程亮 绘）

代沿用袀玄，上至帝王，下至官员，皆以袀玄为礼服，直到东汉的汉明帝恢复冕服为男子礼服。从此，皇帝才又戴上冕旒，穿上"十二章纹"的华丽服饰。此后，冕服作为帝王礼服传承了一千六百余年，直到在清朝被废止。

公元前202年，秦帝国的掘墓人项羽在楚汉战争中败死，他的对手刘邦建立汉帝国后，实施了一项重要举措——开始设守冢人。项羽曾破坏坏始皇陵，而刘邦却为之设"守冢二十家"，这也标志秦始皇陵开始受到政府保护。此外，原六国君臣的陵墓也被刘邦指派了守冢人，此举意味着"战国末期以来长期的社会动乱中，各地纷起的盗掘君王贵族陵墓之风，终于开始受到官方的制止"。到了班固著《汉书》时期，"掘冢"已被称作"奸事"，被视为违法行为之一。

尽管汉朝政府已命令禁止"掘冢"，但民间的盗墓行为依然屡禁不止，甚至有济东王刘彭、广川王刘去这样的不法贵族参与其中。严格来说，刘彭掘墓行为不能称为"盗"。此人残忍、嗜杀，常以割剥、肢解、烹煮等方式残杀后宫女子。他作恶后因担心受害者鬼魂报复，竟"掘出尸，皆烧为灰"。

至于广川王刘去，完全就是一个以盗墓为嗜好的少壮贵族。据《西京杂记》载，魏襄王墓、魏哀王冢、晋灵公墓、周幽王墓等皆是被他盗掘，但他更出格的是，盗掘了当朝大臣袁盎的墓。汉文帝时期名臣袁盎的墓穴中"以瓦为棺椁，器物都无，唯有铜镜一枚"，令刘去大失所望。

刘彭、刘去掘墓既非为财，又非为了政治报复，前者掘墓焚尸是因恐惧而衍生的变态行为，后者"发古冢"则是出于好奇心，他们可算盗墓者中的异类。

乱世也是各代陵墓遭盗掘的高峰期，虽然成书于西汉的《淮南子·兵略》已将"毋掘坟墓"写入军纪，但西汉末年依然发生了军人大规模盗墓、毁墓事件。王莽篡汉后，政局动荡，起义军遍布各地。当起义军逼近长安时，王莽以囚徒组成一支临时部队迎击，哪知这支部队刚过渭桥便发生哗变，将王莽宗族的坟墓尽数挖掘，并"烧其棺椁及九庙、明堂、辟雍"。后来，赤眉军进入长安后，又发生西汉帝陵被掘的事。据《汉书》载，除霸陵、杜陵完好外，"宗庙园陵皆发掘"。赤眉军掘陵时，甚至有侮辱墓主尸身的恶劣行为。据《后汉书》记载，赤眉军"发掘诸陵，取其宝货，遂污辱吕后尸。凡贼所发，有玉匣殓者率皆如生，故赤眉得多行淫秽"。

东汉末年，黄巾起义引发了近百年的军阀大混战，中原大地战火四起，苍生倒悬，尽是"白骨露于野，千里无鸡鸣"的惨象。另一方面，根据"乱世起，盗墓昌"，汉魏之际也是集团盗墓行为的高峰期。黄巾起义被平定后，西凉军阀董卓进京专权，曹操、袁绍等十八路诸侯组成联军讨伐董卓。190年，势如破竹的讨董联军攻破虎牢关，进逼洛阳，使得惶恐不安的董卓挟持汉献帝西迁长安。据《三国志》载，董卓离开时放火焚烧洛阳宫室，并"悉发掘陵墓，取宝物"。而《后汉书》则详细记载了董卓指使吕布"发诸帝陵，及公卿已下冢墓，收其珍宝"的掘陵行为。董卓掘墓很快被讨董联军列为罪行，袁绍与众诸侯歃血为盟时的誓词中便有"发掘陵墓，虐及鬼神，过恶烝皇天，浊秽薰后土"之语。

与董卓焚城掘陵的粗暴行为比起来，讨董一方的曹操则设置了专司盗墓的军职。在军阀混战、群雄逐鹿的时代，军饷与物资对军事集团的重要性不言而喻，为弥补军饷不足，有人在活人身上打主意（掠夺），也有人在死人身上做文章（盗墓），例如《鬼吹灯》与《盗墓笔记》中常提及的"摸金校尉"与"发丘中郎将"就是曹操所设。关于曹操在军中设置盗墓军职的说法最早出自陈琳的《为袁绍檄豫州》一文，该檄文指责曹操"特置发丘中郎将、摸金校尉，所过隳突，无骸不露"，并专门提及曹操发掘梁孝王陵墓之事："……又梁孝王，先帝母昆，坟陵尊显，桑梓松柏，犹宜恭肃，而操帅将吏士，亲临发掘，破棺裸尸，掠取金宝，至令圣朝流涕，士民伤怀。"

也有人认为，曹操军事集团"发丘摸金"一事出自讨伐檄文，有"污过其虐"之嫌。不过，后来此檄文作者陈琳投靠曹操，曹操向他提及此檄文时说："卿昔为本初移书，但可罪状孤而已，恶恶止其身，何乃上及父祖邪？"可见曹操主要指责的是陈琳在檄文中骂了他的父祖，而"罪状孤而已"以及"恶恶止其身"，似乎可理解为曹操默认了檄文中实施盗墓等行为。

有意思的是，曹操作为首位正式设置专司盗墓职位的君王，死后为防止陵墓遭盗，设了诸多"疑冢"，民间传说他的"疑冢"有72处之多，这也是一种新的防盗之法。千年之后的明太祖朱元璋去世时也摆了一盘"十三城门同时出棺"的迷魂阵，与曹操的"疑冢"可谓殊途同归。不过，曹操的儿子曹丕是一位坚持要子孙对自己进行薄葬的皇帝，他要求自己的墓地不建寝殿，不藏金银铜铁。因担心后代不遵从自己的意愿，他甚至发了毒咒，说如果不这样做，自己将被"戮尸地下，戮而重戮，死而重死"。

汉末三国这段动荡时期，军事集团对陵墓破坏的事例并非只出现在董卓和曹操身上，民间墓冢遭军队盗掘、破坏的记载多不胜数，与曹魏、蜀汉三分天下的孙吴政权也"发长沙王吴芮冢，以其材于临湘为孙坚立庙"，开创了发掘前代陵墓用作建筑材料的史例。

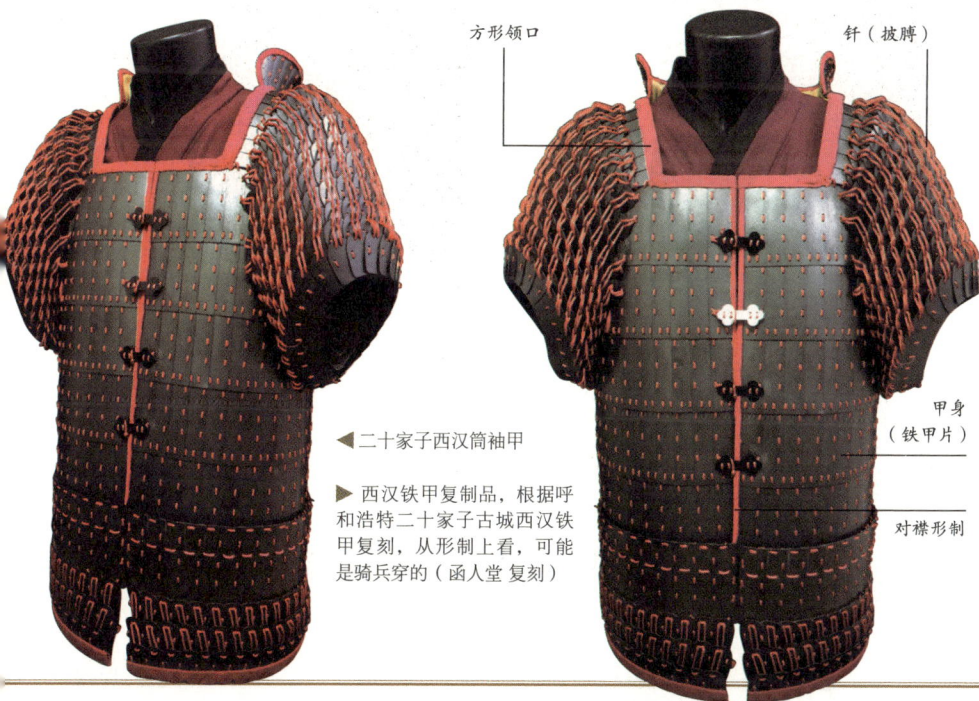

方形领口

钎（披膊）

◀二十家子西汉筒袖甲

▶西汉铁甲复制品，根据呼和浩特二十家子古城西汉铁甲复刻，从形制上看，可能是骑兵穿的（函人堂 复刻）

甲身（铁甲片）

对襟形制

铁血时代：复活的大汉铠甲

▲ 二十家子西汉筒袖甲上身效果图（模特：郝岭）

▲ 西汉士兵玄铁札甲，函人堂制。平巾帻皮武冠参考的是汉代出土陶俑，身甲参考的是南朝甲胄残片（模特：郝岭）

西汉将帅骑兵服饰复原图（刘永华 绘）

先秦

秦

汉

三国两晋南北朝

唐

宋

元

明

清

第三章

甲骑驰骋

重甲骑兵的黄金时代

从三国到南北朝的角逐

何处望神州？满眼风光北固楼。

千古兴亡多少事？悠悠。不尽长江滚滚流。

年少万兜鍪，坐断东南战未休。

天下英雄谁敌手？曹刘。生子当如孙仲谋。

——宋·辛弃疾《南乡子·登京口北固亭有怀》

最熟悉的陌生人

东汉光和七年（184 年）二月，一场由张角兄弟领导，影响波及全国，轰轰烈烈的黄巾民变就此爆发。张角根据《太平经》中天、地、人"三统"的思想，自称"天公将军"，二弟张宝称"地公将军"，三弟张梁称"人公将军"。遍地烽烟豪杰起，黄巾大潮以风卷残云之势，一路攻城夺寨，斩杀官吏，焚烧官府，州郡官府大多弃地而逃，史称"旬日之间，天下响应，京师震动"。势如破竹的黄巾军很快攻占了河北地区的多个州县，汉家的安平王刘续、甘陵王刘忠皆被俘。四月，冀州地区黄巾军一路北伐，与当地黄巾军会攻广阳郡，斩杀幽州刺史。至此，冀州与幽州两地的黄巾军连成一片，声势日盛。与此同时，南阳郡的黄巾军在渠帅张曼成率领下进攻宛城，斩杀南阳太守，控制南阳郡地区。汝南郡的黄巾将领波才、彭脱也率军攻陷官府，率部进入颍川郡，直指洛阳。

黄巾军虽来势凶猛，但东汉朝廷还不至于一触即溃。经过了初期的慌乱，朝廷逐渐镇定下来，开始组织防守。灵帝首先依仗外戚势力，何皇后的兄长、破获马元义密谋的何进被任命为大将军，统领京师附近的军队，防守洛阳。同时，灵帝设置八关都尉，布重兵防守洛阳周边的八个关隘，防止"太平道"势力渗透京师地区。当年四月，汉灵帝下诏解除党禁，赦免了之前党锢之祸中的受害人士，并重新起用一批官员。这场声势浩大的黄巾之乱让一批又一批生长于汉末的英雄豪杰登上历史舞台。汉末三国之争拉开序幕，中原大地由此进入了长达四个世纪的动荡时期。

汉末三国时代是中国人最熟悉的时代，因为自宋明以来，在话本、评书、小说、戏剧中，三国故事都是最热门的题材。1994 年央视版《三国演义》曾经家喻户晓，由日本传入的光荣版《三国志》等游戏更是深深影响了 20 世纪 80 年代和

▲《关羽擒将图》，图中关羽、周仓等人所穿甲胄并非东汉末年款式，而是宋明之风，汉末三国时并没有这样的铠甲

90年代出生的人。可对大众来说，汉末三国又是一个陌生的时代，说其"陌生"，是因为历史上的三国并非大众印象中的三国：正史中的三国，关羽不可能装备青龙偃月刀，张飞没有丈八蛇矛，张角也不是"不第秀才"；那个时代的战争，也不像《三国演义》虚构的那样，阵前两名大将单挑，他们决斗的胜负往往标志着战争的结局。演义中将领之间的决斗充满了艺术色彩，往往大战三百回合不分胜负，于是相约次日再战，而这些描述也给三国时代的骑兵战争蒙上了迷雾。

被层层迷雾笼罩的，还有汉末三国群英的形象：赤面长须的关羽、豹头环眼的张飞、白面无须的赵云……同样深入人心的，还有他们身上的盔甲。实际上，这些人物形象基本出自明清两代人之手。生活在明代宣德时期的宫廷画师商喜留下一幅《关羽擒将图》，题材取自《三国演义》中关羽水淹七军、生擒魏将庞德的故事。全图人物共 6 人，主角是关羽和庞德。图中的关羽基本就是我们今天眼中的"美髯公"。在《关羽擒将图》中，关羽蓝巾绿袍，全身披挂，丹脸凤眼，长髯飘拂，凝神危坐；庞德上身裸露，赤脚，双目怒睁，咬牙切齿，毫不畏惧；旁边还有为关公举刀的周仓以及几位身穿甲胄的军士。

《关羽擒将图》中的关公等人皆穿着华丽的甲胄，若仔细观察，便会发现他们身上的甲胄与明十三陵神道两侧的大汉将军雕像以及明代写实宫廷画《出警入跸图》中的大汉将军甲胄非常相似，处处都有宋明甲胄的痕迹。也就是说，明人笔下的汉末三国人物，身上所穿甲胄基本是以明代仪仗甲为原型绘制的，从而影响了后世几百年。除了几百年来的各种绘图，1994 年央视拍摄的《三国演义》也影响现代人。这部鸿篇巨制在服化道方面基本参考了明代以来的传统形象，同时还融入了日本甲胄元素，例如周瑜的铠甲、曹操赤壁之战时穿的铠甲都有日本大铠的既视感，头盔上的"前立"更是浓浓的日甲元素。

总而言之，关于汉末三国人物所穿的甲胄，无论是古人留下的绘画，还是经典的电视剧，我们都不能当真。之所以说他们陌生，也是因为这一系列形象太深入人心，使得他们原本的样子被淹没在了历史长河。对中国人而言，汉末群雄的确堪称最熟悉的陌生人。

迷雾下的三国铠甲

184—589 年，是中国历史上的大动荡时期。这 400 年，中国经历了士族地主的崩溃与庶族官僚的崛起，从汉末到魏晋再到南北朝时期频繁的战事也促

▶ 清代关羽像，现藏于宁夏博物馆。可以看到骑在马上的关羽所穿甲胄并非汉末三国时期的，而是偏宋明之风（周渝 摄）

进了武备的进步，其中，铠甲的革新便是自三国时代开始。

言三国武备，不得不提一位鼎鼎有名的人物——诸葛亮。历史上的诸葛亮与演义中"多智而近妖"的形象截然不同，但其人格魅力丝毫不输于演义。诸葛亮不仅是一位治国谨慎的政治家，在军事武备方面也成就卓越，他发明的木牛流马、孔明灯等家喻户晓，他改造的一次能发射十支箭的"诸葛连弩"亦广为人知。不过，很多人不知道的是，还有以他命名的铠甲。记录南北朝历史的《宋书·殷孝祖传》载："御仗先有诸葛亮筒袖铠帽，二十五石弩射之不能入。"

这种盛行于南北朝时期被称为"诸葛亮筒袖铠"的甲胄，相传就是重视军备生产的诸葛亮亲自督制而成。这是一种什么样的甲胄呢？在河南偃师杏园村出土的一件武士俑身上的甲胄与"筒袖铠"的记载十分吻合。这种甲胄胸背相连，有短袖，由小块鱼鳞纹甲片或龟背纹甲片编缀而成。与之前的汉甲相比，"筒袖铠"有个明显的特点是不开襟，穿时就像穿现代的 T 恤衫那样直接从头部套入。这样一来，整个铠甲就没有薄弱环节。

筒袖铠之所以能够"二十五石弩射之不能入"，除了形制上被改造外，材质上也采用了东汉以来较为先进的百炼钢。这种将薄钢片反复折叠的百炼钢技术使钢铁技术飞跃发展的同时，也让甲胄防御力迅速提升。这种百炼钢技术打造的甲胄，当时堪称坚硬无比，从三国到南北朝时期的甲胄，皆以此技术为主流。

三国甲胄的另一个重要信息来自曹植，他在《先帝赐臣铠表》中写道："先帝赐臣铠，黑光、明光各一具，裲裆铠一领，环锁铠一领，马铠一领，今世以升平，兵革无事，乞悉以付铠曹自理。"这段文字出现了一连串铠甲的名称：黑光铠、明光铠、裲裆铠、环锁铠、马铠。既然是先帝曹操所赐，这些甲胄无疑都属于东汉末年，但曹植仅留下了简单的文字，没有解释这些铠甲的模样，导致这几类甲的形制存在巨大争议。

争议最大的当属明光铠，最早记载了明光铠的史料是曹植的《先帝赐臣铠表》。何为"明光"？主要有几种观点：20 世纪 70 年代，学者杨泓考证，明光铠可能是南北朝至唐时期流行的胸前有两片板状护胸的铠甲，这一说法尚未被证实；第二种观点最主流，即明光铠主要是古代雕像上所穿的甲胄形制之一，胸前通常有板状护甲，在太阳照射下闪闪发光，犹如汉镜的"见日之光，天下大明"，故称

"明光"。

但也有一种新观点认为，早期的明光是指对甲片物理特征的描述，那个时代做了强烈抛光处理的金属甲片皆属于明光范畴，而非对某一个部件或形制的特别描述。自三国两晋以来，鉴于铁甲容易锈蚀，甲胄多改用钢铁制造。在此过程中，函人们发现可以通过水磨的方式来进行防锈，而且甲胄在经过水磨后，还能产生明亮的反光，在阳光下夺目刺眼，可使敌军头晕目眩，给披甲者创造有利的攻击机会。

为行文方便，本书暂且采取主流观点。可以确定的是，明光铠自魏晋后便开始出现于各种记录中，在南北朝时期尤其流行。根据南北朝时期的武士俑及石刻可以看出，当时的明光铠

▲ 南北朝时期，头戴冲角盔、身穿早期明光甲的武士。根据陕西出土的北齐彩绘持盾武士俑等文物绘制（刘诗巍 绘）

已发展得相当成熟，除了带圆镜的护胸装置，许多甲身上还有竖起的盆领，与垂有顿项的兜鍪连接。手臂部分有披膊，腿部则有裙甲防护。南北朝后期，北周将领蔡祐率部与北齐作战，史载其"着明光铠，所向无前"，北齐士兵皆大喊着"此铁猛兽也"纷纷撤退。明光铠的传奇一直延续到唐代，在《唐六典》中，明光铠位居各类铠甲之首，这也是其辉煌的巅峰。此后，明光铠出现的次数逐渐减少，到唐末已不见经传。到北宋，《武经总要》收录的各类甲胄名目中已找不到"明光铠"。

裲裆铠与骑兵崛起

曹植的铠甲列表，除了颇具争议的明光铠外，他提及的"裲裆铠"也是颇具那个时代特征的一种铠甲。这里的"裲裆"应同"两当"。汉末刘熙所著的《释名·释衣服》曰："裲裆，其一当胸，其一当背也。"

顾名思义，裲裆铠是由一面胸甲和一片背甲在肩上用皮革扣结，穿时在腰间系带，其形状与当时的服饰裲裆衫相似，故而得名。在魏晋南北朝时期出土的陶俑或壁画、画砖里，经常能看到身披裲裆铠的武士，大多数还有坐骑，且他们的坐骑同样装备着精良的铠甲。这些文物中，又以敦煌第285窟的西魏壁画《五百强盗成佛图》最具代表性，从壁画中能清楚地看到身披裲裆铠、骑着披有具装铠的战马的"甲骑具装"重骑兵。

无论是裲裆铠还是"甲骑具装"（人甲与马甲的合称），它们的出现都与战争形式的改变息息相关。前文讲过，自战国后期起，传统的步兵协同战车作战的方

▲《五百强盗成佛图》，出自敦煌莫高窟第285窟。在图中，可以看到骑兵身披裲裆铠、战马身披具装铠这一"甲骑具装"的形象

甲骑驰骋：从三国到南北朝的角逐

式已逐渐衰落，经过"胡服骑射"改革，骑兵开始在中原推广。两汉时期恰恰也是战车向骑兵的过渡时期，至魏晋南北朝，马镫等一系列骑兵具装应运而生。有了完善的马具，尤其是使用了镫后，人能够更快地掌握骑术，更容易驯服和控制马匹，并且骑马时更舒服、稳固、省力，便于长途奔驰和行军。更重要的是，这种变革使许多属于骑兵的、新的战术动作能够顺利进行。这个时代，灵活机动的骑兵终于彻底取代了战车，成为战场主角。

显而易见，裲裆铠就是为了适应马上动作而出现的。西汉时期骑兵使用的铠甲，大多只有甲身，护住战士的胸腹和背部。魏晋时期，汉代骑兵甲经过改进，发展成更适合保护骑兵的裲裆铠。裲裆铠与西汉时期只护胸腹的札甲不同，裲裆铠带裙甲，长至膝盖之上，腰部之上为胸背甲，有的以小甲片编缀而成，有的则用整块的大甲片，小甲片一般为铁甲，大甲片多为皮甲。前后两片甲在肩部，与身体两侧不相连，背甲上缘钉有两根皮带，穿过胸甲身上的带扣后披挂于肩上。其腰部以下皮革制成的短形筒裙代替了腿裙，能有效保护骑兵的腿部。

魏晋南北朝时期的出土甲胄实物远不及西汉多，但也并非没有。1995 年，辽宁东晋十六国时期的墓地就出土过一领铁铠，只是保存得不好。这套铁铠甲的甲身与西汉齐王墓出土的铁甲很相似，但肩带不是以甲片编缀，而是以两根皮带系之。这套铠甲有披膊、盆领和腿裙，但它们是如何连接的则无法考证。

总体而言，出现于汉末，在魏晋南北朝时期被广为使用的裲裆铠，从形制到编缀方式都与秦汉时期甚至先秦时期的札甲有一定的沿革关系。它最终形成很可能是在汉末三国到两晋时期，裲裆衫大行其道，甲胄也被服饰影响因而定型。南北朝时期，这种裲裆铠非常流行，隋唐时期仍能见其身影，只是那时的裲裆铠更为精致，全身都以鱼鳞状的小甲片编缀，长度延伸到腹部，取代了原先的皮革裙甲。事实上，南北朝晚期，裲裆铠就已逐渐衰落，最终在唐代与"甲骑具装"一起消亡。

"甲骑具装"的黄金时代

南北朝时期最具代表性的军士是什么样的？"甲骑具装"！南北朝是中国重甲骑兵的黄金时代，不仅马镫等马具逐渐完善，马铠亦在此时迅速发展。实际上，在汉末三国时期，马铠算不上新甲种，因为战国时期就已出现了马铠的记载，而

▲ 南北朝时期，"甲骑具装"重骑兵举矛扎刺图

秦陵兵马俑中的完整马铠也证实了前人很早就注重对战马的保护。

这种习惯被汉代沿用，根据宋人修的类书《太平御览·魏武军策令》记载，在官渡之战中，袁绍军就装备了马铠，曹操言："袁本初铠万领，吾大铠二十领，本初马铠三百具，吾不能有十具，见其少遂不施也，吾遂出奇破之。"这里反映了一个问题，即袁绍有"铠万领"，马铠"三百具"。而曹操有铠"二十领"，马铠"不能有十具"。无论是曹操还是袁绍，人铠的数量都远高于马铠，这也应该是当时的普遍情况。其次，这也证明虽然汉末群雄战争中沿用了马铠，但其数量不能与后来的南北朝时期相比。

两晋之前的马铠有两个主要特点：其一，西晋之前，马匹非常贵重，战争中仍以步兵为主，骑兵数量有限，以至于马铠并非主流，但自汉末以来逐渐被各路诸侯推广使用；其二，对马的防护古来就有，汉末三国时期，马铠材质仍以皮甲为主。

至西晋倾覆，五胡入侵，匈奴、鲜卑、羯等游牧民族问鼎中原并建立政权，割据一方。这些游牧民族善于骑射，军队以骑兵为主力，他们的到来使中原战争

▲ 北魏重骑兵武士俑，于 1953 年在陕西西安草场坡出土，现藏于中国国家博物馆（周渝 摄）

形式发生了变化，骑兵成为北方战场上的决定性力量。与骑兵崛起同时进行的，是马铠的进化。首先是马铠的普遍化，其次是马铠的金属化。那么，重甲骑兵是什么时候大规模装备金属马甲的呢？根据现有考古成果来看，铁马铠在军队中普遍使用始于东晋，南北朝时期达到巅峰，这一时期的史籍中，"甲骑具装"动辄成千上万，足以说明重甲骑兵已成为当时的主要兵种。

十六国到南北朝时期出土铠甲的数量要远远少于西汉，这给复原当时甲胄的工作造成不少困难，但也不是完全无迹可寻。例如，辽宁北票西官营子、喇嘛洞和朝阳十二台乡等地都先后出土了十六国时期的铁马甲。这个时期，马铠形制已相当完备，其结构由保护马头的"马胄"（又称"面帘"）、保护马颈的"鸡颈"、保护马胸的"当（荡）胸"、保护马躯干的"马身甲"、保护马屁股的"搭后"组成，马臀部的护甲上还附着长羽毛作为装饰，称为"寄生"。几个部分分别以铁销相连，不影响马匹活动。护唇、护颈、护颊部分则以甲片铆合而成。这样一套完整的马铠，将战马保护得严严实实，仅留眼、耳、鼻、口、四肢及尾巴暴露在外。这种结构严实、紧密的马铠被时人称为"具装"或"具装铠"。身穿重甲、骑着披挂重甲的马匹的重甲骑兵，就是史书中的"甲骑具装"。

从史籍看，军中装备的马铠数量也随着时间推移而增加。前文讲过，汉末群雄逐鹿时，曹操与袁绍交战，当时袁绍军中有三百马铠已是很多。西晋永嘉六年（312年）十二月，王昌、阮豹率军进攻后赵石勒，结果反被后赵军打得溃不成军，后赵大将孔苌"乘胜追击，枕尸三十余里，获铠马五千匹"。这里"铠马"数量已是汉末袁绍的十多倍。

▲ 北周甲骑具装俑，1983年出土于宁夏固原地区李贤夫妇合葬墓，现藏于宁夏博物馆（周渝 摄）

值得注意的是，这次战争中，晋军将领段末波（又作段末杯）被石勒俘虏，段部首领段疾陆以"铠马二百五十匹，金银各一簏"为赎金换回了段末波，从侧面反映了马铠甲当时在军事上的重要价值。

到了东晋十六国时期，史籍中出现的马铠更是数以万计，隆安四年（400年），后秦国君姚兴及其大将姚硕德率军五万，从南安峡（今甘肃张家川西）向西进攻西秦。此役一举灭亡了西秦政权，取得"降其部众三万六千，收铠马六万匹"的战绩，这也是史书记载的最多的马铠数量。

重甲骑士最后的辉煌

与甲骑具装数量剧增相呼应的，是全新的重骑兵战术。重骑兵作为突击作战的中坚力量，在南北朝时期的战争中发挥了重要作用。

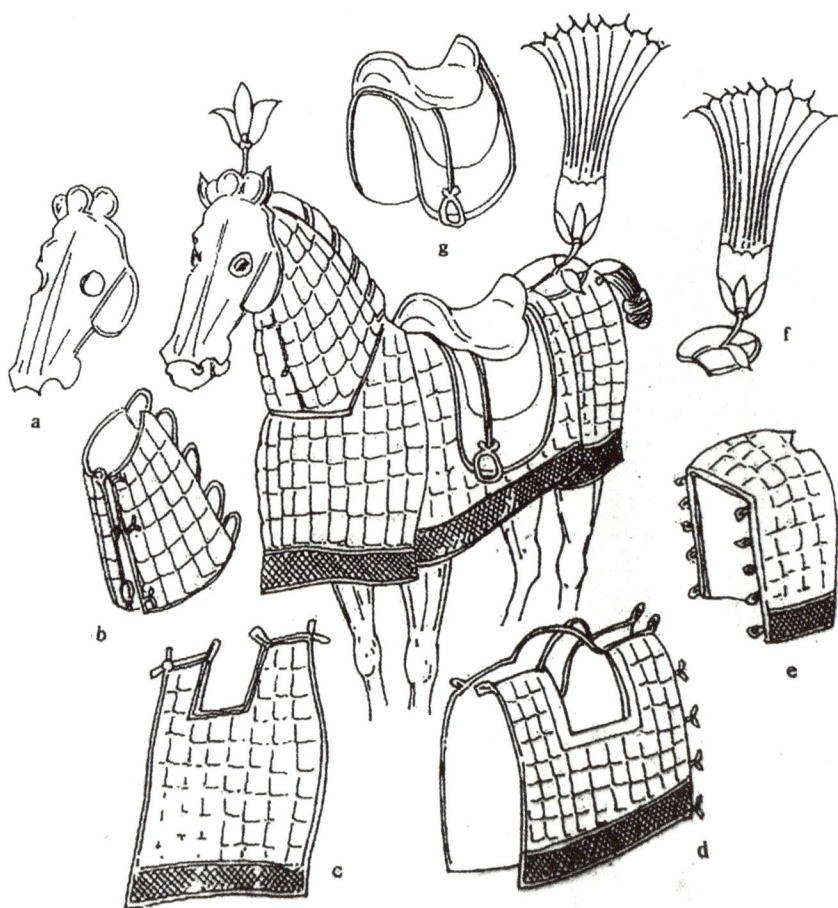

▲ 南北朝具装铠示意图

a 面帘，用以保护马头；b 鸡颈，用以保护马颈；c 荡胸，用以保护马胸；d 身甲，用以保护马腹；e 搭后，用以保护马臀；f 寄生，其作用可能是保护骑兵后背，同时也起到装饰作用。上述 6 个部分构成一领完整的马具装，外加骑乘用的鞍具和马镫（g）

　　典型战例如沙苑之战。东魏天平四年（537 年）十月，东魏丞相高欢亲率二十万人的大军至蒲津攻打西魏，西魏派遣宇文泰前来迎击，决心西魏生死存亡的大战由此展开。面对二十万东魏大军，宇文泰手里军队不足万人，形势岌岌可危。战争爆发后，东魏军对西魏军的左翼军阵发动攻击，左翼很快面临崩溃的危险。千钧一发之际，处于右翼军阵的李弼等将领率甲骑具装对东魏军实行突击冲锋，"铁骑横击之，绝其军为二，大破之"，东魏军溃不成军，七万余人被俘，主帅高欢落荒而逃。根据《周书·李弼传》记载，此役，李弼率领突击东魏军的重甲骑兵仅有"六十骑"，当然还有其他友军打助攻，但西魏能在敌众我寡的情况下扭转战局，反败为胜，是重骑兵突击战术的成功运用。

六十余骑重骑兵能打乱数万大军的部署，看起来有些不可思议。不过，自封为"宇宙大将军"的侯景，也是凭借八百余名重骑兵纵横江东数年。在南北朝时期的战场上，甲骑具装所向披靡，并非虚言。

南北朝既是重骑兵的黄金时代，也是其盛极而衰的时期。驰骋沙场，所向无敌的重骑兵最终走向衰落主要有几个原因。其一，破甲武器的大量出现。南北朝时期的甲胄材料异常坚硬，覆盖面广，从人到马坚不可摧，许多尖锐兵器都奈何不了。在这种条件下，锤、锏、斧等钝器越来越被广泛使用。在战场交锋时，钝器不必刺穿坚硬的铠甲，只要以巨大力量将对

◀ 北周铁札甲，根据辽宁北票喇嘛洞十六国墓葬出土的甲胄样式绘制（刘诗巍 绘）

甲骑驰骋：从三国到南北朝的角逐

▶ 辽宁北票喇嘛洞十六
国墓葬出土的铁胄

手震伤、震死即可。其二，重甲骑兵的高防御能力是以牺牲敏捷性为代价的。机动性强原本是骑兵的优势，但战马在披上马具装和载上穿着重甲的人后，机动性大打折扣。

这些弱点使得重甲骑兵只适合在正面战场上突击，在迂回穿插、出奇制胜方面则要吃大亏，于是开始出现骑兵甲胄轻量化的战例。450 年，宋文帝北伐，宋军将领薛安都卸去人、马甲胄，轻装穿插，突袭北魏军阵营。宋军作战异常勇猛，"当其锋者，无不应刃而倒"。西魏军死伤无数，实在气不过，于是令人放箭，结果"夹射不能中"。也就是说，卸去甲胄的宋军因为提高了马匹的机动性，能很好地躲避弓箭飞矢的攻击，从而弥补防御上的不足。

到了南北朝末期，突厥人以轻骑兵在北方大行其道，所向披靡。中原进入隋朝后，多次遭到突厥的袭扰。当时，隋军的重甲骑兵在突厥轻骑兵面前吃了不少亏，只有依靠步兵配合才能抵御突厥轻骑兵的进攻。轻骑兵与破甲武器的广泛使用终于撼动了甲骑具装的地位，隋末唐初，重甲骑兵的神话终于不可挽回地走向破灭。入唐后，轻骑兵取代了重骑兵，就连李世民的坐骑也不再披马铠。身披裲裆铠、骑着披有马具的马匹驰骋沙场的辉煌岁月一去不复返了。

▲ 中国人民革命军事博物馆中复刻的北魏具装甲骑模型

▶ 南北朝时期北齐铁札甲武士，根据河北邺南城出土的铁甲胄样式绘制（刘诗巍 绘）

有客西来，至东而止

　　魏晋南北朝还是甲胄融合的时期。此前的甲胄以札甲为主，没有受到外来甲胄形制的影响。但自这个时期开始，外来甲胄开始融入，成为中华甲胄发展史中的一部分。最典型的当属曹植列举铠甲名目中的"环锁铠"，也就是我们常说的锁子铠。

　　锁子甲是用细小的金属扣环互相套扣，通常每一环与四环相扣，层层叠加，形同连锁。这种甲有两大特征：一是密度高，足够坚固；二是柔软性非常好，如同武侠小说中刀枪不入的软猬甲，可以像衣服一样穿在身上，外面再套上衣袍，不易看出。锁子甲显然来自西方，是中世纪时期流行的主要铠甲，据推测，它在汉末魏晋之际传入中国，主要是北方政权的军队使用。《晋书》中对锁子甲形制有这样的描述："胡便弓马，善矛矟，铠如连锁，射不可入，以革索为羁，策马掷人，多有中者。众甚惮之。"

　　锁子甲传入的最直接途径是战争。前秦君王苻坚派遣大将吕光征伐西域，大获全胜。吕光在与西域军队的作战中缴获了大量战利品，其中就包括锁子甲。随后，中原地区也逐渐掌握了锁子甲的制造技术，让这一新式甲在中国开枝散叶。不过，当时锁子甲并非主流铠甲，只有新疆、西藏等地装备。尽管如此，它的生命力却比裲裆铠、甲骑具装强得多。后两者到唐代时趋向消亡，而锁子甲则位列《唐六典》，清朝依然能见到身穿锁子甲的武将。

魏晋南北朝时期出现了"销连"与"铆合"两种新的制甲方式。"销连"是以销为标准件，是定位零件，用来确定零件的位置，前文提及的马铠各部位组合多采用销连法，这是欧洲铠甲的基本制造方式，但中国传统札甲很少采用，直到魏晋南北朝此法传入中国后，中国才开始使用。"铆合"，指的是用铆钉把物品铆接起来，这种方法当时多用于制胄。

南北朝时期兜鍪和胄的主流形制，与三国两晋时期差别不大，主要有以下几种：其一，半球体胄顶加甲片编缀的兜，有的从兜鍪两侧下垂，有的则包裹全脸，仅露眼、鼻、口；其二，无胄顶形兜鍪，这种盔与汉代齐王墓出土的铁胄形制相似，不过其所带顿项比齐王胄的要大得多，脑后可开合，应该可以根据头围大小进行微调；其三，普通铁胄，这种铁胄在呼和浩特曾有实物出土，整体由生铁铸成，胄顶有短管，应是插羽毛等饰品之用；其四为兜鍪罩甲，严格来说它不算头盔，只是装置于头盔上的首铠。南北朝时期通过铆合法制作的铁胄、兜鍪还未有实物出土，但这种方法在唐代制胄时得到了发扬。

魏晋南北朝，因兵祸连绵、动荡不安，各政权为了存活或取得霸权，不得不进行一轮又一轮的军事角逐，客观上刺激了军事发展，包括甲胄在内的武备在这一时期推陈出新，可谓中国甲胄承上启下的时代！

▶ 东晋十六国时期铁札甲上身效果图，函人堂制。头盔参考了辽宁十六国时期的铁胄，身甲参考的是喇嘛洞出土的编号为 IM5 的铁甲（模特：郝岭）

魏晋时期军戎服饰复原图（刘永华绘）

甲骑驰骋：从三国到南北朝的角逐

·清　　·明　　·元　　·宋　　·唐　　·三国两晋南北朝　　·汉　　·秦　　·先秦

第四章

盛唐重器（上）

与秦汉截然不同的审美

甲胄集大成的时代

黑云压城城欲摧，甲光向日金鳞开。

角声满天秋色里，塞上燕脂凝夜紫。

半卷红旗临易水，霜重鼓寒声不起。

报君黄金台上意，提携玉龙为君死。

——唐·李贺《雁门太守行》

盛唐时代的明光传奇

诗人李贺一首《雁门太守行》将大唐帝国边塞军营的肃穆悲壮写得淋漓尽致：塞上苍莽，旌旗漫卷，金甲耀日，战鼓四起。曾让无数中国人骄傲的大唐帝国距今已过千年，长安至塞上的风貌早已不复存在，将军与士卒身上的金甲戎装也都湮没于黄尘。那个时代的盛世甲胄又是何种模样呢？

我们先从官方史籍入手。《唐六典》一共记载了 13 种唐代甲胄：明光甲、光要甲、细鳞甲、山纹甲、乌锤甲、白布甲、皂绢甲、布背甲、步兵甲、皮甲、木甲、锁子甲、马甲，合称"唐十三铠"，其中最著名的非明光甲莫属。

位列"十三铠"之首的明光甲，前文简单介绍过，这种铠甲在唐代以前就已出现。记载最早见于三国时期，曹植在《先帝赐臣铠表》言"先帝赐臣铠，黑光、明光各一具"，但这里的明光与后来所说的明光是否为同一类铠甲则无法确定。20世纪 70 年代，学者杨泓考证，明光铠可能是南北朝至唐时期流行的胸前有两片板状护胸的铠甲，这一说法也尚未被证实。今天所说的明光铠主要是古代雕像穿的一种甲胄，通常因为胸前有板状护甲，在太阳照射下闪闪发光，故称"明光"。但也有新的证据表明，早期的明光是对甲片物理特征的描述，那个时代做了强烈抛光处理的金属甲片皆属于明光，而非对某一部件或形制的特别描述。也就是说，现代意义上的"明光铠"和古人眼中的"明光铠"很可能并非同一回事，只是多年来约定俗成，这种形制便被人们习惯性地称作"明光"了。

明光铠在南北朝时期首现，元熙墓、元邵墓等墓中陪葬的陶俑都有穿明光铠的。到了隋代，明光铠仍保留着南北朝时期的大量特征，以钢铁打造，宽大而厚重。唐代初期，甲胄及军戎服饰都保持着从南北朝至隋代形成的样式，贞观以后，因服饰制度进行了一系列改革，加上国力强盛，海内承平，具有大唐特色的甲胄应

▲ 身穿明光铠的三彩武士俑，于 1983 年在洛阳东郊杨文村唐墓出土，洛阳博物馆藏

▲ 唐代德麟元年（664 年）彩绘武士俑，于 1972 年在陕西礼泉郑仁泰墓出土。墓主参加过唐高祖李渊的晋阳起兵和太宗李世民发动的玄武门之变，因此该俑身穿的明光铠为唐初款式

运而生。

　　天宝年间，是甲胄最具唐代特色的时期。此时的明光铠基本抛弃了过去的形制，有的甲胄腹部多了一块圆圆的护具，头上的兜鍪项盾高高翘起。作为"唐十三铠"之首，明光铠继承了裲裆铠的优点，由甲片编缀而成的披膊开始大量出现，膝裙和头盔也进行了改进，胸背以及肩部等处还露出了彩带结头。与此同时，越来越多的雕像两臂开始出现臂韝（护臂），武士俑手上也戴有护臂。

晚唐时期的明光铠复刻品（函人堂制）

一领完整的明光铠，至少要有身甲、披膊、腿裙和吊腿四个部分。标志性的护胸背的圆镜，整体呈板状结构。其制作方式与古代西方板甲十分相似，环地中海至西亚一带很早就流行以一整片甲或大块金属以链条结合的方式制成铠甲，这种制甲方式在魏晋南北朝时期开始沿丝绸之路传入中国。起初，中国只是简单模仿，进入唐代后则开始越来越具中国特色。明光铠自然十分精良，对身体防护更加全面，头部兜鍪也增加了冲角、耳护，同时也更注重对眉心的保护。

除了甲胄材质的精致化，唐代明光铠在美观上也更进一步，最明显的特征是出现了兽吞。所谓"兽吞"，指的是甲胄肩部或腰带部分出现的虎头、狮面、龙首等金属护具装饰。兽吞也可能置于披膊上，或直接取代披膊。有观点认为，兽吞最早为突厥人使用，在北方天气寒冷时披在甲胄肩膀部位御寒，随着唐和突厥交战，双方互相学习，唐朝人也受到了影响，这从当时唐朝盛行胡风就能看出。只是后来随着发展，兽吞的用料可能从生物材质演变成了金属或其他材质。兽吞的出现与唐代陌刀的普及有极大关系。陌刀根据汉代斩马剑发展而来，两面开刃，全长1丈、重15斤，杀伤力相当强。唐代甲胄的肩部出现兽吞，也是为了应对陌刀等新武器的攻击，增加对肩、臂等部位的防护。

与前代相比，唐代明光铠最显著的变化是铸造上更为精巧，在增强防护力的同时，还增加了艺术装饰。不过安史之乱后，唐朝由盛转衰，甲胄也从此前的华丽浮夸向实战性转变，盛唐时期许多甲胄的装饰物逐渐被摒弃，此前具有西域色彩的配件也变少了。

复原唐十三铠的可能性

十三铠中的光要甲形制存在较大争议，有观点认为光要甲是一种板甲，"要"同"腰"，即腰部有明亮圆滑的板甲，这种说法尚无定论。可以确定的是，光要甲是金属甲的一种。至于山纹甲、乌锤甲和细鳞甲，据推测都是以甲片形状来命名的，其中，山纹甲又存在巨大争议，这一点在明代部分会详说。总而言之，这几种甲与明光甲、光要甲一样，都是唐十三铠中的金属甲。木甲、皮甲、白布甲、皂绢甲和布背甲等，皆是根据甲的材质命名的，比较容易理解。步兵甲和马甲，是以甲的服务对象命名的。马甲在诸多墓葬的陶俑中能见到，那么，步兵甲长什么样呢？

在神像类的雕塑上，很难看到普通军士。不过，在陕西西安长乐公主墓中有一幅唐朝贞观年间的壁画《武士出行图》，画中就有与传统印象有很大差别的武士，他们更具隋唐过渡时期的武士风格。巧的是，在敦煌130窟的唐代壁画中也有类似装束的武士。这类武士的甲胄形制与唐代最具代表的明光铠差别较大，为前开襟，左襟压于右襟之上，前后左右连在一起形成一件完整的甲衣，肩上有相同的披膊，头盔覆盖面积也较大，仅露出脸部。仅从视觉上判断，就可知这是一套着重于实战而非礼仪的甲胄，与后来的步人甲有些相似，唯有胸前两片圆护具有唐甲特色。这种甲应该就是步兵甲的一种，但可以肯定，它绝不是唐代步兵唯一的甲胄。

在缺乏出土实物，壁画及雕像又有限的情况下，要精准复原出唐十三铠的

▲《武士出行图》中的唐军武士形象

可能性几乎为零，只能尽可能地利用有限的资料去还原已知的甲胄。

十三铠中资料最常见、存世量最大的非锁子甲莫属。在讲述魏晋南北朝时期的甲胄时，已简单介绍过锁子甲是由西域传入的，南北朝时就有记载，但其真正传入中原地区是在唐代中期。途径主要有两条：一是通过战争缴获，这在《旧唐书》中有记载，开元六年（718年），唐将郭知运率军在九曲大破吐蕃，"获锁子甲"；二是藩国的进贡，《唐书·西域传》记载，中亚康国曾向唐王朝进贡过锁子甲。在《唐六典》中，锁子甲排在十二款人甲末尾，这倒不是说锁子甲不好，而是指在唐朝的中原地区，锁子甲一直不是主流。直到宋代，大部分中原将士都与锁子甲无缘。

为何会如此？《武经总要前集》（卷13）记载，甲"有铁、皮、纸三等，贵者

铁则有锁甲"。也就是说，直到宋代，锁子甲仍是最贵的甲种，拥有它的人也仅限于有功勋的高级将帅。锁子甲稀有，最重要的原因是其制作成本太高，不仅对金属韧性有很高的要求，编缀方式也有讲究。不过值得注意的是，在当时的吐蕃军队中，锁子甲大行其道，根据唐代《通典》记载，吐蕃"人马俱披锁子甲，其制甚精，周体皆遍，唯开亮眼，非劲弓利刃之所能伤也"。在唐十三铠中，锁子甲是生命力最强的铠甲，也是最容易复原的甲种，它虽不是中国主流甲胄，但对世界有深远的影响。唐衰落后，明光铠等著名甲胄走向衰落，锁子甲却一直存在。

为何唐甲存世甚少？

隋唐时期出现了一大批精致的铠甲，盔胄也呈多样化。经过几个世纪的战争与融合，颇具异域色彩的兽头盔开始在中原地区出现。出土的隋代武士俑已有不少头戴兽头兜鍪，既有狮头兜鍪，也有虎头兜鍪。这种兽头盔似乎也是世界潮流，无论是古代西方还是日本，都有不少以动物作为盔顶的兜鍪。初唐"胡服热"的大潮之下，兽头兜鍪与蹀躞带、翻领袍比比皆是，从甲胄到服饰都显现出与秦汉时期截然不同的审美。

另一方面，铆合技术在唐代趋向成熟，多用于制胄。黑龙江省宁安市渤海国遗址出土过一项金属盔，现藏于哈尔滨市博物馆，姑且称之为"渤海盔"。作为历史长河中昙花一现的地方政权，渤海国给后世留下的东西并不多，因此被蒙上了一层神秘色彩。698年，正是中国历史上唯一的女皇帝武则天掌权的武周时期，在白山黑水间的塞北，粟末靺鞨首领大祚荣在东牟山（今吉林敦化西南城子山山城）正式建立了属于自己

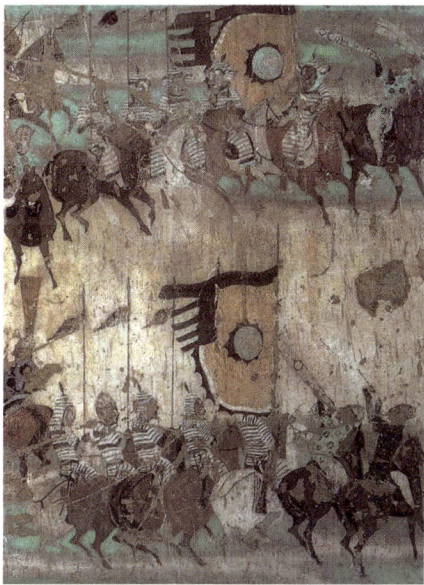

▲ 唐代壁画《张议潮统军出行图》（局部），现位于莫高窟第156窟。画中打着三辰旗的甲士共两队，应为仪仗队。位于上方的甲士所戴兜鍪有明显的大凤翅，有点类似于日本大铠的吹返，但没有足够证据表明两者之间有传承关系

▲ 黑龙江省宁安市渤海国遗址出土的金属盔，现藏于哈尔滨市博物馆

的政权，自称"震国王"（一作"振"）。经过十余年，中原政权回到了李唐手中，而大祚荣的政权经过稳步发展，713 年与唐王朝的联系首次出现在史书上。那年，唐玄宗册封大祚荣为"渤海郡王"并加授忽汗州都督，此后以"渤海"为号。半个世纪后的 762 年，唐朝再次诏令，将渤海升格为"国"，"渤海国"之称就此而来（此外还有"靺鞨国""渤海靺鞨"等别称）。

渤海国遗址出土的这顶渤海盔，盔顶为半圆球状，以 12 块铁片铆合而成。因为盔体甲片形状较为特殊，适合以铆合法制作，盔的垂缘或顿项则必须柔软，可活动，故而多以小甲片编缀。从出土文物可以看出，唐代时，即使地处边远的渤海国也能熟练用铆合法制作甲胄，至于中原地区，大量出土的武士俑证明这种制盔技术已推广。盛唐以后，兜鍪各式各样，包括独具特色的翻耳盔、铁珠铁盔。甲胄附件也出现了抱肚（呈半圆形，围在腰间的甲胄附件）、肩吞、蹀躞带等新装备。

可以说，唐朝是中国甲胄集美观性与防护性之大成的黄金时代。甲胄不仅制作精良，产量也相当惊人。杜佑编撰的《通典》记载，唐代的标准是着甲士兵要占士兵的 60%，这个比例远高于汉代。若以开元时期唐军有 54 万人来算，铠甲多达 32.4 万领。为什么着甲率高的唐代，遗留下来的甲胄却远不及汉代多呢？

主要有两个原因。第一是历代统治者对甲胄管制极其严格，在中国古代，私藏兵器未必犯法，但私藏甲胄却被视为谋反，将被治以重罪。有个很著名的例子，西汉初期的名将周亚夫，晚年偷偷买了朝廷禁止交易和私藏的五百甲盾，被人告发后，负责调查的廷尉向他说的第一句话就是："君侯欲反邪？"周亚夫解释说那都是丧葬品，怎么会是谋反呢？没想到廷尉讽刺道："君侯纵不反地上，即欲反地下耳。"说周亚夫就算生前不在地上谋反，死后也会在阴曹地府谋反。这件事直接导致一代名将周亚夫被气得吐血身亡。可以说，甲胄在历朝历代都受国家控制，

▲ 2019 年 9 月底，甘肃天祝县祁连镇岔山村的唐墓中出土了一领较为完整的甲胄，图为出土甲胄的一部分，其完整形态还需要等待研究者进行复原

换个思维来讲，甲胄其实属于进攻性装备，而非大众认为的单纯防御性装备。隋代在少府设有专掌甲胄的官署甲铠署，贞观六年（632 年）改为甲坊署，对甲胄的管控比前代还严。

第二个原因是西汉有功勋者，有将生前所穿甲胄陪葬的习惯，现存的西汉铁甲胄基本都出自汉墓。但到了唐代，甲胄已被视作国家军备资源，不可随意用来陪葬。五代和宋初时期，就连北方的契丹政权都三番五次颁布法令，禁止使用甲胄作为陪葬品。西汉后，用甲胄陪葬之风不再盛行，导致东汉、魏晋乃至隋唐时期存世的甲胄不如西汉时期数量多。

不过，也有特立独行之人偏要以甲胄陪葬。2019 年 9 月底，甘肃天祝县祁连镇岔山村的唐墓中出土了一领较为完整的甲胄，从初步的外形来看，这应该是一领实战甲胄。根据志文内容，墓主为"大周云麾将军守左玉钤卫大将军员外置喜王"

慕容智，因病于"天授二年三月二日薨"。这里的"大周"指的是武则天的武周政权。目前这领甲胄已在进行保护性修复。它的出现意义重大，在此之前，唐墓从来没有出土过一领完整铠甲，而慕容智甲极有可能打破这一纪录。

山川异域，风月同天

大唐的甲胄不仅是国甲发展史上的集大成者，其影响甚至远播海外，对唐甲最为推崇的当属东邻日本。

日本最早关于甲胄的记载出现在《古事记》和《日本书纪》。书中记载，古坟时代至飞鸟时代期间，日本出现了"桂甲"，即一种用金属零件组合起来的短甲，属于小札铠，是当时日本铠甲的主流。同一时期，中国出现了明光铠。《续日本纪》载，761年，遣唐使归国之际曾带回样甲一具；762年，"其制作一律仿唐朝最新款式""制作棉甲一千领，储存于镇国的衙府"。由此可知，这时期的日本铠甲深受中国唐朝甲胄的影响。

唐代之后，中日联系断绝，衣冠甲胄各自发展，因此日式铠甲的名称与中国有很大差异。日本铠甲叫法不断变化，相继出现了铠、武具、着背长、具足等名称，流传最广的是"具足"。日本人认为，"铠"是从"具备""穿着"演化而来，故而取其本意。武将头部戴的头盔称为"兜"，像面具一样的东西称为"面颊"，包裹腹胸等部位的称为"胴"，肩上的两大块叫"大袖"，从手背到手臂部分的护具称为"笼手"，大腿部位的两块甲称为"佩楯"，小腿部分的护具唤作"臑当"。

毫无疑问，唐甲对日本甲胄曾产生影响，因此很多人便说唐甲是日本甲胄的老祖宗，这种说法有没有道理呢？没有！追根溯源，日本甲胄的起源是上古时代。铠甲的演变与武器息息相关，在原始社会，日本人所用的攻击武器多是碎石、木棒，没人想到要什么防护工具。日本旧石器时代后期（绳文时代），出现了石枪、石斧、木弓等武器，这个时段战争烈度较低，武器也原始落后，护具方面尽管出现了一些木制甲，却未形成制式装备，也未大规模使用。直到弥生时代（前300—公元

▶日本大铠，从形制上看，与中国甲存在较大区别，不存在沿革关系

盛唐重器（上）：甲胄集大成的时代

250 年），青铜、铁器等青铜武器从中国等地输入日本，攻击力大幅度提升，防护工具才开始被重视。

弥生时代，日本的铁剑、大刀、戈、短刀等已具备武器雏形，为减少伤亡，日本人开始装备简单朴素的短甲和挂甲进行防御。它们的主要材质为皮革和金属片，短甲由札片连缀成整体，以保护住胴体主要部分，后来日本人把其称为"胴"。至于挂甲，则是用绳索穿连，下面的甲片覆盖上一片的底端，从而形成下层宽于上层的铠甲。奈良时代后期，日本遣唐使从中国带回唐甲并仿制，前文已详说，此为日本甲胄发展的第一阶段。

日本从大唐带回铠甲并加以仿制虽是事实，但日本铠甲主要还是受国内战争影响而发生的变革，随后形成了民族特色。平安时代中后期至镰仓时代（1185—1333 年），日本政体发生变化，天皇大权旁落，武家崛起，频繁的战争催生了有浓厚大和民族特色的大铠。大铠又名"整铠"，由裲裆式挂甲发展而来。大铠出现首先是因为武器更新，平安中后期，弓箭、大刀、长柄大刀成为主要攻击武器，尤其是弓箭的广泛运用让简单的短甲和札甲不能应付，原因很简单，守方用短甲护住身体时，攻方可以射头，再不济也可以射四肢让守方丧失战斗力。面对攻方的穷凶极恶，守方以盾克矛，以甲御箭，攻方欲射首就戴头盔（兜），想射四肢，就四肢都加护具，这样一来，甲胄就从简单朴素走向了复杂华丽。

日式铠甲的健全化和美观化与战争形态、武士文化紧密相连。镰仓幕府建立后，作战形态从之前的徒步打变为骑射战。与此同时，随着武士文化兴起，"一骑讨"战法开始流行。所谓一骑讨，指的是武将单挑武将定胜败。这些变化对武将的铠甲至少有两个影响：第一，为了方便骑马，大铠采取金属、皮革、竹片结合使用的方法，制作时用皮革和铆钉固定，使铁甲灵活性得以提升；第二，既然是武士单挑，身份自然很重要，所以铠甲要装饰华丽。最醒目的是武将头上戴的兜，使用得比较广泛的叫星兜，"星"指的是头盔上镶嵌的铆钉，被称为"威武之星"，著名的严星兜是铆钉多而整齐的一块头盔。此外，兜上额头部分有"眉庇"，两侧有"吹返"。铠甲两肩的两块大甲片，称为"大袖"。大河剧《义经》中的镰仓战神源义经穿的华丽甲胄正是大铠。

大铠在形制上与中国铠甲已是两个体系，实在看不出有任何传承关系。唐时国力强盛，甲胄远播东瀛，是盛唐的骄傲与传奇，但那仅是日本甲胄漫长发展史中的一个插曲，因此便强行说中国甲胄是其祖宗，绝非盛唐的气度。

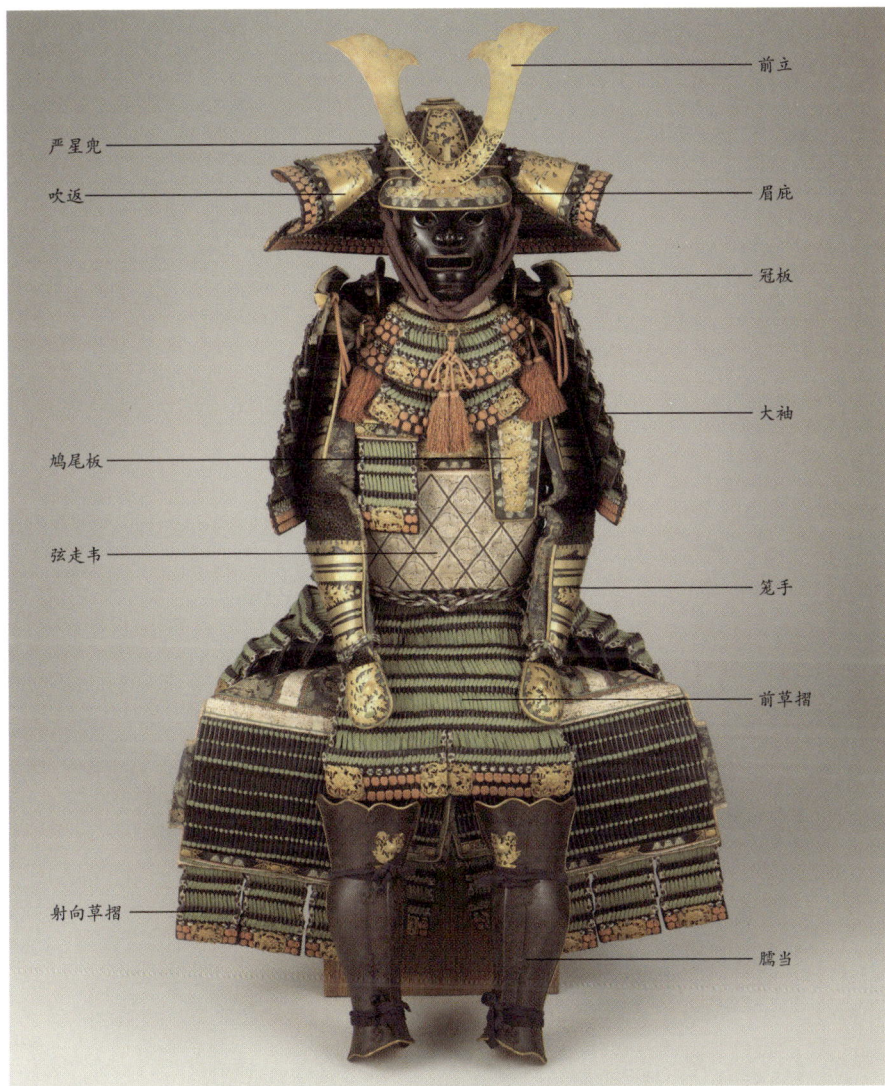

严星兜 —
吹返 —
鸠尾板 —
弦走韦 —
射向草摺 —

— 前立
— 眉庇
— 冠板
— 大袖
— 笼手
— 前草摺
— 胴当

▲18 世纪，日本江户时代的铠甲爱好者复原的日本大铠。从结构图我们可以看到，日本甲胄与中国唐甲有相当大的差别

第五章

盛唐重器（下）

当代甲师如何复原出的盛唐戎装？

聚焦《长安十二时辰》

青海长云暗雪山，孤城遥望玉门关。

黄沙百战穿金甲，不破楼兰终不还。

——唐·王昌龄《从军行》

《长安十二时辰》背后的甲胄团队

目前为止，没有一领完整的唐甲存世（慕容智甲尚在修复中）。所幸的是，我们想要一睹大唐甲胄的风采也不是没有可能，除了大量陶俑与壁画，至少有些在服化道方面都尽力考据的电视剧可以直接将其形象展现在大众面前。盛唐戎装的另一半故事，我们便借助一部电视剧中的甲胄来讲述。

2019 年 6 月 27 日，古装悬疑剧《长安十二时辰》在没有预热和宣传造势的情况下悄然播出，出乎预料的是不到一周竟成"爆款"。从画质、剧情、节奏、叙事模式到剧中的服化道，乃至建筑、饮食，都成为观众讨论的热点。尽管不是历史正剧，但将时代背景定于唐天宝三年的《长安十二时辰》却被众多观众认为"复原了真正的盛唐长安"。导演曹盾接受采访时曾说"我不确定是不是真正恢复了大唐时的模样"，但"我们尽力去做了"。

平心而论，《长安十二时辰》的确是一部制作精良的良心古装剧，从唐代服饰与妆容复原来看，也是古装剧中的佼佼者。让笔者印象颇深的是，剧中军士们不再像以往古装剧那样穿着衣箱化的塑料甲，而是披上了质感十足的金属甲胄，这些甲胄的形制也与过去电视剧中出现的盔甲有明显区别。由于缺乏传世实物，要在影视剧中百分百还原唐代甲胄几乎是不可能的，尽管如此，《长安十二时辰》中出现的唐代甲胄依然广受好评，被认为是唐代题材古装剧中"最认真的复原甲"。

观众之所以如此惊喜，也是因为长期以来我国古装剧在甲胄方面衣箱化现象严重，即使是历史正剧，也极少有剧组愿意对剧本讲述时代的衣冠、甲胄、习俗等进行严谨考据。以央视版的《三国演义》为例，该剧各方面都堪称经典，但在服化道上有诸多瑕疵，其中又以铠甲为甚。里面出现的铠甲有大量模仿日本铠甲的痕迹，并且对之后的古装剧产生了影响。同样堪称经典的历史正剧《大明王朝1566》在服化道方面同样一塌糊涂，服饰几乎全错，戚继光等人穿的甲胄也塑料感十足。

不过，也有一些在这方面做得不错的作品：由陆川导演，于2012年年底上映的电影《王的盛宴》，对军士的甲胄进行了一定的复原，可惜当时几乎无人发现这一亮点；2016年2月播出的《女医明妃传》，对皇帝甲胄及部分军士甲胄进行了复原，剧中朱祁镇穿的甲胄是以《出警入跸图》中万历皇帝的甲胄为原型制作的；2017年5月播出的电影《荡寇风云》中，士兵的衣甲是根据明代仇英所绘《倭寇图卷》中的明军进行复原的，配合复盘的鸳鸯阵，效果非常好；2018年3月，由央视出品、石姝丽执导的历史类纪录片《土司遗城海龙屯》，也复原了大量明代布面甲。

不难看出，影视剧对古代甲胄进行考据和复原的历史非常短，还不到十年。而这一切也与近十几年来，出现了大量甲胄爱好者、冷兵器爱好者相关。这些爱好者中不乏能复原古代甲胄的甲师、甲匠。在传统复原甲资料匮乏的时期，甲匠们每完成一件作品，几乎都会在圈内引起轰动，大家争相传播，继而出现各种周

▲《长安十二时辰》中四军会面的场景。图中右一为旅贲军，除了崔器穿着家传的铠甲，其余军士皆穿着传统的札甲；右二为右骁卫，他们身上的甲是根据长乐公主墓壁画中的武士甲复原的，头盔则是根据出土的渤海盔复原；右三为神武军，其甲胄与前者的区别主要在于颜色，皆为金色；右四为龙武军，该军甲胄基本是按壁画中唐代武士的甲胄和头盔复原的

边产品，如绘画、游戏贴图、兵人模型等。笔者也是甲胄爱好者，收藏过数套复原甲。在撰稿前，笔者拜访了为《长安十二时辰》复原甲胄的甲师们，邀他们一同讲述历史上的唐甲。

《长安十二时辰》中的甲胄，一部分是剧组制作的，其他的则是由函人堂工作室和甲师温陈华及其团队提供。温陈华以复原明光铠等唐代甲胄而闻名于甲胄爱好者中，此次他负责剧中所有军官的甲胄。着重于复原历代实战甲胄的函人堂团队，则承担了剧中士兵的甲胄。据函人堂的统筹人陈斐孺介绍，他们为该剧一共制作了197套士兵甲胄，其中包括旅贲军全套、圣人禁军全套、龙武军全套士兵甲、右骁卫全套士兵甲、烽燧堡之战全套士兵甲以及十几匹马甲。其他部件还包括崔器出场时所带的翻耳盔，王宗汜将军的胸甲，所有士兵和张小敬腰间的跨带，唐军所穿的六合靴等。

解密士兵甲复原过程

剧中出现的第一套甲胄，是第一集刚开场的长镜头中西市阁楼下站岗的军士身上的银色甲胄，形制与长乐公主墓壁画上的步兵甲相似。在《长安十二时辰》中，这套步兵甲被设定为右骁卫的戎装。当然，这只是剧中的设定，历史上唐代右骁卫穿什么样的甲胄已无从考证。后来剧中又出现了更为华丽的龙武军甲胄，形制上更接近唐代长乐公主墓壁画上武士的甲胄。

这些颇具唐代特色的甲胄是怎样被复原的呢？函人堂甲胄设计师郝岭向笔者介绍道："这是一套经典的唐代初期甲胄，因为有清晰的长乐公主

▶ 函人堂甲胄复原团队根据《武士出行图》等壁画复原出的唐代武士甲胄，这款甲胄在《长安十二时辰》中是龙武军的甲胄（模特："武藏东山再起"）

墓壁画参考，我们和甲胄爱好者都希望复制一套，这原本是在电视剧开拍以前就做好的样品，后来被剧组看上就光荣地'转正'了。"

有观众会好奇，剧中这些质感十足的甲胄，究竟是真正的金属甲，还是用其他材质做成，只是把外观制成金属甲的模样？对此，郝岭很坦诚地说，剧中的甲胄与壁画中的还是有些小区别，在制作过程中做过优化处理。"壁画中的头盔部分是由十几片甲拼接的，我们为了生产方便做成了四瓣四筋；护喉部分我们也做了优化，有点像宋金时代的铁浮屠雏形；身甲左右甲片应该是有叠压的，我们做了对襟式，但是保留了胸部最明显的隋唐特征——明光胸片。"

或许有人要问，为什么不能完全按照壁画复原，非要以"优化"为名进行改动？实际上，这也是影视剧拍摄需要，要知道这套甲属于上下一体的直身甲，如果全

▲《长安十二时辰》中的烽燧堡守军甲，主角张小敬以及军士们身上穿着传统札甲

盛唐重器（下）：聚焦《长安十二时辰》

部由钢铁制作重量可达 40 多斤，普通人穿一天是相当难受的。函人堂团队配合剧组需求，优化了内部结构，把甲片换成了铝镁合金，重量减少了，提高了演员穿戴舒适性，使大量打斗动作变得可能。郝岭说："正是因为对甲胄做了轻量化处理，这才有了崔器穿士兵甲死战的那场戏。总体来说，我们复刻了壁画中大概 60% 的样子，有时间、有机会的话我想使它接近 100%。"

相信看过剧的读者对第一集中唐军突入"狼窝"那个厮杀长镜头印象颇深。参与这次行动的唐军，身上穿的都是最为常见的札甲。札甲在中国古代正确称呼为"甲札"，现代人为了理解记忆口头称呼为札甲。可以说，札甲是最具代表性的中华甲胄，从先秦一直延续到明末清初。制作札甲时，先将长条形金属甲片用绳子左右串联成一排排的，然后再上下串联成甲胄的各个部分，值得注意的是，这些甲片没有固定的规格，即使在同一朝代，它的单片尺寸也大小不一。《长安十二时辰》中，无论旅贲军、神武军，还是龙武军、右骁卫，皆使用札甲片作为基本元素。

是否因为札甲流传得久，所以更好复原呢？陈斐孺否定了这种看法，他说："中国几乎历代皆有札甲，但真正要复原它并不容易。由于历史久远，中国目前出土的唐代札甲片极少，且保存情况不佳，我们只能参考大量的唐代壁画和雕塑，从中选择了这款通用性较高的札片作为组成甲胄的基本元素。选定了甲片基本组成元素后，考虑到是给士兵穿，所以尽量偏于实战。甲胄武备是有历史延续性的，毕竟拍电视剧不是做考古，在条件允许的情况下我们也参考了一些相似的朝代，例如旅贲军肩膀披膊靠绳带左右交叉固定的方式，参考了辽宋时期的画卷，因为从 907 年唐朝灭亡到宋建立仅隔了几十年，甲胄的样式不会出现巨大变化。"

崔器甲胄背后的玄机

《长安十二时辰》还带火了一个此前鲜为人知的机构"靖安司"。靖安司是玄宗朝设立的统摄整个西都贼事策防的机构。张小敬身份的称呼也很清奇，叫"不良帅"——唐代主管侦缉逮捕的官差。从全剧核心为靖安司这点来看，就可知这是一部披着历史剧外衣的唐代版刑侦剧，故而也被网友戏称为"西安反恐 24 小时"。

▲ 剧中身穿鱼鳞甲的崔器

　　靖安司的崔器给观众留下的印象颇深，他一出场就身着一套做工精良的铠甲，肩上架有一对大锤，若不了解还会误以为这是一名唐军大将。虽然他统领着一小队旅贲军，但他的身份并非军事将领，而是相当于今天的警察。给他配备一对铁锤作为武器倒也合理，要知道这玩意儿在巷战时尤其好使，而且打击犯罪分子时只要没击中要害，一锤下去还不至于要命，能留下活口录口供。不过，不少观众也提出，崔器作为治安警察，他穿的甲胄太隆重了，是不是唐朝太有钱了，警察都能穿这么好的甲？

　　唐朝的"警察"穿什么已无从考证，但崔器身上的甲的确是有些来头的。简而言之，崔家来头不小。自两晋以来，门阀政治大行其道，兴起了不少大姓。这些门阀垄断政治资源，自南北朝后，各朝代都通过各种方式不同程度对其进行打击，但庞大的士族门阀并不是一朝一夕就能被消灭的。至隋代、初唐，"卢""崔""郑""王"等家族的影响力都还很大。也就是说，崔器的祖上也许有过辉煌的时刻。可我们在剧中看到，崔氏兄弟混得不好，为了区区陇西军籍到处拼命，哥哥崔六郎还因此丢了性命。这是因为唐朝建立一百多年后，对门阀的打击已见成效，到了唐中期，"崔""郑"等门阀士族地位已完全下降。

不过，再落魄的士族门阀也有不同于普通人家的地方，到了崔器这一代，他们崔家辉煌的印记就只剩下他身上的宝甲了。这套鱼鳞甲是甲师温陈华的作品，温陈华在访谈中说："虽然在这个时代，崔家已经没落，但他是有家底的，这套鱼鳞甲就是他们崔家的家底。如果你仔细观察，你会发现崔器身上穿的甲和其他军官穿的不一样，因为那是他家传的铠甲。但由于他级别不高，所以他肩上、腹部没有兽吞等配件，这些东西我就换成了一种圆形的简单防具。"

崔器这套鱼鳞甲还有一个明显特征，那就是腰部有一个圆形的板甲式护具，这也是根据唐代的雕塑复刻的。对此，温陈华这样解读："唐代有很多这样的雕塑，级别高一些的，还会有一个绣球状的护具。关于《唐六典》中的光要甲，有一种解释就是说那个'要'字通'腰'，是指腰部那里有很光亮的一个圆盾形的护甲。当然，这只是其中一种解释，并没有定论。"

崔器首次出场时头戴幞头。后来执行任务时，很多人都注意到他戴着一顶很别致的翻耳盔，看上去颇似日本古代武将头盔上的"吹返"。这种兜鍪在唐代的雕塑和壁画上比较常见，为方便读者阅读，我们姑且先称之为"翻耳盔"。在现存的出土文物中，河北定州贡院内静志寺塔基地宫出土的唐代鎏金铜天王像所带的兜鍪，敦煌榆林窟第25窟前室东壁南侧南方毗琉璃天王的兜鍪，以及上海博物馆所藏的唐代天王像的兜鍪，都是这种"翻耳盔"。有观点认为，当时的头盔在顿项处有吊挂装置，平时可以将顿项拉起，让穿戴甲胄的武士可以免受闷热之苦，作战时又能放下顿项，作为防护。

剧中崔器所戴的翻耳盔出自函人堂工作室的甲胄复原师何东明（网名"大汉萧何"）之手。据何东明介绍，制作这顶头盔，对他是一次挑战。他说："这个盔是帮剧组手工打造的，因为没有历史出土物，只有雕塑和壁画做参考。从盔形上看，大多是由左右两瓣拼接组成，但也有雕塑展示这种盔是由一圈一圈札甲片拼接围成的。我个人觉得，两侧的翻耳其实是护项的一部分，是专门保护颈部的，由皮革材质的小札甲片甚至锁子甲组成，平时不作战时用绳子挂起来通风透气，作战时放下来系在下巴处作为防护。"

何东明认为，翻耳盔的这一功能可能与中亚、北亚民族戴的冬帽——能向上翻和放下来护脸——有异曲同工之妙。他说："唐代属于民族大融合时期，吸收周边以及更西边民族风格的可能性很高，我们在唐代以及后世很多壁画中，甚至明代以及西藏现存甲胄都看到过这个部件的上翻表现，壁画和雕塑作

▲ 剧中幞头搭配札甲的搭配法。幞头起始于汉代，盛行于唐代。在唐朝，幞头因穿戴方便、富有变化而深受社会各阶层欢迎，成为百官士庶的常服

者可能出于美化目的升华了这一部位，演化成日后的凤翅盔还是有很大可能性的，这是我个人的理解。"

仪仗甲有防御效果吗？

在《长安十二时辰》中，宫廷仪仗队穿的华丽甲胄也给人留下了深刻印象，这就是绢甲！

绢甲在《唐六典》中也有记载，属于唐十三铠之一。盛唐时期的出土文物中有不少武士俑、天王像身上都穿着繁缛而华丽的铠甲，这些甲的质地看上去十分柔软。根据学者刘永华的推测，这些甲应该就是《唐六典》中提到的绢甲。绢甲是以绢帛、皮革及部分金属材料制成，看上去又美又华丽。这种甲以图案华美的绢或织锦为面料，内衬加数层厚棉制成，显然是一种仪仗甲，而非实战甲，通常是宫廷侍卫、武士所穿的戎服。

▲《长安十二时辰》中的明光铠

那么，作为一种仪仗甲，绢甲的防御功能又如何呢？温陈华认为，即使是仪仗甲，也需要具备防护功能。他曾根据试验得出结论："唐绢甲采用的应该是干漆夹苎法，所以它可以有很好的造型。但是，无论绢甲表面多么华丽，或是彩绘，或是绢布本身的花纹，其内部都是由多层绢、胶以及复合布一层层叠加而成的。根据我们的试验，我们一层布一层胶叠加，三十层后，我们让一个两百斤的大个头对其进行撞击，结果发现绢甲没有变形。我个人认为，在国力强盛的时期，仪仗甲同样也具备强大的防护功能，就像总统的车，虽然不上战场，但它一定具备强大的防弹功能。"

五彩斑斓的绢甲亦是盛唐戎装走向巅峰的象征，大气恢宏的甲胄搭配当时已闻名遐迩的鎏金、贴金、包金等金属饰品，绘制了一卷令人梦回千年的盛唐画卷。

若不是影视剧和动漫的影响，唐代"不良人"大概会继续被淹没在历史长河中，鲜为人知。《长安十二时辰》主角张小敬号称"十年西域兵，九年长安帅"，这里的长安帅指的是他担任了九年的"不良帅"之职。剧中，由不良帅统领的"不良人"组织严密、行踪莫测，且个个都是身怀绝技、忠肝义胆的好汉，侦察、卧底、暗杀、搏斗无所不能，颇有现代特警的风范。实际上，最先将"不良人"带给大众的是动画《画江湖之不良人》，在那个江湖中，不良人就更神秘了，他们的首领不良帅竟然是活了几百年的袁天罡，不良人组织在他的率领下，欲图光复已灭亡的唐室。

通过影视、动漫作品的一番渲染，"不良人"成为大唐帝国最为神秘的组织。那么，历史上的不良人又是什么面貌呢？

征用作奸犯科者充任捕役？

历史上，不良人的确存在，而且是唐代官职名称。简单地说，不良人是唐代府（州）县主管侦缉逮捕的吏，又称"不良"，其统领称"不良帅"，职能与后世的"捕役""捕快"相同。之所以被文艺作品赋予那么多神秘色彩，首先是"不良人"的称呼太有特色，让人"不明觉厉"；其次是史料中关于"不良人"的记载太少，给艺术创作留下了足够的空间。当《画江湖之不良人》和《长安十二时辰》热播后，关于唐代"不良人"的科普也如雨后春笋般现于网络，其中有个引人关注的点——为什么有恶迹的人还能为唐代官府效力？

"不良人"，通常看着就不是好人，很容易和现在的"不良少年""不良习惯"联系起来。不过它既是古代官职，就得考察一下这个词在古代的意思。"不良"一词首现于《诗经》："夫也不良，国人知之。"郑玄笺："良，善也。"那么，不良所指的便是不善。两汉之后，这个词仍指不善，如《后汉书·章帝纪》中有"今吏多不良，擅行喜怒，或案以不罪，迫胁无辜"的记载。唐代出现"不良人"这么一个职位，让人往"不是好人"的方向想也在情理之中。

一些关于不良人的科普文章介绍，不良人是指唐代有恶迹的人充当的官吏，为朝廷行缉捕侦查之事。这个解释让人费解，为什么要找有恶迹的人来当官吏？实际上，这说法并非毫无根据，它最早出现在《唐五代语言词典》的词条中，该词典这样解释"不良"："唐代官府征用有恶迹者充任侦缉逮捕的小吏，称为'不良'，俗又称为'不良脊烂'，其统管者称'不良帅'。"看起来颇有《水浒传》中朝廷收编梁山好汉去打方腊起义军的意味，张小敬看起来无所不通，又带有几分痞气，还真有"恶迹者"的模样。

但问题来了，《唐五代语言词典》是现代学者编撰的，1997年才出版。对"不良"这个词的解释有不严谨之处，尤其是以"有恶迹者充任"属于望文生义的推测。尽管这种推测并非毫无依据，中国古代的确有征用"贱民"甚至有犯罪前科的人充任捕役的现象，但多出现在明清时期。在古代社会，尤其是宋之后，捕役属于贱业，以清代为例，衙门里的执役人除了"壮班"外，其他普通衙役都是"贱民"出身，连参加科举的资格都没有。以此类推，唐代不良人职能与捕快、衙役一样，加上"不良"这一头衔，很容易让人将其与后世由"贱民"充当的衙役结合起来。

这种推测有一定合理性，唐代不良人很可能与后世的捕役一样，成员皆为出身卑贱之人。但必须注意的是，这些是根据后世相同职业结合"不良"之称而进行的推测，没有任何记载说"不良人"就是由"贱民"担任的，且唐代社会也不能与后世等量齐观。从史料记载的稀少程度来看，这个职业在当时或许不那么风光。官府断不至于专门寻找一些作奸犯科的人来担任这一职业。"不良"可能只是对"贱民"或"贱业"的一种称呼，并不是指有恶迹之人。

唐人笔下的"不良人"

要揭开不良人的神秘面纱，最直接的方法是从唐人的记载中寻找。在唐代，关于不良人的记载很少，从现在可知的史料来看，这个称呼最早出现在唐代小说家张鷟（约660—740年）笔下。张鷟所著的《朝野佥载》是一本记载朝野侠闻的笔记小说集，主要记载从贞观到武周时期之事，内容庞杂丰富，不乏怪诞离奇的坊间传闻。

在该书第三卷，"不良人"首次登场的事件就十分劲爆。大致是说尚书左丞李行的前妻之子李忠干了一件胆大包天的事，他先与自己继母通奸，然后金屋藏娇。为了找人背锅，李忠竟然对外宣称继母被李世民弄到皇宫里去了，给李世民扣了个淫乱臣子妻妾的帽子。李行信以为真，竟然进宫找李世民要人，李世民遂下旨严厉追查。后来李忠做贼心虚，私下找人打探消息时，"被不良人疑之，执送县"。经过几番审问，此事终于真相大白，李忠也认罪伏法。这个故事的真假无从考证，但"不良人"终于出镜了，由此可知在唐代早期不良人就已存在，且有刑侦逮捕的职能。《朝野佥载》第五卷还出现了"不良主帅魏昶有策略，取舍人家奴，选年少端正者三人布衣笼头至卫"的记载，机智的魏昶应该是唯一一个有名可查的不良帅。

除了唐人的笔记小说，不良人也在官修正史中出现过。《旧唐书·杨慎矜传》有段令人毛骨悚然的记载："先令卢铉收太府少卿张瑄于会昌驿，系而推之，瑄不肯答辩。铉百端拷讯不得，乃令不良枷瑄，以手力绊其足，以木按其足间。挽其身长校数尺，腰细欲绝，眼鼻皆血出，谓之'驴驹拔撅'……"主要讲唐玄宗时期的官员杨慎矜遭李林甫陷害，鹰犬卢铉派人把太府少卿张瑄抓到会昌传舍，弹劾他和杨慎矜一起占验谶纬。卢铉对张瑄进行审问，张瑄不肯回答，卢铉便开始滥用酷刑，由不良人来执行，他们先给张瑄上枷锁，用手拉住脚，将木头按在双脚之间，打击枷柄向前，将其身体拉长了数尺，连腰都快被撕扯断裂，张瑄被折磨得眼鼻皆出血。不良人所用的这种酷刑被称为"驴驹拔撅"。

从这则记载可知，不良人不仅是街上刑侦缉捕的捕快，也是牢中负责对人犯实施酷刑的衙役。前者属于维护治安，利国利民之举；后者作为酷刑的实施者，的确算是在从事"不良"之事。生活在清代中晚期的官员、学者梁章钜对古时的各种官职、称谓进行考证后著成《称谓录》一书。该书结合了清朝早期文人吴震方在《说铃续集》中的记载，对唐代"不良人"一职进行了简明的解释："缉事番役，在唐称为不良人，有不良帅主之，即汉之大谁何。"

在汉代，掌门禁者称为"大谁"，属"公车司马令"。大谁也是掌管侦缉逮捕任务的官吏的职务名称。相比后世对不良人的种种衍生解读，清人梁章钜表述的"缉事番役"反而是对不良人最准确的注解。

并非"唐代锦衣卫"

自从"不良人"走入大众视野，有不少人将其称为"唐代锦衣卫"，我们不妨看看，不良人与数百年后大明朝的锦衣卫究竟有没有可比性。

首先得承认，不良人与锦衣卫至少有一点是非常相似的——都是通过影视作品而被大众熟悉。那么在历史上，两者是否类似呢？锦衣卫，原本为负责皇帝安全和仪仗的都尉府和仪鸾司，相当于仪仗队，1382 年被朱元璋改为锦衣卫后，除保留原有的保镖和仪仗队功能之外，还增设了一项重要职责：巡查缉捕。这个职能与不良人"缉事番役"类似，也是不良人被视作"唐代锦衣卫"的重要依据。

尽管不良人这个名头今天听起来很酷，但终究是唐代府（州）县管理体系下的捕役人员，其传奇色彩多是后世文艺作品赋予的。锦衣卫就不同了，其厉害之处在于可以绕开刑部等司法机构，直接逮捕、刑讯除皇帝以外的任何人。以前历代的特务机构大多只负责情报，案件的后续处理则移交司法机关。如果是司法机关处理案件，多少要依据法律，公开审理处罚。而锦衣卫办事，只用向皇帝一人汇报，他人无权过问。由于权力缺乏限制，锦衣卫往往为邀功请赏而不择手段、罗织罪名、扩大牵连范围，制造了无数冤假错案，令举国官员闻之色变。

一言以蔽之，明代锦衣卫是皇帝身边的人，权势熏天。而唐代的不良人仅是官府小吏，甚至可能是出身微贱的"贱民"。所以，不良人绝不可能是"唐代锦衣卫"，两者没有可比性。关于锦衣卫的记载比比皆是，如纪纲谋反、马顺横死、袁彬护主、陆炳救驾等。相比之下，不良人就很可怜了，史书中就那么寥寥几笔，甚至连配角都算不上，或许只有在影视和动画的世界中，他们才能华丽转身。

◀ 唐代绢甲，搭配翻耳盔，函人堂制，参考的是敦煌莫高窟及唐代陶俑

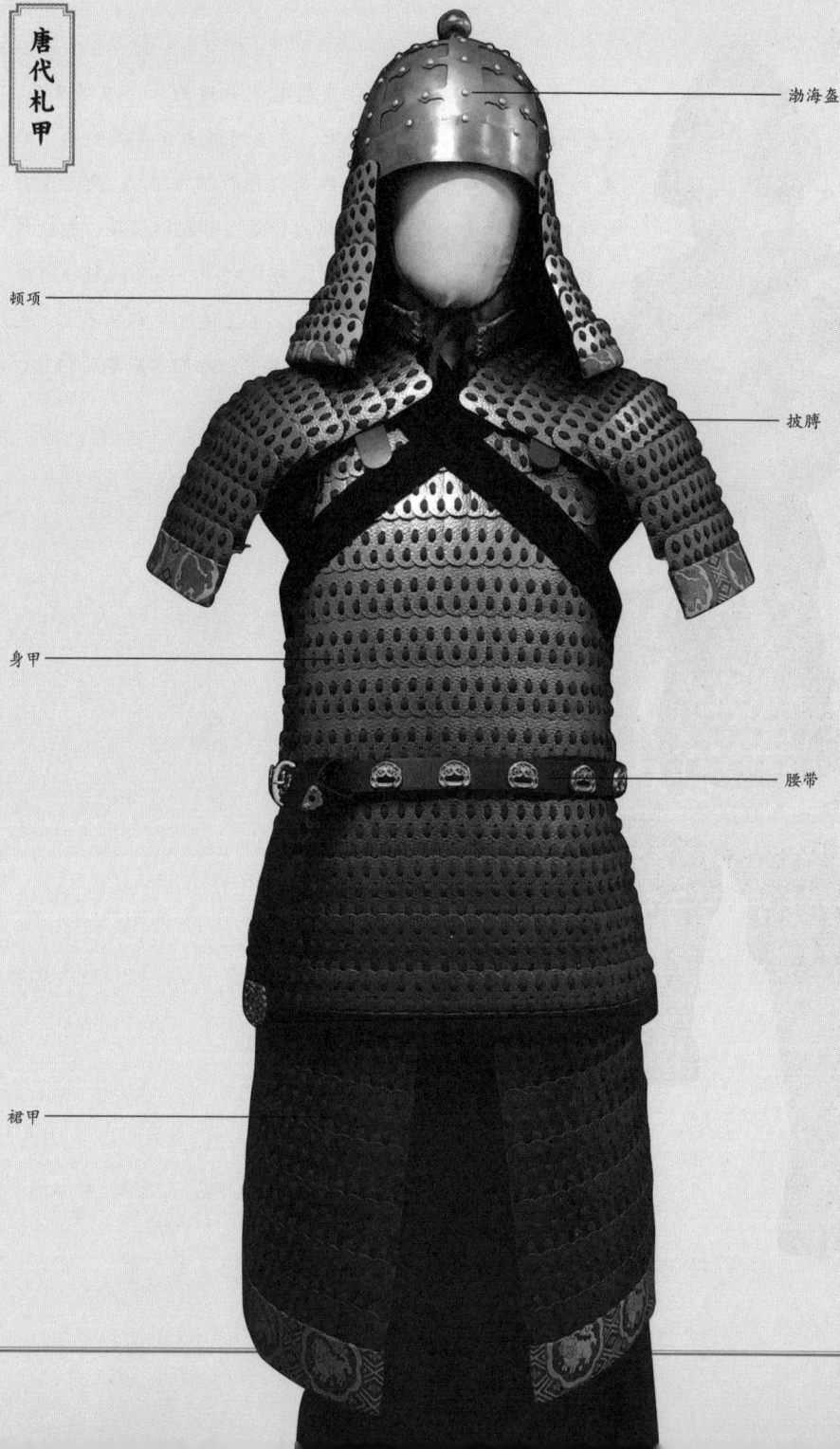

唐代札甲

渤海盔

顿项

披膊

身甲

腰带

裙甲

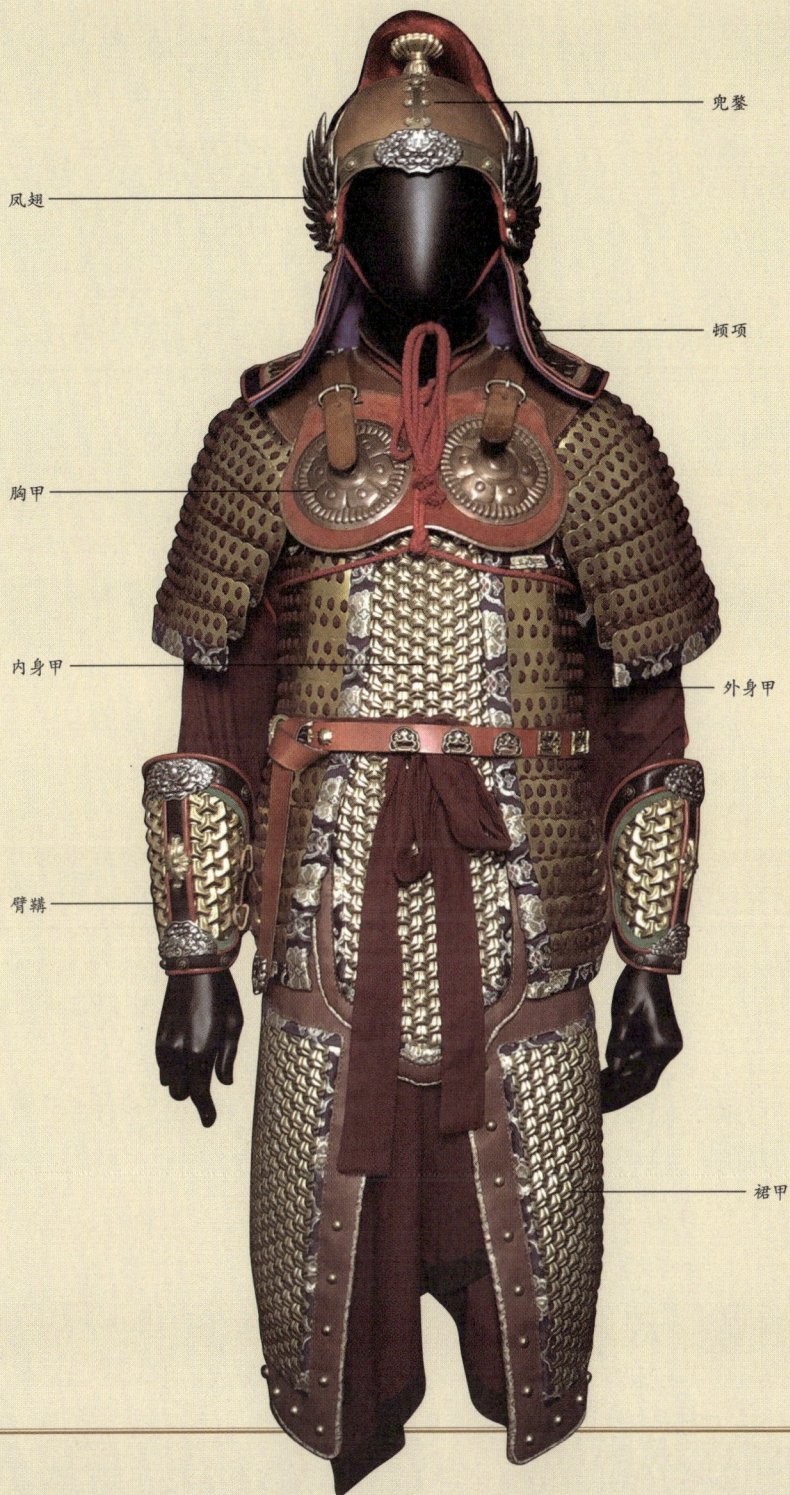

兜鍪

凤翅

顿项

胸甲

内身甲

外身甲

臂鞲

裙甲

· 先秦

· 秦

· 汉

· 三国两晋南北朝

· 唐

· 宋

· 元

· 明

· 清

第六章

乱世迷踪

终究与战场无缘？

黄金甲传说的虚与实

待到秋来九月八，我花开后百花杀。

冲天香阵透长安，满城尽带黄金甲。

——唐·黄巢《不第后赋菊》

满城尽带黄金甲

安史之乱后，盛唐凋零，而后又有黄巢之乱，给予大唐帝国致命一击，继而朱温篡唐，终结了唐帝国。随之而来的是一个"天子宁有种耶？兵强马壮者为之耳"的军阀混战时代，中原地区后梁、后唐、后晋、后汉、后周五个王朝你方唱罢我登场，中原之外前蜀、后蜀、南吴、南唐、吴越、闽、楚、南汉、南平（荆南）、北汉、武平等地方政权城头变幻大王旗，这个史称"五代十国"的大分裂时代，实际上何止十国。在大唐帝国由盛转衰，分崩离析之际，盛唐甲胄华丽浮夸之风亦为之一变。然而，五代时期的甲胄在众人心中的形象却是模糊的。

▲ 电影《满城尽带黄金甲》中周杰伦等人皆身穿黄金铠甲，但在真实历史中，这种情况并不会出现

　　五代十国虽然也是中国历史上的大分裂时期，但其知名度远不及春秋战国、汉末三国，反映这个时期的影视作品也相当少，有些知名度的大概是张艺谋导演的电影《满城尽带黄金甲》。影片根据曹禺的话剧《雷雨》改编，背景为五代十国时期以后唐为原型的"某国"。电影不但直接采用黄巢诗句作为片名，镜头中还出现了一大批身披"黄金甲"的将士，就连周润发扮演的皇帝也穿上了一身浮夸的黄金铠甲。问题来了，黄金是否可以用来制作盔甲？中国古代真的存在黄金甲吗？

　　在古代诗人的作品中，"金"与战甲的搭配倒是很常见，如王昌龄《从军行七首》中的"黄沙百战穿金甲，不破楼兰终不还"，李贺《雁门太守行》里的"黑云压城城欲摧，甲光向日金鳞开"。当然，传得最广还是黄巢的那句"满城尽带黄金甲"。

　　但是，《满城尽带黄金甲》中那种浮夸的场景在历史上是绝对不可能出现的。首先，黄金历来是珍贵的金属材料，若用黄金打造铠甲，那将是很庞大的一笔军费支出；其次，黄金很软，在战场上起不到防护作用，制作成防御的铠甲或盾都不是首选；第三，黄金密度高，很重，做成甲胄穿在身上，会大大降低士兵的灵活性，这在命悬一线的战场上是非常致命的。总而言之，黄金不仅不是做武器的料，也不是做防具的料，古诗词中的"金甲""金鳞"并非真正的黄金。

　　那么，在仪仗甲中，黄金甲是否就真的存在呢？实际上，绝大多数的"金甲"不过是贵族为了显示身份而在铠甲上的镀金，但也不能因此说黄金与战甲就彻底绝缘，在甲胄的制作中，丝状的黄金完全可以被派上用场，广为人知的当属汉代皇帝驾崩后身穿的金缕玉衣。在汉代帝王陵墓中，已经出现以金缕为线制作的服饰或甲胄。到了唐代，只要家庭富裕的人都能穿上金缕织成的衣服，白居易在《秦中吟·议婚》中就有"红楼富家女，金缕绣罗襦"的诗句。用在战甲方面也同理，无论是汉代开始出现的"环锁铠"，还是古代欧洲的"锁子甲"，都是由铁丝或铁环套扣缀合成衣状，每环与另四个环相套扣，形如网锁。这就会出现一种情况：皇帝或贵族为显示身份的尊贵，便以金丝取代铁丝，作为制作专属铠甲的材料。

　　比较出名的还有"金丝软甲"，这种甲胄无论在古代中国还是古代西方都有出现，造价十分昂贵，透气性好，但不能抵挡大力的打击和刺击，通常只有重要人

▲ 金缕玉衣，现藏于中国国家博物馆。玉衣是穿戴者身份等级的象征，皇帝及部分近臣的玉衣以金线缕结，称为金缕玉衣，其他贵族则使用银线、铜线编造，称为银缕玉衣、铜缕玉衣（周渝 摄）

物在出席重要场合时穿。"金丝"在古代既指丝状黄金，也指丝状的其他金属，因此，"金丝甲"是否由黄金制成并不可知。

存世文物乾隆皇帝的铠甲倒是印证了用丝状黄金装饰甲胄的说法。乾隆的甲胄在 1860 年英法联军火烧圆明园时被掠夺并流失海外，现收藏于法国军事博物馆。"此甲为明黄缎绣五彩朵云、金龙纹，下为海水江崖图案，月白绸里。甲面有规则的金帽钉。衣正中悬钢质护心镜，镜四周饰鋄金云龙纹。两袖用金丝条编织，袖口月白缎绣金龙。裳分左右，腰以布相连，裳面以金叶片、金帽钉、彩绣龙戏珠纹相间排列。"其中提到的"金帽钉""金叶片"以及金丝条编织的两袖皆为黄金装饰，铠甲已有两百多年的历史，但保存得好，色彩明艳。这套铠甲虽名为战袍，却始终与战场无缘，因为清代自康熙之后，就再没有皇帝御驾亲征的情况出现。

除了乾隆甲这一类的存世文物，偶尔也能见到"黄金甲"的踪影。《资治通鉴》（卷 189）记载："甲子，秦王世民至长安。世民被黄金甲，齐王元吉、李世绩等二十五将从其后，铁骑万匹，甲士三万人，前后部鼓吹，俘王世充、窦建德及隋乘舆、御物献于太庙，行饮至之礼以飨之。"

这一年是 621 年，虎牢一战，李世民先后击破王世充的郑军与窦建德的夏军，凯旋长安献俘时，身穿"黄金甲"。但这个"黄金甲"究竟长什么模样，是用什么材质做成的，一来史籍没有详细记载，二来没有存世实物佐证。以常理推测，"黄金甲"应该不是纯金的铠甲，更可能是镀金或色泽为金黄色的铁甲，与"黄沙百战穿金甲""满城尽带黄金甲"的意思一样，不可简单粗暴地判断黄金甲就是以纯金打造的甲胄。

真实的五代甲胄

实际上，真实的五代甲胄远远不如影视作品中那般浮夸。严格地说，五代的甲胄完全没有自己的时代特色。主要原因有三个：其一，五代虽是战乱分裂时期，但从 907 年朱温篡唐建立后梁，到 960 年赵匡胤发动陈桥兵变，前后不过 53 年，远不能与前面几个乱世相比；其二，冷兵器时代的甲胄发展至唐代，形制、性能等已相当成熟，五代乱世很难再有突破；其三，五代时期的君主基本都是唐末时割据的藩镇，其甲兵自然也为唐制。

基于以上三个原因，五代甲胄基本袭承自晚唐。不过值得一提的是，晚唐的甲胄与盛唐时期是有所变化的。自从安史之乱后，大唐帝国便不再太平，甲胄也从更强调装饰性变为更重视防护功能。这时，位列"十三铠"之首的明光甲已基本退出历史舞台，取而代之的是以细小山纹、细鳞甲片编缀的胸甲，只

▲ 唐太宗李世民像

▲ 五代十国时期的后梁浮雕武士石刻，1995 年河北曲阳王处直墓出土，墓主曾是唐朝任命的义武军节度使，现藏于中国国家博物馆（周渝 摄）

是还保留了明光铠两个圆护的形状。此外，唐军还重新使用金属片编缀绢甲，肩下重新装置披膊，作为戎服附件的"抱肚"也开始流行，以甲身、披膊、腿裙几个为主，取消了盛唐时期大量的甲胄附件。

另一方面，此前唐甲浓厚的西域风又回归到传统的中国风。兜鍪方面，最具中华甲胄特色之一的凤翅盔闪亮登场，至五代，盔前的"狮齿""翅展""鬼角"等装饰越来越丰富。这一时期形成的风格对之后的宋、元、明三代皆有深远的影响。

五代时期的凤翅盔与宋明时期的凤翅又有所区别，五代的凤翅普遍比较大，这里以王处直墓中出土的武士浮雕为例。王处直是五代十国初期北平国的统治者，后归附于晋王李存勖。921 年年底，养子王都发动兵变，王处直被囚禁，死于 932 年。1994 年 6 月，河北省曲阳县灵山镇西燕川村西坟山上的一座古墓被盗掘，后发现这座墓的主人便是王处直。王处直墓室两侧入口处有一对汉白玉武士浮雕。从形象上看，武士甲胄形制与晚唐无异，兜鍪上有一巨大凤翅，也有人认为这是顿项反卷后的样式。这种形制与日本平安晚期出现的"大铠"头盔上的"吹返"极为相似。有意思的是，这两种甲胄出现的时间几乎重合，只是目前还没有足够证据表明唐末五代时期的甲胄与日本平安时期的大铠存在关系。

经过半个世纪的混战，随着黄袍加身的赵匡胤以宋代周，发动一系列征伐，中原地区终于趋于统一，中华甲胄至此步入了一个全新时代。

既然说了黄金铠甲的传说，这里便展开谈谈黄金武器。对新生的一代人而言，黄金武器并不陌生，因为它总是出现在电子游戏或动漫作品中，如20世纪90年代风靡一时的日本动漫《圣斗士星矢》中就出现了黄金圣衣、黄金圣剑、黄金箭、黄金匕首等以黄金制成的武器装备。黄金武器不仅能装饰角色，同时还代表着使用者的能力等级。然而在历史上，黄金武器远没有艺术作品中的那么多。这并不奇怪，因为与青铜、钢铁等金属比起来，黄金数量稀少，纯金的质地不仅软而且重，根本不是做武器的料，通常只是武器的装饰。

但是，相对于黄金甲，黄金武器存在的证据更足。甘肃玉门火烧沟夏墓出土的金耳环（铸造较粗糙）是迄今为止中国已知的最早的黄金制品，据此推算，中国人大约在旧石器时代晚期或新石器时代早期就已掌握了黄金的属性。作为世界上最早使用黄金为人类服务的国家之一，中国历代存世的文物中，虽然以黄金制成的器具多不胜数，但黄金武器少之又少。原因大致有两个：首先，中国自古以来都缺金少银，尽管古书中频频出现"赐金十斤"等词，实际上并非真金，而是指黄铜等金属品；其次，黄金武器不像金钗、金耳环、金碗等金器那样既具观赏性又有实用性。因此，黄金与武器的结合只能是添花。

在中国古代，黄金和白银是比玉器和青铜更稀缺的材料，先秦时期，金器往往为贵族专用，是身份的象征。从现存文物来看，中国早在周代就有用黄金装饰武器的现象。例如，大英博物馆有一把来自中国的镂空铸金剑柄，这把精细的剑柄是从山西浑源（当时属燕国势力范围）的古墓出土的，是春秋晚期铸造的武器，由于剑身已不存在，无法判断是铜剑还是铁剑。博物馆这样

难以上战场的黄金武器

乱世迷踪：黄金甲传说的虚与实

注解的剑柄："金剑柄的两侧具有明显的缝合线，表明它可能是投在一个两件式模具中。它的顶部与剑柄和剑刃相接处都向外凸出。剑柄是镂空的，两面都装饰着著名的'蟠龙纹'……"其中提到的"蟠龙纹"是先秦时期青铜器常见的纹饰之一，即龙形巨首有两角，双目圆睁，身似蛇形，有鳞纹，盘曲如球状，空间填以兽、鸟和鱼纹等。值得注意的是，大英博物馆的注解中还推测"黄金剑柄易碎，极有可能不能使用在真正的剑上。制作这个剑柄可能是作为展示或放在墓穴中陪伴亡者"。

结合黄金在古代中国的地位与价值，不难推测，大英博物馆这把黄金剑柄的原主人应是一名燕国贵族。实际上，在先秦时期，以金柄铜剑或金柄铁剑作为陪葬品并非个例。1992 年 5 月，宝鸡市考古队在清姜河东岸抢救发掘了两座春秋墓葬，其中 2 号墓葬出土了以国宝级文物——金柄铁剑为代表的 200 多件珍贵文物，在考古界引起轰动。该墓出土的金柄铁剑共 3 把，剑身皆已被腐蚀，但黄金制成的剑柄却保存完好，其中 1 号剑与 3 号剑的剑柄与大英博物馆的金剑柄相似。2 号剑剑柄的首尾为黄金打造，中间部分为其他材质。尽管至今无法确认益门 2 号墓的主人，但其出土文物和春秋战国时代的君王墓葬相当，应该不是寻常人家。

自秦汉之后，"黄金成为上币，高纯度的金饼、马蹄金、麒趾金，大行于市"，著名的金缕玉衣、鎏金宫灯、鎏金印章等金器皆出现于汉代，但与武器相关的金器依旧屈指可数。不过，在西南少数民族地区的墓葬中倒是发现了两把"压花牛头纹金剑鞘"。这两把剑鞘出土于云南省晋宁县石寨山汉墓，皆由金箔压制而成，各成三段，每段皆有凸起的图案及纹饰。上段为牛头及瓣形纹饰，故得名"压花牛头纹金剑鞘"。剑鞘的中段由三小节组成，均饰以雉堞纹。下段以圆圈、麦穗等纹饰构成。值得注意的是，这种剑鞘并非汉人所用，而是滇国的典型器物。滇国是汉代时由少数民族在西南建立的政权，疆域主要在以滇池为中心的云南中部及东部地区，历史学家习惯称之为滇族，据文献记载和考古发现，滇国在云南历史上大约存在了 500 年，出现于战国初期，消失于西汉初年。公元前 109 年，汉武帝出兵征讨云南，滇王降汉，不久后汉武帝赐给滇王一枚纯金铸造的黄金王印，这枚王印也在石寨山汉墓出土，由此推断，那两件"压花牛头纹金剑鞘"的主人很可能是一位滇王。

说起黄金兵甲与使用者的身份，不少人可能会想起金庸小说《射雕英雄传》中郭靖被铁木真封为"金刀驸马"的故事。尽管金刀驸马只是虚构的，但"金刀"二字足以让读者看出其尊贵地位。

虽然蒙古帝国没有"金刀驸马"，但大明王朝有"金瓜武士"之说。《明史·李时勉传》中"命武士扑以金瓜"是正史里关于"金瓜武士"的记载。所谓"金瓜武士"，多指皇帝金殿上的仪仗兵兼侍卫，因手持武器的长杆头部为金瓜状而得名，但这种武器究竟是不是由黄金制造的则不得而知。清末革命党人为推翻清朝后建立的新政权选国旗时，就有人提出"金瓜斧钺旗"的方案，并阐明"金瓜"象征大明朝皇权，斧钺象征帅权。若此说属实，象征皇权的"金瓜"有黄金装饰并不奇怪，但整个武器皆为黄金铸造的可能性依然很小。

除了仪仗侍卫的"金瓜"，古代演义小说中还有一把出镜率极高的名枪也值得一提，它就是"虎头湛金枪"。与之前说的剑柄、剑鞘、金瓜都不同，虎头湛金枪是叱咤于战场的武器，《评书三国演义》中的马超、《隋唐演义》里的秦琼、《岳飞传》里的高宠、《明英烈》里的常遇春等无不使用这把金枪。著名的苏州评话演员张国良在其作品《评话三国》中更是生动地解说了虎头湛金枪："枪身乃寒铁打造而成，长一丈一尺三，枪头为黑金虎头形，虎口吞刃，枪体镀金，乃铂金铸就，锋锐无比，砍刺剁劈，不怕火炼，百炼精铁。"当然，这只是小说家的艺术加工，因为即使真以铂金铸枪，也不太可能达到"锋利无比"的效果。

在云山彼端的西方，黄金同样是尊贵的象征。古希腊神话中将人类的时代分为黄金、白银、青铜、英雄、黑铁五个，其中，"黄金时代"最为完美（相当于克罗诺斯统治的时代）。相传那个时候，人类无忧无虑，与神幸福地生活在一起，并虔诚地听从神的旨意，因为食品丰富而不用劳动，身体强健有力，也不用担心疾病与死亡。此外，希腊神话中众神的兵器也常与黄金有关，例如海神波塞冬乘坐的是一辆白马驾驶的黄金战车，他的代表性武器"波塞冬三叉戟"也常被人们描绘为金黄色的。在欧洲的传世艺术作品中，黄金甚至还带着某科超乎自然的力量。其中，"莱茵河黄金"这个故事出自德国著名的古典音乐大师理查德·瓦格纳创作的歌剧《尼伯龙根的指环》。在故事中，莱茵河底有一块由莱茵女仙守卫的魔金，相传谁能取得魔金并铸成指环，谁就可以拥有统治世界的力量，前提是这个人必须先抛弃爱情，于是尼伯龙根家族的阿尔贝利希在感情受挫后，愤而争夺"莱茵河黄金"铸成指环的故事由此展开。

神话毕竟只是神话，生活在现实中的西方人也同样得面对黄金不适合打造武器这个事实，从他们传世的文物来看，黄金用于武器的形式与古代中国大同小异。现藏于罗浮宫博物馆名叫"昝瓦尤斯"的名剑，位列欧洲三大圣剑名单，据叙事诗《罗兰之歌》记载，这把宝剑是法兰克王国加洛林王朝国王查理大帝的佩刀，名字来源于法兰克军开战时的呐喊声。还有种传说称，"昝瓦尤斯"的刀刃是由耶稣受害时刺入他身体的"朗基努斯之枪"的尖端部分铸造的，故而被视作圣物，成为法王加冕仪式上必定出场的重宝之一。"昝瓦尤斯"又被称为"黄金之剑"，后人望文生义，常在艺术作品中将此剑写为一把纯黄金宝剑，实际上它仅有刀柄是黄金打造的，与前文所说的东周黄金剑柄一样。罗浮宫博物馆对此剑的介绍倒没有太多神话色彩，只是简单地称其为法王加冕用剑及法国的王权象征之剑，历代法国国王登基都必须持此剑才能够做肖像画。

以纯金打造的武器也是存在的。20世纪20年代，英国考古学家伦纳德·伍利爵士在发掘乌尔城时发现了被称为"死亡地窖"的陵墓——苏美尔国王和王后的墓地。但是，王族成员并非单独被埋葬，而是将朝臣和仆人们一起带到冥府。正是在这座有大量殉葬者的陵墓中，考古人员发现了一把特别的黄金匕首：从武器主体到匕首鞘皆为黄金打造。尽管这是一件注定不会用于战斗的陪葬品，但其精湛的做工足以让后人对几千年前的苏美尔文明有更直观的认识。

·清　·明　·元　·宋　·唐　·三国两晋南北朝　·汉　·秦　·先秦

第七章

大宋风华

『戎具精劲，近古未有焉』

国甲步入颜值巅峰

醉里挑灯看剑，梦回吹角连营。

八百里分麾下炙，五十弦翻塞外声，沙场秋点兵。

马作的卢飞快，弓如霹雳弦惊。

了却君王天下事，赢得生前身后名。可怜白发生！

——宋·辛弃疾《破阵子》

制甲走向规范化

在很多人心中，大宋是一个风雅的时代，它的文治远高于武功已是定论。但同时人们也普遍认为，宋朝的军事实力是中国大一统王朝中最弱的，军队不堪一击，战功乏善可陈。近年来，这种看法有翻案的倾向，有人走极端，说宋朝军事实力不输盛唐。这并非没有道理，过去宋朝的军事实力的确被脸谱化地低估了，这个王朝至少在军事防御方面做得还不错。宋朝的军事力量偏弱，重要原因之一是，经历了五代血腥的洗礼，唐末武将拥兵自重以及藩镇割据的局面后，宋太祖赵匡胤吸取教训，以文臣统兵，形成了重文轻武的局势。

但重文轻武不等于不修武备，相反，宋代在兵制和武备方面的制度更加完善。宋朝实行的是募兵制，宋军主要有四种：禁军、厢军、乡兵和藩兵。其中最重要的是禁军，即帝国的正规军，有殿前司、侍卫亲军步军司、

▶ 宋甲士示意图。两宋不仅是铁甲的高峰期，也是札甲的高峰期，这一时期士兵的防御面积全面且严密，兜鍪、披膊、身甲、护裆、腿裙，结构完整。重甲时代重型打击兵器盛行，图中甲士配备的便是铁鞭（杨翌 绘）

侍卫亲军马军司，这三个机构合称"三司"。调兵权属枢密院，而枢密院使通常由宰相兼任。厢军属于驻州之镇兵，主要来自招募，受州府和某些中央机关统管，总隶于侍卫马罕司、侍卫步车司。厢军一般没有训练，虽名为常备军，实际上只是各州府和某些中央机构的杂兵，无论地位还是待遇都比禁军低。乡兵则属于负责地方治安的民兵。藩兵，顾名思义，是指由少数民族组成的边防军。

宋军不仅兵制上等级分明，军用的甲杖装备也都由朝廷军器监负责制造。宋朝建政后，太祖赵匡胤就在京师设置了南、北作坊（神宗时期改为东、西作坊），专司制造兵器、甲胄等武备物资，并亲自检查，使作坊出品的兵器与甲胄质量大幅度提升。宋代著名文学家、政治家曾巩对宋代甲胄给予了相当高的评价，他在《本朝政要策·兵器》盛赞："凡诸兵械置五库以贮之，戎具精劲，近古未有焉。"这个评价大抵是经得起考验的，因为自南、北两作坊设立以来，对兵器甲胄的制造皆有严格规定，制作一领铠甲需要经过 51 道工序，铠甲不同部件所需甲片数、重量都有明确规定，甲胄此时走向规范化、统一化。正因如此，后世发现的宋代壁画、石雕等文物中的甲胄形制基本一致。

北宋初期，甲胄形制基本袭承了晚唐和五代的风格。由于连年战乱，这时的甲胄偏重于实战，明光甲已退出历史舞台，西域风也被浓浓的中国风取代。《宋史·兵志》就记载了金装甲、连锁甲、长短齐头甲、锁子甲、黑漆顺水山字铁甲等多种甲胄，种类不亚于唐代。此外，宋初还出现了一种皮与金属组成的新铠甲——制作时以皮革作为甲片，再以铁、铜薄片作为附属，这种甲具备柔软、重量较轻等优点。

相比于前代，宋代甲胄在史籍中留下的资料较多，有甲胄的壁画、浮雕、石刻也不少，但实物几乎没有。因为东汉之后，甲胄已被禁止作为陪葬品入土，加上宋代对甲胄的管理比前代更为严格，后人无法从宋墓中获得当时的甲胄，故而只能根据史籍、浮雕、石雕、壁画、绣像等资料复原大宋铠甲。

《武经总要》中的大宋甲胄

庆历四年（1044 年）是中国文学史上知名度很高的一年，范仲淹的《岳阳楼记》首句即是"庆历四年春"。实际上，在中国军事史上，庆历四年也被载入了史册。这一年，北宋大臣曾公亮、丁度编撰的《武经总要》正式成书。这本书包括军事理论与军事技术两大部分，可以说是北宋前期，由文臣编纂的兵书集大成者，同时也是中国第一部新型兵书。《武经总要》总结了武器、甲胄等生产记录，并将当时甲胄的基本款式绘制成图收录书中。

首先要说明的是，宋代《武经总要》原版已失传，目前能看到的基本为明代弘治、正德年间的版本，明代翻刻版不仅有遗漏且出现了一些偏差，只能作为参考。《武经总要》前集卷十三《器图》一共收录了5领甲胄并附带其分解图，为接下来的解析行文方便，这里姑且将这5领甲胄编为甲、乙、丙、丁、戊。先看甲款，全甲由兜鍪、身甲、披膊、掩心组成，其中"披膊"分为两款，实为披膊与掩心，掩心穿于内，披膊穿于外。甲款甲胄的兜鍪在书中称"头鍪顿项"，胄顶为带纹样的半圆顶，装置有盔缨，下半部分的顿项由甲片编缀而成。身甲平铺时由上下两部分组成，上身部分为"山"字形，裙甲部分为"凹"字形。上下甲片编缀方式不同，从图上看，上身甲片更大，下半部分则采用了两种不同的细鳞甲编缀。

乙款甲胄的结构与甲款一样，不过兜鍪比甲款更尖，下方顿项呈扇面展开。身甲用若干铁片和皮条编缀，上身胸甲与下身裙甲用的是同一种甲片，几乎可以护住士兵的全身。这种甲胄有个广为人知的名字——步人甲。前文说过，宋朝军事实力偏弱，马政尤其不容乐观，自从宋立国后，中原便陷入了骑兵不振的困境。北宋时，北境有辽、西夏等政权虎视眈眈，南宋时又受金、蒙古的压迫，没一天安宁日子。契丹、党项、女真、蒙古等民族都以骑兵见长，宋人不能与他们正面对抗，于是主张"以步制骑"，在提高步兵甲的防御力上下功夫。在这一背景下，步人甲应运而生。

从形制上看，步人甲并非宋人原创，而是源自唐代的步兵甲。用《武经总要》的解构图结合宋代石刻形象，可知宋代步人甲兜鍪上多装置有顿项，身甲用皮带扣在双肩位置，两肩所覆披膊为兽皮纹，腰带下的腿裙相当大，与唐代长乐公主墓壁画上的铁甲武士形制有些相似。宋步人甲基本可以保护全身。根据南宋绍兴四年（1134年）的规定，步兵穿的铠甲由1825片甲叶编缀而成，重29公斤。

《武经总要》中的丙款和丁款形制大体相同，两者区别在于兜鍪形制不同，但皆装置有顿项。身甲裆部的"吊鱼"，丙款为长方形，丁款为半圆形。这两款甲胄均只有兜鍪和身甲，并无披膊。戊款甲胄是书中所载 5 领甲胄中最华丽的一款，推测为将领或仪仗人员所穿。由兜鍪、掩膊（披膊）、胸甲、身甲几个部分组成。戊款甲胄的兜鍪上可以看到人们熟悉的中国甲胄标志"凤翅"，自晚唐出现的凤翅盔发展至宋代已相当成熟，并在此时定型。披膊上装置有兽吞，胸甲与身甲皆有华丽的兽纹，可以说是唐末以来传统铠甲的整合体。

　　宋代铠甲是中国传统铠甲的集大成者，其颜值达到了国甲的巅峰。但《武经总要》的 5 领铠甲不足以代表宋代甲胄的全貌，例如，书中记录的最为华丽的戊款铠甲，仅从结构图很难看出上身效果。要说它是国甲中最好看的，还得参考宋代石将军！

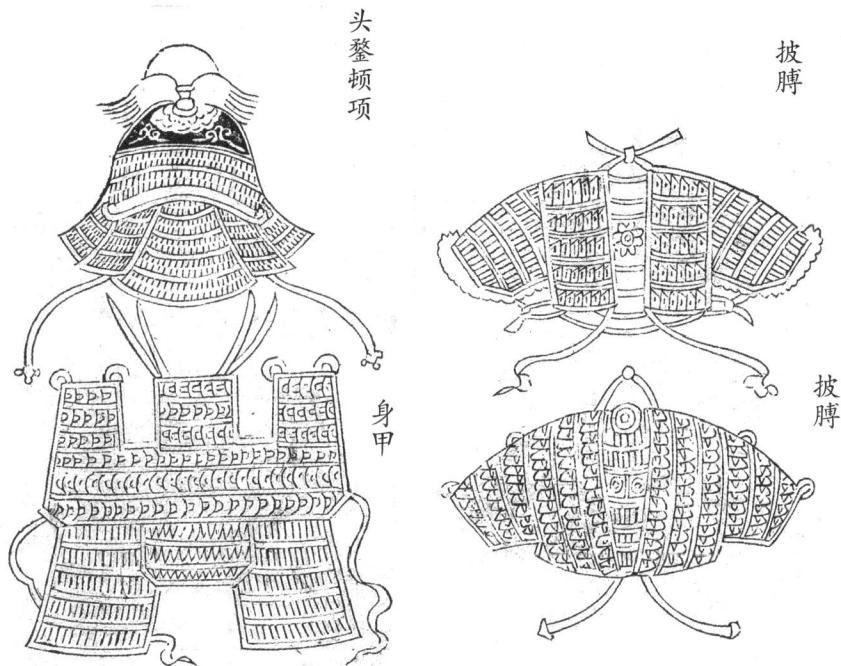

头鍪顿项

披膊

身甲

披膊

▲《武经总要》中绘制的甲胄，即本书中的"甲款"

大宋风华：国甲步入颜值巅峰

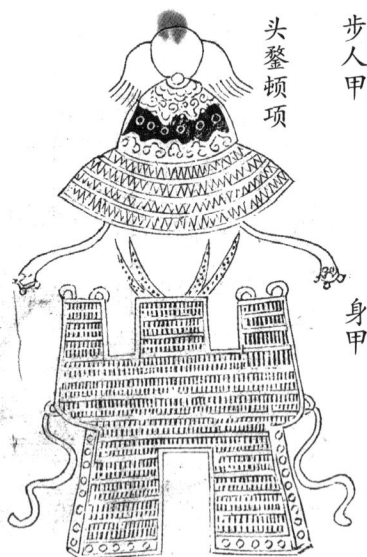

步人甲

头鍪顿项

身甲

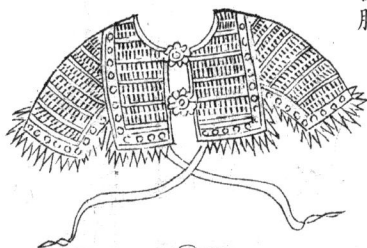

披膊

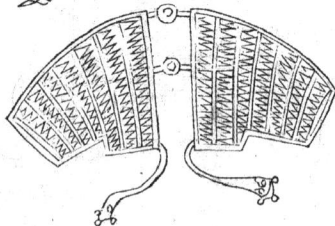

披膊

▲《武经总要》中绘制的甲胄，即本书中的"乙款"

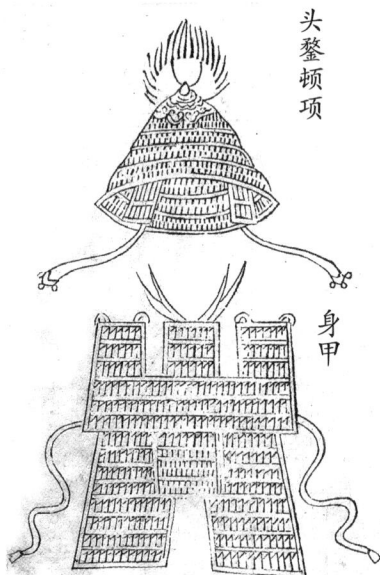

头鍪顿项

身甲

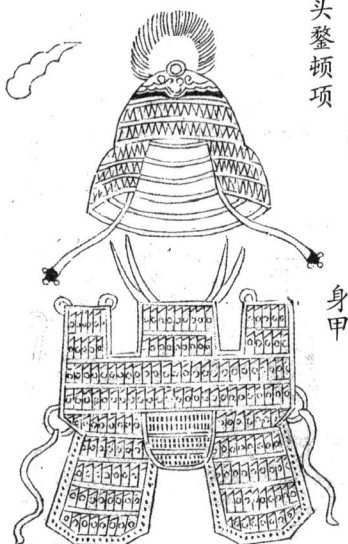

头鍪顿项

身甲

▲《武经总要》中绘制的甲胄，即本书中的"丙款"　　▲《武经总要》中绘制的甲胄，即本书中的"丁款"

头鍪

胸甲

身甲

掩膊

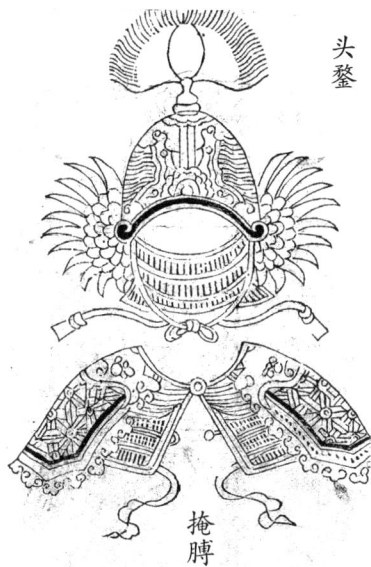

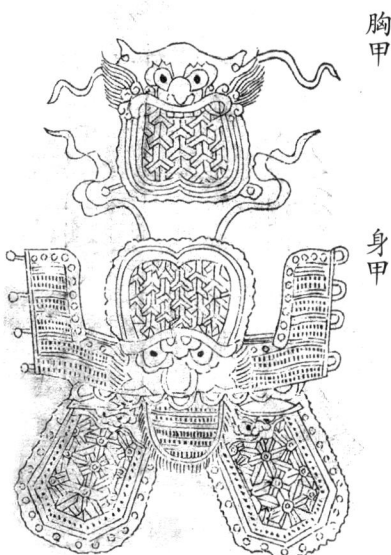

▲《武经总要》中绘制的甲胄，即本书中的"戊款"

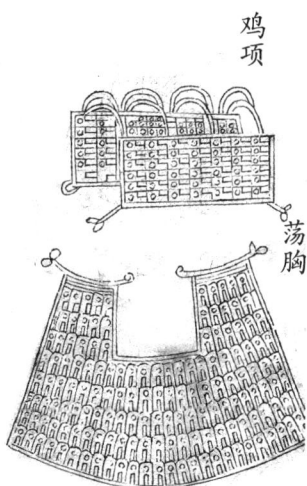

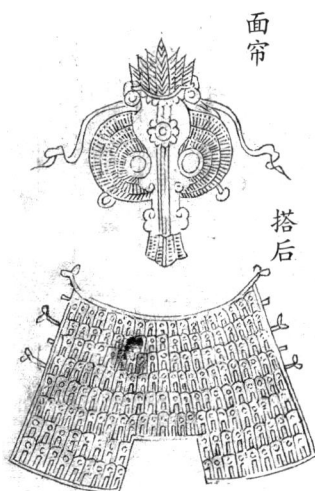

面帘

鸡项

面帘

马身甲

荡胸

搭后

▲《武经总要》中的马铠

中华甲胄的标志形象

位于浙江省宁波市东南 15 公里处的东钱湖及周边地区，是史浩、史弥远、郑清之、史嵩之南宋最重要的四位宰相的墓园所在。他们的政治生涯几乎涵盖了南宋历史最重要的高、孝、光、宁、理五个时代，他们的墓道留有大量石刻，文臣武将应有尽有，被誉为"江南兵马俑"，为后人研究宋代甲胄和服饰提供了重要的形象资料。

以史氏陵园为中心的东钱湖南宋石刻群中的武将身穿甲胄，双手握剑，威武肃穆。石刻铠甲的甲片形状各不相同，兜鍪也有区别，但形制大体一样。在他们身上可以看到《武经总要》中戊款甲胄的上身效果：武士将甲胄穿上身后，胸甲中间皆有用扣环相连的系带，是为"束甲索"，披膊上有肩巾。值得注意的是，石

▶ 北宋李公麟绘的《免胄图》（局部），现藏于台北故宫博物院。此图描绘的虽是唐代故事，但甲胄样式皆为宋代款

刻上的甲胄出现了《武经总要》中没有记录的部分：臂鞲（臂甲）、吊腿和护腰。

臂鞲是比较新鲜的装备，最早出现于唐代，主要是寺观、祠庙中的神将在穿。入宋后，无论是贡县的北宋皇陵石刻，还是表现北宋皇宫仪仗队的宋画《大驾卤簿图书》中的北宋骑兵，都没有装备臂鞲。到北宋晚期，臂鞲又开始普遍，生活在北宋晚期的画师李公麟曾绘制过《免胄图》，虽然是表现唐代郭子仪的故事，但图中人物展现的却是北宋武将的装备。在该图中，郭子仪等人所穿甲胄与南宋石刻上的将军甲一致，而且也装备了臂鞲。从时间上推测，臂鞲在北宋早期并不常见，应该是北宋晚期到南宋这段时间将领的装备。东钱湖石刻中武将的臂鞲形制虽统一，但纹样各异，十分华美。作为甲胄的主要配件，臂鞲一直延续至明代，入清后才退出历史舞台。

吊腿即护腿，也出现于唐代，原为套在小腿外的防护装置，不过宋代石刻中吊腿与鞋连为一体，如同靴子一般。最具特色的是护腰。护腰是围在甲胄腰部位置的配件，在唐代甲胄形象中并不多见，入宋后却比比皆是。无论是东钱湖武士石刻，还是河南贡县孝义陵区永昭陵的镇陵将军像，抑或是成都博物馆的三彩武士俑，都装备了护腰。除了石刻，《免胄图》、四川彭山虞公著墓壁画上的甲士、贵州遵义永安乡南宋杨粲墓门石刻的武士浮雕同样有护腰。

在宋代，护腰不仅是甲胄的配件，也是役卒、民夫、妇女的装备。当然，民用护腰和军用护腰是有区别的，一般

▲ 南宋播州安抚使杨粲墓门上穿着宋式铠甲的武士雕刻，现藏于贵州省博物馆（周渝 摄）

▲ 南宋彩绘武士俑，于 2006 年在汉中出土，现藏于陕西历史博物馆（周渝 摄）

役卒或平民用的看起来质地柔软，材质应为布锦。武将的看起来则华丽坚挺，材质应为皮革、毡等。护腰不仅在宋人中极为普及，对北方的辽国也产生了影响。辽人耶律倍绘制的《骑射图》中契丹武士虽身无片甲，但戎服外装备了护腰。契丹人的护腰帛面衬有皮毛，除有防卫功能外，还可御寒。

身穿甲胄的武将装备护腰后会用腰带固定，这样一来，整套铠甲就被分为上下两部分，上狭而下宽，视觉上亦非常美观。有的武将还会在甲胄外面穿一件袍服，如宋人绘制的《薛仁贵像》。薛仁贵虽是唐人，但装备是宋朝的，他头戴毡帽，甲外罩着绣衫，让铠甲更具层次感。这种绣衫称为"衷甲"，在唐代已有文字记载，壁画、浮雕等实物中没有，也不知其具体形象，但宋代留下的文物中能见到。至南宋时，衷甲越来越宽大，使得厚重威严的铠甲也不失风雅飘逸。

总而言之，宋代甲胄是魏晋南北朝以来甲胄发展的巅峰，它最终能成为中国甲胄的标志，与其兼具防御性和美观性有很大关系。

锻甲不易，介胄不拜

除了头戴凤翅盔，身穿华丽甲胄的威武大将军，人们对宋军还有另外一种印象，那就是头戴大檐毡笠，身穿简易札甲。这种形象主要来自央视1998版《水浒传》，林教头身披简易札甲，头戴毡笠，长枪上系着酒葫芦。后来，有关宋代电视剧中的宋军多以此为模板。不得不说《水浒传》在戏服考据方面是下了一番功夫的，头戴毡笠的确为宋代士兵的标志之一。

宋朝普通士兵大多有甲无胄，头上戴着毡笠或皮笠，其形制如《凌烟阁功臣像·薛仁贵像》中薛仁贵戴的那样。在《武经总要》中，表现宋军利用攻城器械的插图也出现了戴笠的宋军士兵。毡笠、皮笠与护腰一样，影响非常大，明代军队仍盛行。明人所著的《武备志》插图中，有些士兵头上所戴之笠形制就如宋军戴的。虽然兜鍪数量有限，但宋军着甲率还是相当高。从宋代留下的史料中，我们还能看到这个时期甲胄发展较为成熟的两个标志：一是冶铁技术突飞猛进，铁甲经过淬火后变得坚硬无比；二是宋代甲胄在设计时不仅重视甲的实用性、美观性，同时也更人性化。

宋代时，制作甲片大致要经过几个工序：将铁制成甲札（甲片），然后打札、粗磨、穿孔、错穴、错棱、精磨等。甲札制作完成后再以皮革条编缀成一领完整的铠甲。工艺的提升使得甲片非常坚硬，活动时往往会磨伤肌肤。为此，宋太宗

▲ 宋人绘制的薛仁贵像，虽是唐代人物，但薛仁贵穿的却是宋甲。图中可以看到薛仁贵头上戴的宋军大帽，甲胄外面穿有绣衣

在至道二年（996年）专门下诏，命令制甲时一定要在甲身内部衬以绸里。虽然这种设计一定程度上降低了铁甲对肌肤的磨损，但仍然不能完全解决问题。于是出现了一种叫"胖袄"的厚棉戎服，之前的问题虽然得到了解决，但新问题随之产生——军士的甲衣更重了。

笔者因经常穿金属复原甲，对古代军士承受的甲胄之苦算是有一定的体验。一般而言，笔者穿的复原甲重量为17—23公斤，着甲活动一下午便觉精疲力竭。宋代步人甲多重呢？宋高宗在1134年规定，甲胄重量不能超过29.8公斤。换言之，之前的甲胄重量也许超过了29.8公斤，故而下令规范。但重29.8公斤也很惊人。最要命的是，夏季天气炎热，衣甲往往不透气，穿甲作战实在不是一件好玩的事。考虑到穿甲作战相当有挑战性，宋代招募士兵时都要以"胜举衣甲者"优先。对身穿铁甲的军士，在礼仪上只需行拱手礼，不用跪拜，也就是军礼中的"介

▲ 明代画家仇英临摹的宋人画作，图中可以见到身穿甲胄的宋代骑兵，实际上画中的宋代骑兵与金代重骑兵非常像，这是因为宋朝与金朝甲胄很相似，并无明显的区别

胄不拜"。

宋代不仅是国甲颜值的巅峰，也是铠甲制造业的高光时刻。怎么说呢？北宋时期鼓励官员参与、研究武备，的确为后世留下诸多成果，如前文提及的《武经总要》，可谓记录宋人武备的重要史料。北宋科学家沈括的《梦溪笔谈》中也有关于宋朝甲胄制作的记录。沈括曾兼管军器监，是一位负责的官员，为了提高兵甲质量，他多次到东、西作坊考察，收集资料，研究制甲方法。他还特别记录了用冷锻技术制造甲胄："凡锻甲之法，其始甚厚，不用火，冷锻之，比元厚三分减二乃成。其末留箸头许不锻，隐然如瘊子，欲以验未锻时厚薄，如浚河留土笋也，谓之'瘊子甲'。"

根据沈括的记录，这样一领铠甲制作出来后，在五十步的距离外以强弩射之，不能洞穿。宋人锻甲技术由此可见一斑。

皇家仪仗甲之风貌

相对于几乎没有装饰的实战甲，宋代的仪仗甲更重视美观。现藏于中国国家博物馆的北宋《大驾卤簿图书》让后人得以一睹宋代彩色仪仗甲胄的风貌。所谓"卤簿"，指的是皇家仪仗队。宋太宗曾令人绘制了3幅《卤簿图》，藏于秘阁。仁宗统治时，又重新制定大驾卤簿，编写《图记》10卷。现藏于国博的图卷就是在《图记》基础上绘制完成，作者已不可考，绘制时间应在皇祐五年（1053年）至治平二年（1065年）之间。

▲ 北宋《大驾卤簿图书》让后人得以一睹宋代仪仗彩色甲胄的风貌。着甲者无胄而戴冠，身甲为银白色，披膊处有绒毛包边

图卷展现了宋代帝王前往城南青城祭祀天地时的宏大场面，图中有官兵5481人、车辇61乘、马2873匹、牛36头、象6只、乐器1701件、兵杖1548件。

▲ 四川宋墓出土的宋代执斧武士石刻，参加过中国国家博物馆 2019 年特展（周渝 摄）

军马仪仗队中还有几列全甲骑兵，着甲者戴冠、无胄，身甲为银白色，披膊处有绒毛包边。宋代仪仗队所穿之甲当然不止这一种颜色，根据《宋史·仪卫志》的记载，甲胄有黄、青、朱、白、黑、金、银等色，犹如唐代的绢甲，非常华丽。图中全甲骑兵座下之马亦全副武装，顶盔掼甲，非常引人注目。

马铠曾兴盛于南北朝时期，自唐代后开始衰落，但入宋后又有回潮迹象。《武经总要》中也有对马铠的记载，并附有复原整体图与细节图。根据书中的注解，北宋时期的马铠由面帘、鸡项、荡胸、马身甲、搭后几个部分组成。再看《大驾卤簿图书》中的马铠，色彩非常华美，面帘为红色，头顶带有兽面装饰；马甲为肉红色，荡胸边缘有华丽的蓝白相间绒毛，搭后形状与飞碟类似。马身甲材质似为布面排钉，甲边沿为毛皮，色彩艳丽，多马并驾齐驱时颇为壮观。

宋代马铠与南北朝时期的重装骑兵甲最大的区别在于铠甲材质。根据《武经总要》所载："贵者铁，则有锁甲；次则锦绣缘缯里；马装，则并以皮，或如列铁，或如笏头，上者以银饰，次则朱漆二种而已。"尽管从宋代马铠款式上还能看到南北朝时期重装骑兵甲的影子，但材质已经以皮革为主，可能只用于仪仗甲。

无论人铠或马铠，宋代都将甲胄之美发挥得淋漓尽致；无论是仪仗甲，还是实战甲，宋代甲胄都对后世造成了深远影响。从横向来说，当时与宋并存的辽、金、西夏等政权的甲胄，出乎预料地与宋保持着高度一致。从纵向看，元、明两代士兵所穿的步人甲、毡笠皆袭承自宋代。曾巩所说的"戎具精劲，近古未有焉"用

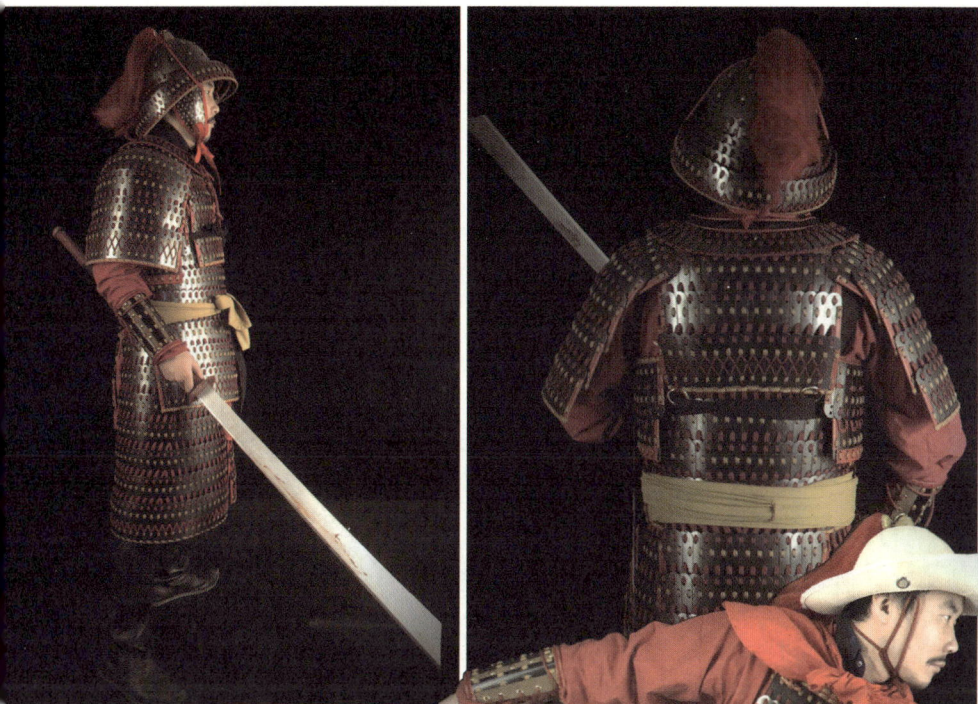

▲宋军步人甲，函人堂制，参考了《武经总要》及四川彭山的宋墓壁画（模特：郝岭）

来概括宋代甲胄并不过分。

但另一方面，从宋代开始，中国锻甲技术便开始停滞不前。入宋后，火器开始登上战争舞台，尽管早期火器的威力不能与后世相比，甲胄依然在以后很长一段时间主宰战场，但火器的出现无疑也宣告了：在以后的战争中，甲胄的作用将会越来越小，最终会成为无用之物，退出历史舞台。

▲宋代士兵札甲，函人堂制。宋代时，并非每个士兵都有头盔，他们普遍头戴范阳笠（模特：郝岭）

宋步人甲

铁胄

顿项

披膊

身甲

外胸甲

腰带

臂鞲

裙甲

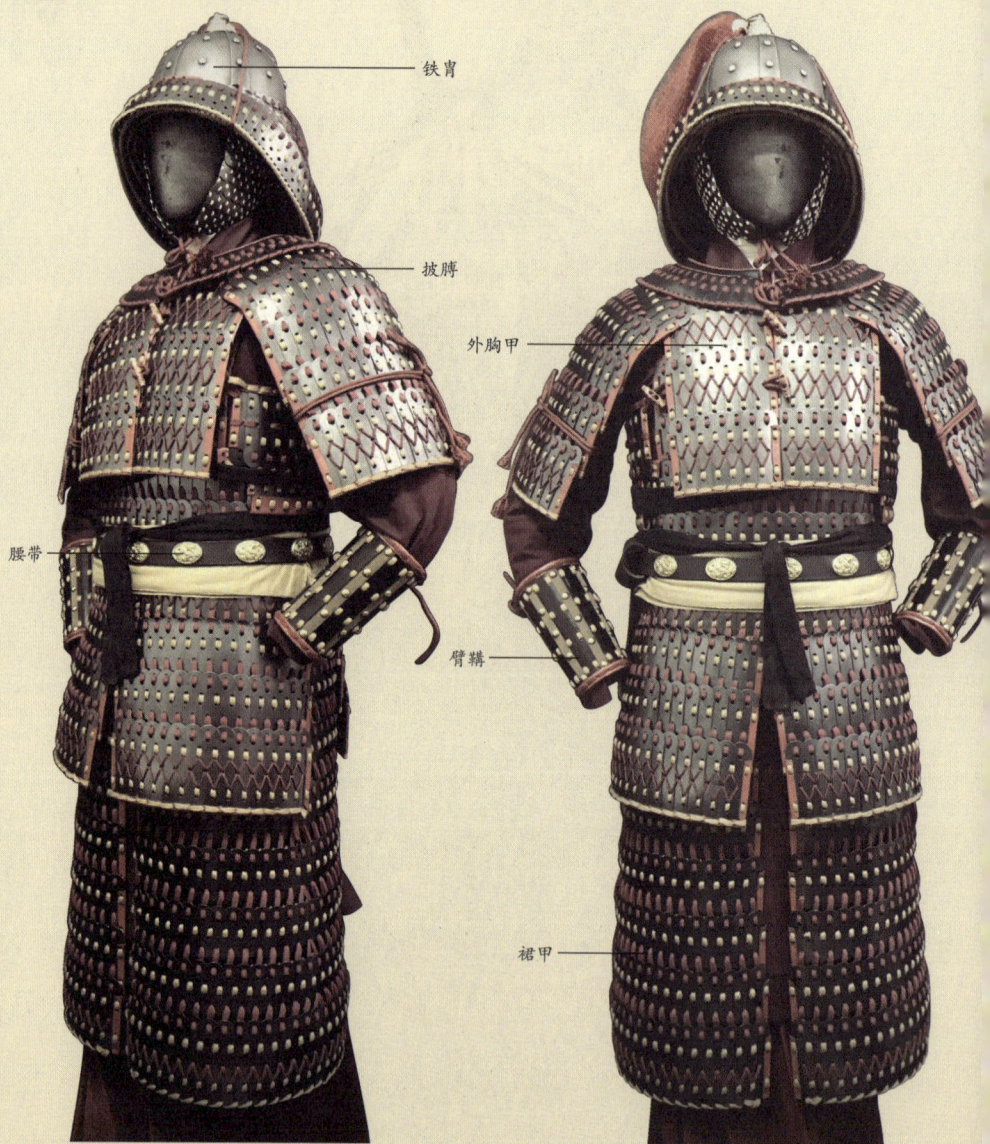

宋步人甲

铁胄

披膊

外胸甲

腰带

臂鞲

裙甲

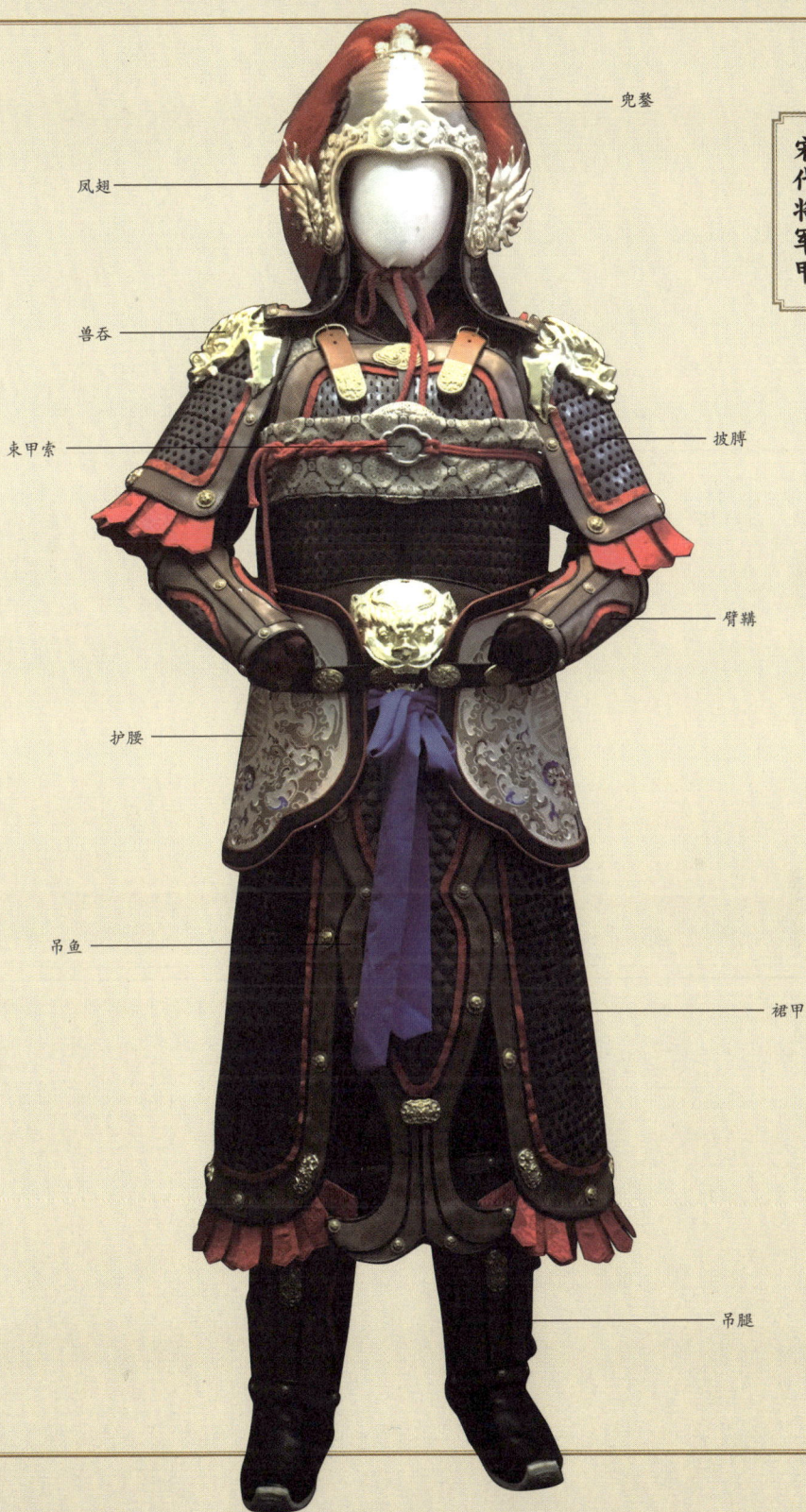

兜鍪

凤翅

兽吞

束甲索

披膊

臂鞲

护腰

吊鱼

裙甲

吊腿

宋代将军甲

·清　　·明　　·元　　·宋　　·唐　　·三国两晋南北朝　　·汉　　·秦　　·先秦

第八章

塞上苍狼

最后一代中国甲胄诞生

草原帝国的铠甲战争

西望月窟九译重，嗟乎自古无英雄。

出关未盈十万里，荒陬不得车书同。

天兵饮马西河上，欲使西戎献驯象。

旌旗蔽空尘涨天，壮士如虹气千丈。

秦王汉武称兵穷，拍手一笑儿戏同。

——元·耶律楚材《西征》

并非印象中的大辽

有宋一代，中国甲胄形制已发展成熟，无论仪仗所用的礼仪甲还是作战时用的实战甲，均在形制、材质、编缀方式、审美方面取得了成就，尤其是步人甲。不过，宋代也是中国历史上大一统王朝中最具争议的一个，主要原因是没能完成南北统一，五代时期留下的燕云十六州问题始终没有解决。北方先后有契丹人建立的辽与女真人建立的金两个政权，西北有党项人建立的西夏，塞上三朝长期与之并存，战争频发不得安宁，遑论吐蕃、大理等地方政权。

在这样一个多政权并存的特殊时代，爆发战争是必然的。那么，北宋北方最大的威胁辽人的武备戎装是何等模样呢？大多数人对辽代戎装的印象来自《天龙八部》《少年杨家将》等影视作品，剧中的辽国君主和军人，几乎清一色头戴皮毛大帽，身穿兽皮复合甲，毛皮暖帽两侧通常还垂着两条毛茸茸的尾巴。这种辽军典型的形象是怎么来的？从传统戏曲和古代小说绣像中来的。明代嘉靖年间，出现了一本叫《北宋志传》（又名《杨家将演义》）的小说，广为流传，到清代绣像本中，我们可以看到耶律沙等人的穿着已完全与宋军阵营的人不同，戏曲中为分清敌我，辽兵往往兽皮衣甲、狗尾大帽一齐上阵，与宋军的区别一目了然。这种画风一直延续至今，为众多反映北宋时期宋辽战争的影视作品所吸收。

那么，辽代的契丹武士穿的甲胄应该是什么样的呢？相对宋朝而言，辽代留下的史料和文物要少得多。根据现存的辽代人物画卷、壁画及塑像，辽代军士的甲胄几乎与宋军一样，若不标注，让人完全分不清是辽军还是宋军。可以说，早期辽、宋在武备上吃的都是大唐的遗产。关于宋代甲胄的基本形制，上一章已详述，这里就以几个典型的辽代存世文物来看辽军的甲胄。山西大同观音堂中遗存有辽代的彩色天王像，天王所穿的甲胄为上下结构，无论胸甲、裙甲、兽吞，还是所谓附件的护腰、皮带等，均与北宋中期的甲胄完全相同。神像头戴铆合凤翅兜鍪，尽管凤翅已损坏，但仍能看出其形。

在沈阳市天垢净光舍利塔地宫出土的辽东壁画中，也有身穿全甲的辽代将军，其甲胄从结构到风格，与五代晚期、北宋早期的甲胄完全一样。而在内蒙古解放营子辽墓出土的壁画中，则有头戴大凤翅盔的武士形象，这种大凤翅在中原五代时期亦多次出现。如果非要说辽宋甲胄有什么区别，似乎只有辽军腿裙明显比宋军的短，这应该与辽军善于骑射，短腿裙便于骑马有关。

此外，辽代军士也不是电视剧中裹着兽皮作战的形象。根据《辽史》记载，早在契丹建政之初，契丹武士们就已经装备铁制铠甲了。内蒙古赤峰市大营子辽驸马墓就出土过一顶辽代铁盔，由于保存不太好，该盔只剩盔顶，其形制与黑龙江渤海国遗址出土的渤海盔有些相似，但做工更精致。辽代甚至与中原一样，也有衷甲。《辽史·仪卫志》中记载："太祖丙寅岁即皇帝位，朝服衷甲，以备非常。"可知耶律阿保机登基时，在衣服里也穿了铠甲，主要是为了防止意外发生。

除了一顶不完整的铁胄，辽代几乎不见铠甲出土，完整的铠甲更是没有。这与辽代君主极其重视甲胄、武器、

▶辽国身穿铁札甲的武士图（刘诗巍 绘）

战马等军用物资有关。辽圣宗耶律隆绪在位时，先后四次下令"禁止葬礼杀马及藏甲胄、金银器玩"，导致后世在辽墓中找不到一领完整的甲胄。

拐子马与铁浮屠

辽军甲胄与宋军几乎如出一辙，这也从侧面反映了宋代甲胄的影响力——不仅对后来同为汉家政权的明代产生了深远影响，对周边少数民族政权也产生了影响。当然，这并不是说契丹人与汉人就完全一样。实际上，这两个民族在衣冠、礼仪、习俗和发型方面都有不少区别。

最直观的区别就是发型。宋朝人束发，契丹人则有髡发的习俗，这种发型沿革了古代东胡系民族的发式。从遗存的古壁画中的契丹人来看，髡发也有多种发式，共同特征是将头顶部分的头发全部或部分剃除，只在两鬓或前额部分留少量余发当装饰。契丹人与汉人的第二个区别在于服饰。契丹人主流服饰有两种，一者为契丹服，一者为汉服。汉服自不必多说，而契丹服则有盘领、窄袖、前开襟长袍，"衣皆左衽"等特征。但汉服对辽的影响越来越大。

根据《辽史·仪卫志》所载："会同中，太后，北面臣僚国服；皇帝，南面臣僚汉服。乾亨以后，大礼虽北面以上亦用汉服；重熙以后，大礼并汉服矣。常朝仍遵会同之制。"会同是辽太宗耶律德光的年号，也就是说，在辽朝立国之初，北契丹穿南汉服的现象就已经出现。随着时间推移，北方亦开始用汉服，汉文化对辽的影响越来越大，这种影响也涉及戎服。从现今壁画来看，契丹人的戎服多用汉服，河北宣化出土的辽墓壁画中的门吏甚至戴着宋制交趾幞头，全无契丹特色。至于甲胄，受意识形态、民族区别等原因的影响比服饰要小得多，因此辽代甲胄出现悉如宋制的情况也在情理之中。

与辽代情况基本相同的是其掘墓人金朝。提到女真人建立的金朝，很多人会马上联想到"拐子马"和"铁浮屠"（又称铁浮图），似乎金兵一登场就是黑压压一大片重铠骑兵驰骋而来，震天动地。金人真有如此充足的战备资源吗？根据《金史》的记载，开国皇帝完颜阿骨打是一个不接受甲胄的狠人。他年轻时，在一次局部战争中，他的表现得到了渤海留守的赏识，准备赠送一领甲胄给他，却被他婉拒了。他的叔叔完颜盈歌问他为何不接受，他答道："被彼甲而战，战胜则是因彼成功也。"从这则故事可以看出，阿骨打起兵之初恐怕只有武器而无甲胄。

在那个时代，女真人生活的地区莫说是甲胄，就连铁都少有。《金史》中有这样的记载："生女直旧无铁，邻国有以甲胄来鬻者，倾赀厚贾以与贸易，亦令昆弟族人皆售之。"也就是说，当时女真人的冶铁技术十分落后，铁资源匮乏，只能向邻国收购。他们最早从辽国叛军那里得到 500 具铁甲，这些甲自然是宋款的辽甲。从现在金国墓葬出土的武士俑甲胄来看，也是北宋式样偏多。如山西襄汾金墓砖雕上金国武士的甲胄就与宋步人甲高度相似，而且，抱肚、护腰等甲胄附件也与宋朝的差不多。

那么，著名的铁浮屠和拐子马是怎么回事呢？《宋史·岳飞传》中的描述是："三人为联，贯以韦索，号拐子马，又号铁浮图。"也就是说，三匹战马用索子连起来。山西侯马金董明墓中出土的彩绘砖雕骑马武士，与宋朝骑兵没什么差别。在宋代画家萧照创作的绢本设色画《中兴瑞应图》中，倒是能看到身穿重铠的金国骑兵，他们及坐骑皆披重甲，与南北朝时期的重骑兵相似，这也是铁浮屠最直接的图像来源。不过，图中依旧无法看清"三人为联"，用绳索连起来的拐子马细节。拐子马是否真的存在，清朝的乾隆帝早就出来辟过谣。

乾隆皇帝令臣僚以他的名字编纂《御批通鉴辑览》时，专门针对《宋史》中拐子马的问题写了一条"御批"："北人使马，惟以控纵便捷为主。若三马联络，马力既有参差，势必此前彼却；而三人相连，或勇怯不齐，勇者且为怯者所累，此理之易明者。"乾隆还说，拐子马之说，《金史·本纪·兵志》及兀术等传皆不载，只《宋史·岳飞传》《刘锜传》有写，不足以作为可靠的证据。而且完颜兀术战阵娴熟，必知得进则进，得退则退之道，岂肯羁绊己马以受制于人？因此，他判断"此或彼时列队齐进，所向披靡，宋人见其势不可当，遂从而妄加之名目耳"。

乾隆对拐子马传说的这番批驳有其道理。不过，金朝重骑兵"铁浮屠"应是确实存在的，毕竟当时的金朝已经不是完颜阿骨打那个缺铁，武器甲胄靠购买的时代。《三朝北盟会编》也有"金贼兜鍪极坚，止露面目"的记载，说明金人的制甲技术今非昔比，"止露面目"的形象也与《中兴瑞应图》中的金朝重骑兵相吻合，这很可能就是《宋史》中所说的"铁浮图"。

各式各样的蒙古甲

金天兴三年（1234 年），拥有铁浮屠勇士，重兵尚武的大金国迎来了末日。在与崛起的蒙古进行了数年战争后，金军节节败退，金哀宗逃往蔡州，蒙古军与宋将孟拱、江海率军联合围攻。正月，蔡州危急，不愿当亡国之君的金哀宗将皇位传给统帅完颜承麟，是为金末帝。不久，蔡州城陷，哀宗自杀，金末帝死于乱军中，金朝覆亡。次年，蒙古继续入侵南宋，宋军在抗蒙战争中拼死抵抗。1279 年崖山海战，宋军兵败，陆秀夫背着宋末帝赵昺跳海而亡，南宋彻底覆灭。

蒙古帝国如同一台战争机器，它的铁骑席卷亚欧大陆。早在成吉思汗时代，蒙古军就数度远征，先后攻灭西辽、花剌子模、西夏等政权。这台战争机器一旦运转便再也没能停止，成吉思汗去世后，蒙古帝国又消灭了金国、南宋、吐蕃、大理。灭宋后，忽必烈建国号为元。此后，蒙古又出兵远征日本、安南、缅甸等地，横扫东南亚。蒙古的征战毁灭了许多文明，例如西夏的众多史籍与文物毁于战火，导致后世掌握的西夏史料及文物极其有限。

但另一方面，由于蒙古军征伐过的地区众多，因此很多地方都有他们的遗迹。他们在中国留下了很多甲胄资料和文物，在俄罗斯、日本等国也遗留了不少实物，至今被保存在两国的博物馆中，客观上为后世提供了研究资料。

严格地说，蒙古军的甲胄发展史与中原不存在传承关系，而是一个滚雪球的过程。最初，蒙古诸部与女真人面临同样的问题——缺铁。因此，被中原政权视为"杂胡"的蒙古部落武士只能用兽皮制作简单的皮甲，武器也相当落后，箭头依然停留在以骨石为材质的石器时代。但有一点蒙古人始终优于南方的汉人，那就是骑射之术。在蒙古部落早期征战时，战马就被派上了用场。

为了弥补甲胄方面的不足，蒙古骑兵甚至创造了一种特有的突袭战术。即每当与敌军遭遇，蒙古军不会马上列阵交战，而是登上制高点观察地形地貌，然后侦察敌情找到敌军破绽。等到交锋时，蒙古骑兵先以数队轻骑佯攻，找机会冲乱敌军阵形，而后轻骑兵队长驱直入冲乱敌军阵势，一鼓作气击溃敌人。若敌人阵形不乱，蒙古军则以一队队马队吸引敌军，拖延时间，让主力部队形成合围，最后一起发动总攻。若两者皆不成，则以圆盾为掩护开始骑射，期望打乱敌军阵形，伺机突破。总之，因为甲胄薄弱，早期蒙古军的战术都遵循一个原则——不与敌

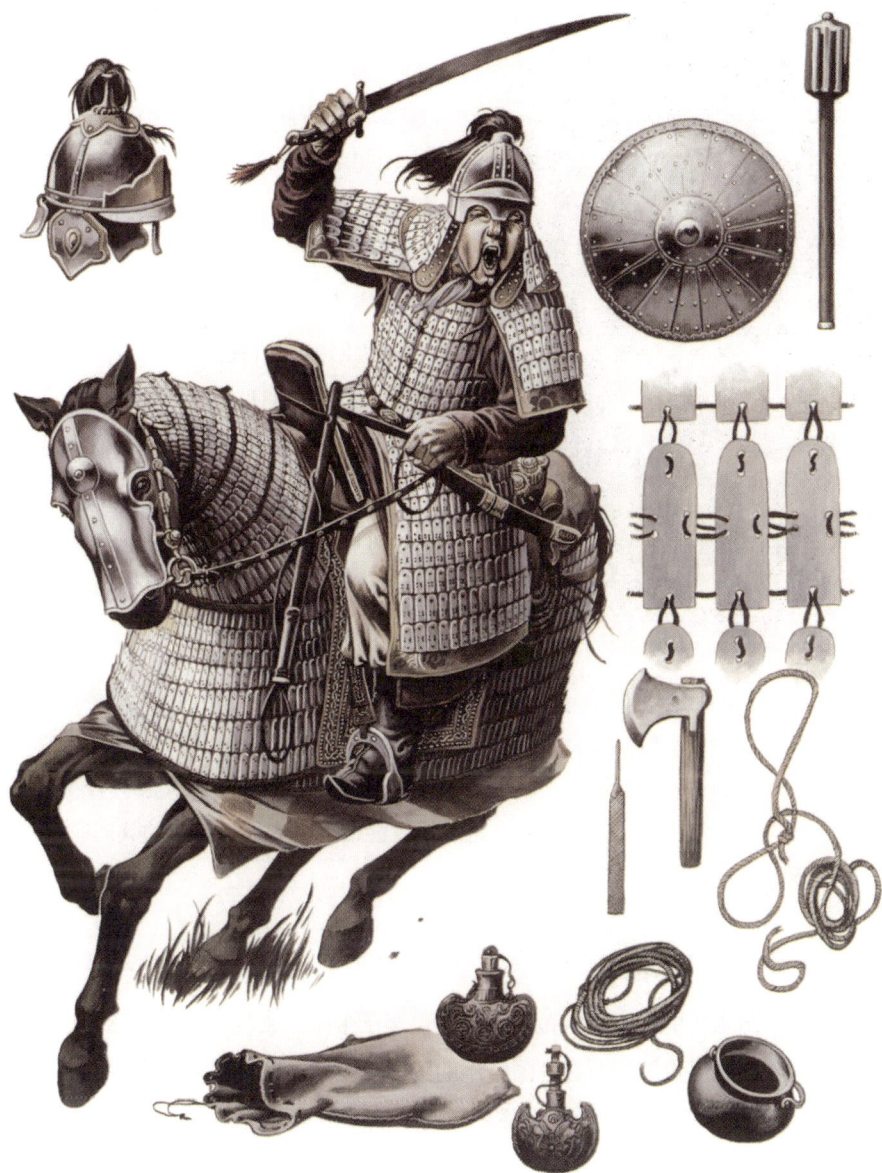

▲蒙古重甲骑兵及其装备示意图

▲ 反映帖木儿进攻士麦那的绘画，现藏于沃尔特斯艺术博物馆。1402 年 12 月，帖木儿帝国攻陷士麦那，随后进行了大规模的屠杀

人进行正面对决。

蒙古军的兵器与甲胄发展史，基本也是蒙古国的征战史。宋人彭大雅所著的《黑鞑事略》中载："霆尝考之，鞑人始初草林，百工之事无一而有，其国除孳畜外，更何所产？其人椎朴，安有所能？止用白木为鞍，桥鞁以羊皮，镫亦剡木为之，箭镞则以骨，无从得铁。后来灭回回，始有物产，始有工匠，始有器械。盖回回百工技艺极精，攻城之具尤精，后灭金虏，百工之事于是大备。"

这里明确表明，蒙古甲的发展正是从被征服者的文明中吸取的。从铁木真时代一直到忽必烈时代，蒙古大军兵锋所指之处，尸山白骨，血沃千里。另一方面，被蒙古攻灭的政权，如契丹、女真、突厥、波斯以及宋朝中有不少人被虏，有的人甚至加入了蒙古大军，这些人也会带上具有他们特色的兵器、甲胄，从而使蒙古甲各式各样，应有尽有。

征战欧亚，广纳群甲

大蒙古国当年的扩张影响范围极广，以至于多个国家都留有反映那段历史的画卷、石刻、旧甲胄等，而在各国绘制的图像作品中，我们很容易发现不同地区的蒙古军所穿的甲胄都不同。蒙古军甲胄的杂乱，在《黑鞑事略》中亦有记载：

其军器有柳叶甲，有罗圈甲（革六重），有顽羊角弓（角面连靶通长三尺），有响箭（即鸣镝也），有驼骨箭，有批针箭，剡木以为栝，落

▲ 13 世纪日本绘画，忽必烈的士兵身穿豪华的中式长袍和札甲

雕以为翎；有环刀，效回回样，轻傻而犀利，靶小而稿，故运掉也易；
有长、短枪，刀板如凿，故着物不滑，可穿重札；有防牌以革编绦，否
则以柳，阔三十寸，而长则倍于阔之半；有团牌，特前锋臂之，下马而射，
专为破敌之用；有铁团牌，以代兜鍪，取其入阵转旋之便；有拐子木牌，
为攻城避炮之具。每大酋头项各有一旗，只一面而已（以次人不许置），
常卷常掩，凡遇督战，才舒即卷。攻城则有炮，炮有棚，棚有纲索以为
挽索者之蔽，向打凤翔，专力打城之一角，尝立四百座，其余器具不一
而足。论其长技，弓矢为第一，环刀次之。

这段史料的关键信息如下：第一，南宋时期，蒙古军的甲胄已经有柳叶甲、

▶《忽必烈的军队渡过扬子江》，印度莫卧儿王朝时代的想象画，出自 14 世纪波斯故事《蒙古历史》插图。浮桥上的蒙古骑兵人马皆穿重铠罗圈甲等类型；第二，蒙古军中已装备铁制团牌，通常以其代替头盔，防护头部；第三，蒙古军攻城时已开始使用火炮，火器也逐渐在战场上崭露头角，这势必会造成甲胄的变革。

罗圈甲是元军士兵普遍装备的一种铠甲，这种甲内部以牛皮为主的皮制材料打底，皮革甚至有六层之厚，外部为札甲形制，以甲片编缀，但又不像中国传统札甲那样将甲片上下叠加，这样的甲做出来后，甲身呈现出一圈一圈的形态，箭弩难以穿透。柳叶甲事实上也是札甲，柳叶指的是甲片形状。古画中的蒙古军札甲甲片相当细小，甲片越细小，穿的人行动起来就越灵活，可见当时蒙古人制甲技术已相当成熟。

蒙古士兵的札甲是怎么来的呢？也是通过战争。在对金、宋的战争中，蒙古军占领大量地盘后，早期缺铁的问题得到了解决，加上通过金国工匠掌握了中式传统札甲的制作技术，蒙古军中开始出现大量重甲骑兵。据《多桑蒙古史》记载，蒙古军的主力"怯薛"军均为骑兵，作战时每人配备战马数匹，用来昼夜驰骋轮流作战。这说明蒙古军不仅精于骑术而且也不缺战马，加上掌握了金属及札甲制作技术，他们的铁甲重骑在战场上就如闪电战中德国坦克群组成的钢铁洪流，势不可挡。

随着对中亚及阿拉伯世界的西征，蒙古很快又吸收了不少具有伊斯兰特征的甲胄。有相当一部分的蒙古军头盔与清真寺的尖顶十分相似，后来蒙古人结合自身部族特色，结合中亚、西亚风格，制作出了"钵胄"，这种胄体影响了明清两代，直至甲胄历史终结。还有一种面部有护鼻的头盔，具有种浓浓的拜占庭风格。此外，蒙古军大量装备有中国一直稀少的锁子甲。

1236年，窝阔台汗统兵西征，一路势如破竹，于1240年推进波兰，整个欧洲陷入恐慌，各国势力组织一批骑士，准备联合在波兰抵挡住这股西来的"黄祸"。1241年，双方在波兰境内的格尼茨城外展开大战，4万多名身穿锁子甲的欧洲骑士向蒙古军依次发动进攻，战况异常惨烈。锁子甲对于锐器的防御力相当强，在中土向来稀少，因此也备受推崇，但蒙古军擅用骨朵一类的钝器，欧洲骑士的锁子甲反而无法发挥作用。骑士们在战斗中伤亡惨重，最后连主将亨利也在战斗中阵亡。欧洲骑士尸横遍野，血流成河。在这一系列战役中，蒙古军获得了大量战利品，其中就包括欧洲骑士常穿的锁子甲。

▲ 反映成吉思汗及蒙古骑兵的绘画。1219 年，成吉思汗亲征花剌子模，开始第一次西征。图中，成吉思汗戴的头盔有护鼻，明显是受了西方甲胄的影响

▲ 表现 14 世纪蒙古进攻巴格达的绘画，图中蒙古士兵穿着类似宋步人甲的札甲

中国最后一代甲胄诞生

　　东征西讨，所向披靡的蒙古军当然也有折戟的时候。1274 年和 1281 年，元军两次渡海进攻日本，不料遭遇台风，船只损失惨重，两次皆铩羽而归。依当时的日本年号，日本人将抵御元军第一次进攻的战事称为"文永之役"，第二次称为"弘安之役"，将入侵的元军称为"元寇"。当元军退军后，日本武士们将战斗中元军遗留的兵器、甲胄等物品当作缴获的战利品，一直留着。如今位于福冈市的"元寇史料馆"（前身为元寇纪念馆）中就收藏有元军留下的铁胄与铠甲，从馆中实物来看，多为布面甲。

　　元寇史料馆中藏有一领元军留下的布面甲，仅从外观来看，多数人都会认为是清军的八旗布面甲，因为高度相似。这套布面甲为分体款，上衣齐腰搭配裙甲，两臂处配有披膊，以黄色为底，衣服上绣有蟒纹图案，应是将领所穿。这种布面甲表面材质为布帛，内部衬以铁片，以泡钉整齐排列固定。头盔为钵胄，面颊两侧的顿项部分为布面，对喉颈部分亦有防护。这种布面甲在元代时属于新品，但

▲ 1210—1276 年，正在作战的蒙古重骑（摘自鱼鹰
出版社出版的世界军事史丛书《武装者》系列第 150
册《蒙古帝国》）

▲ 元代蒙古骑兵将领铁胄

▲ 日本元寇博物馆中所藏的元军布面甲，不过现在
有观点认为这实际上是明清时期的布面甲

根据日本人绘制的《蒙古来袭绘卷》，穿这种甲的元军不在少数，可见元军当时已
大规模装备。

布面甲的出现与火器发展息息相关。唐朝后期，火药已经开始用于军事。经
两宋时期发展，火器在战场上所占的比重越来越大，而传统札甲对火器的防御能

力相当有限，因此宋代后便停滞不前。到了元代，火铳的出现让战争形态发生了变化，为了应对这种在当时看来近乎黑科技的新式武器，甲胄必须变革。进入 13 世纪后，元代的人发现，厚密纤维制品湿了之后，对火器有很好的防护作用，布面甲应运而生。但是，当时火器还不是主角，布面如何应对冷兵器呢？为了解决这个问题，元人便发明了以布面为外层，铁片为内层，以泡钉固定的布面甲。

为应对火器而生的布面甲也是最后一代中国甲胄。随着火器的发展，布面甲越来越普及，最终成为明清两代的主要甲胄。实际上，日本元寇史料馆中收

▲ 现藏于宁夏博物馆的元代铁胄，其形制与明代及清初钵胄基本一致（周渝 摄）

藏的元军布面甲奠定了明清布面甲的基本形制，一直到清初都没有太大变化。比如，清代时，在意大利传教士、宫廷画师为乾隆皇帝绘制的《乾隆皇帝大阅图》中，乾隆所穿的甲胄形制与元军布面甲完全一样。此外，与布面甲高度相似的还有康熙明黄色缎绣彩云金龙棉大阅甲、康熙石青色缎绣彩云蓝龙棉甲等。

明朝的甲胄存世量比清代要少得多，但同样能找到与元代布面甲传承的证据。明代著名的《出警入跸图》《平番得胜图》中皆有大量布面甲，但多为直身形制，并非日本收藏的元军分体布面甲形制。这是否能说明元清布面甲为一个体系，明代布面甲为另一个体系呢？答案是否定的。实际上，直身布面甲在元清两代也存在，分体布面甲在明代则有实物存世。

山西博物院藏有一套明末时期的白色分体布面甲，这套甲的主人是山西宁武路静乐营二队鸟枪手守长赵勇，其甲之形制完全沿革了元军布面甲，这套甲后文会有详述。

甲胄海纳百川的时代

除了日本留存的实物，在俄罗斯彼得大帝夏宫中，同样有蒙古远征军留下的甲胄：甲片用铜丝连缀，内层以牛皮制作，全身用网甲制成，应该是一领锁子铠。此外，1983 年在中国内蒙古赤峰市翁牛特旗也出土了一领元军铠甲，该甲相当重，为铜制，由护胸、护背、护肩、护腕、护裆几个部分组成，这种类似板甲的铠甲在中国出土的仅此一领。据推测，当时应该有皮制里衬方能穿。

▲ 用锁子甲做成的胸甲，刻有阿拉伯文，16 世纪初由奥斯曼土耳其制造，现藏于佛罗伦萨斯提波特博物馆

▲ 元代武士石刻，其甲胄形制与宋代相同，这也是元代甲胄多元化的体现，现藏于陕西历史博物馆（周渝 摄）

　　元代甲种类繁杂，头盔也呈多样化。前文讲了元军独具特色的钵胄。此外，元军与辽军、金军一样，也有不少宋制兜鍪与甲胄。北京昌平区居庸关遗留的元代武士石刻、山东济南千佛山的元代壁画以及四川华阳保和乡第 5 号元墓出土的武士俑，均身着宋制札甲、头戴凤翅兜鍪。这种情况也与元军始终没有在被征服地区强制易俗有关。久而久之，在中原地区的元军士兵潜移默化地穿上汉人传统的甲胄，也就不足为奇了。

　　元代国祚虽短，但武备的影响力极大，明代基本延续的是元代甲胄和戎服。到了明代中后期，明人依旧在考证和记录元代甲胄。明末官员朱国桢在《涌幢小品》中记录了元代一种集轻软与坚韧为一体的"蹄筋翎甲"。他这样写道："元太宗攻金，怀孟人李威从军，患世之甲胄不坚，得其妇兄杜坤密法，创蹄筋翎根别为之。太宗亲射不能入，宠以金符。威每战先登，不避矢石。"

　　按照朱国桢的记录，这种蹄筋翎铠甲是李威从妻子兄长杜坤那里得到的密法，穿上后可以"不避矢石"，元太宗孛儿只斤·窝阔台为了验证还亲自拉弓射箭，发现的确好用，于是投入量产。只可惜这种蹄筋翎甲并无实物存世，具体结构、材质及形制均无从考证。

　　总而言之，元代是甲胄发展海纳百川的时期，由于元军的征途遍及欧亚大陆，各地的甲胄特点均被元军吸收，但元代国祚较短、战乱频繁，没有足够的时间消化五花八门的甲胄，形成自己的一套体系。尽管如此，元代开始装备的布面甲却是划时代的标志：在未来的战争中，火器越来越先进，布面甲必然成为战场主角。

元
代
布
面
甲
武
士
复
原
图
（
刘
永
华
绘
）

金代武士复原图（刘永华 绘）

塞上苍狼：草原帝国的铠甲战争

蒙
古
皮
铁
罗
圈
甲

缨饰

铁胄

顿项

护项

披膊

身甲

腰带

裙甲

▶蒙古皮铁罗圈甲上身效果图，函人堂制，参考的
是俄罗斯博物馆的馆藏以及中亚细密画（模特：郝岭）

钵体胄

顿项

披膊

身甲

臂鞲

裙甲

◀ 蒙古铁叶札甲上身效果图，函人堂制，头盔参考
出土的蒙古盔残片仿制（模特：郝岭）

清　明　元　宋　唐　三国两晋南北朝　汉　秦　先秦

甲胄克星

大时代的光荣与梦想

明帝国火器发展史

第九章

千锤万凿出深山，烈火焚烧若等闲。

粉骨碎身浑不怕，要留清白在人间。

————明·于谦《石灰吟》

火器乃冷兵器时代克敌制胜的法宝之一，大约唐代就已出现简单的火药武器。在南宋中期到元代的诸多战争中，火器已是常客。在中国古代火器史上，明代被认为是中国火器发展的鼎盛时期。拥有专业的火器部队是明军的特色，亦是中国古代军事史上的一大创举。但另一方面，火器的发展与甲胄此消彼长，明代是中国甲胄退出历史舞台前的最后一个革新期，欲知这场变革的原因，不得不先了解火器在明代的发展情况。火器时代的到来对世界的改变是翻天覆地的，它将终结冷兵器时代的战争模式，同时为传承千年的甲胄奏响挽歌。

火器对决：燃烧的鄱阳湖

1363 年秋，一场规模空前、激烈异常的水战在鄱阳湖面展开，决战双方是吴国公朱元璋与大汉皇帝陈友谅。

当时，刚解除洪都之围的朱元璋趁陈友谅进攻洪都受挫之际，分兵据守鄱阳湖口，断其后路。陈友谅大军东出迎战。这不仅是朱元璋与陈友谅的生死决斗，也是中国乃至世界最早的炮舰对攻，在这场战役里，双方都使用了大量火器。

曾追随朱元璋南下婺州的刘辰，在《国初事迹》一书中写道，是年七月，"陈友谅率大船进鄱阳湖来侵，徐达弃围援之。上（朱元璋）亲领舟师往征，衣甲、铠仗、旗帜、火炮、火铳、火箭、火蒺藜、大小火枪、大小将军筒、大小铁炮、神机箭及以芦席作圈，围五尺，长七尺，糊以纸布，丝麻缠之，内贮火药捻子及诸火器"，可见朱元璋军中火器之多。但陈友谅的装备同样不逊色，并且拥有比朱元璋更为强大的舰船部队。

8 月，大战爆发。朱元璋的战船为"白船"，陈友谅军为"红船"。白船体积较小，而汉军的红船，据《明史》载，"楼橹高十余丈，绵亘数十里，旌旗戈盾，望之如山"，简直堪称巨舰，做工也更结实，但有个阿喀琉斯之踵——船体巨大，不便转动。朱元璋敏锐地发现了这一点，遂命自己的战船载着弓箭手"往来于湖中仰而射红船"，"一日攻数次，白船轮次而战，红船疲倦"。劣势变成优势，一番车轮战，便将汉军巨舰的精力消耗大半。接下来，就该火器上场了。船上将士"比至红船三百步间，箭铳、将军筒、标叉俱发如雨"，密集的打击，使得"红船将士无所躲避，仅以板牌遮身，或伏匿，或趋走，无出视者"。

朱元璋凭借火器一路乘风破浪，势如破竹，而汉军战舰亦调动火炮进行反击。鄱阳湖面浓烟滚滚，战况极其惨烈。尽管朱元璋每艘战船都装备了大量精良的碗口铳，但面对汉军绵延数十里"望之如山"、气势夺人的巨舰，依然难以取胜。关键时刻，救了朱元璋一命的仍是"火"。

朱元璋采纳部将郭兴的建议，挑选勇士驾驶7艘装满了火药和柴薪的渔船，迫近敌舰，顺风放火。火借风势迅速蔓延，一时烈焰飞腾，湖水尽赤，汉军数百艘巨舰转瞬间便被大火吞噬。这一幕与小说《三国演义》中的赤壁之战极为相似，可惜汉军没有"华容道"可走，被烧死、淹死者不计其数。混战中，一根飞箭射穿了大汉皇帝的头颅，陈友谅当场殒命，盛极一时的大汉政权也在不久后灰飞烟灭。

此役能够取胜，朱元璋战船上配备的一种叫"碗口铳"的火器，立了极大的功劳。借用学者王兆春在《中国火器史》一书中的说法，鄱阳湖之战中的碗口铳战船为"世界上最早的炮舰，朱元璋也因此成为世界海（水）军史上，创造火器与冷兵器并用的水战战术的统帅"。

▲ 明太祖朱元璋像

火铳：明军标配的射击武器

火铳，是一种射击型管状火器，有时又称"火筒"。据史料记载，燃烧、爆炸性的简单火器，大约在唐代后期便已运用于军事作战。自南宋中期至元代，火器多次被投入战争，形似小型火炮的火铳也应运而生。目前为止，中国乃至全世界公认的最早的铜火铳，出土于内蒙古锡林郭勒盟正蓝旗元上都遗址，制作时间是元大德二年（1298年）。

朱元璋部队在鄱阳湖水战中使用的碗口铳，顾名思义，是炮口似碗口的一类火铳。它身管短、射速慢、射程近，由于没有瞄准具，命中率无法与后来出现的火器相比。但元末明初，碗口铳是水军克敌制胜的利器。陈友谅死后，朱元璋以迅雷不及掩耳之势荡平群雄，最终于1368年称帝，缔造了大明王朝。中国人民革命军事博物馆就珍藏着一件铸造于洪武五年（1372年）的铜制大碗口铳，口径三寸四分七、长一尺一寸、重六十三斤。根据铳上的铭文"水军左卫，进字四十二号"可知，此物曾被用于水上作战。按明代官修法典《明会典》给出的数据，弘治以前，明政府军器局每三年要生产这种大碗口铳三千门。

军器局是洪武十三年（1380年）设立的专门生产冷热兵器的机构。同年，朝廷对军队装备问题有了新的规定，《明太祖实录》就有记载："凡军一百户，铳十、刀牌二十、弓箭三十、枪四十。"由上可知，当时士兵配备的武器仍以冷兵器为主，但火铳已经结束了在军队中零散使用、临时装备的阶段，正式成为明朝军队的制式化标配。这是明代火器史上第一个具有划时代意义的重大举措。

帝制时代，一个国家的科技、军事与文化的兴衰，很大程度上受制于最高统治者的认知。自打下江山的那天起，朱元璋就将火器制造提上了日程。在他的强势推行下，上至工部、内府，

◀ 明甲士示意图。甲士身穿明朝晚期布面甲，布面之下内衬铁甲片。此时火器已逐渐成为战场主角，甲士所持者为三眼铳，这种火器明初就已出现，但晚明北方边军中仍大量装备

中／国／甲／胄／史／图／鉴

下至地方各布政司及各地驻军，都下辖有兵器制造单位，工匠服役及生活条例政策被着意改善，以吸引专业人才。众多冷、热兵器以火铳优先。为保证火铳所需的发射火药，朝廷设置了内官监和兵仗局管控的火药局（专司监管、把控京师地区火药制造），同时地方还开设了火药作坊。火器上通常镌刻有武器名称、编号、铸造时间和机构，具体监造者以及制作者姓名等信息。一旦这些武器将来出了问题，就可根据铭文对相关人员进行追责；反之，如果它们在战斗中发挥了重要作用，相关人员就能论功行赏。根据已出土洪武火铳上的铭文，有七支火铳是由"宝源局"制造。宝源局原本以铸钱为生，后来都成了朝廷的造铳单位，更别说各地不计其数的大小作坊。

朱元璋早年食不果腹，文化程度不高，为何在军事手工业的建设上能有如此远见卓识？这个草根皇帝的创业征战史不可不提。

元末大起义时代，群雄并起，其中，陈友谅、朱元璋、张士诚这三股力量最为强大。尽管起兵的旗号都是反抗暴元，但南方诸雄之间的争霸战也非常激烈。徐勉之所撰的《保越录》就记载了朱元璋与张士诚的一场火器大战。

至正十九年（1359 年），朱元璋的部将胡大海率部进攻张士诚势力范围内的绍兴城。2 月 8 日，来势汹汹的胡大海兵临绍兴城下，守将吕珍见胡部尚未稳住阵脚，立即命守城将士以火铳、火炮攻击其前锋部队。胡大海部顶着炮火攻城，士卒死伤无数，场景异常惨烈。战至 3 月 20 日，一支守军部队从城中出击，胡部正欲迎战，忽然遭到对方火铳射击，竟阵脚大乱，无法抵抗，只能悻悻而退。其后，胡大海部士兵的多次进攻都被守军用火铳打退，春波桥一带的战斗最为惨烈，据载，攻入此地的胡部士兵被守军全歼。

惨痛的教训终于使胡大海意识到了火器的重要性。在 5 月 14 日发动总攻时，他以彼之道还施彼身，命士兵以抛石机与常用箭打头阵，继而集中火铳、火箭、石炮、铁弹丸等火器，向城内密集发射。守军在胡部的狂轰滥炸下伤亡惨重。胡大海趁对方阵脚大乱，率部发动猛攻，一举攻占了绍兴城。

从此之后，集中优势火器击敌，成为朱元璋的常用战术。几场鏖战，朱元璋皆依靠火铳、火炮取胜，功成名就后自然要继续发扬这一优良传统。此外，火器之所以能在明朝发展迅猛，还有个客观原因——缺马。《明史》记载，洪武二十三年（1390年），全国官兵有一百二十多万人，而能够作战的马却只有四万多匹。明军与北元蒙古骑兵交锋，难免会出现步兵对抗骑兵的窘境。这种战法风险巨大，明军极易因阵形被冲散而崩溃，当时能弥补这一致命缺陷的唯有火器。

神机营：首支成建制的火器部队

朱元璋驾崩后，燕王朱棣成功上位，并将首都迁至北京。他在洪武时期建立的卫所旗军编制的基础上，对军队进行整改，其中最具突破性的一项举措便是创建了不同于卫所编制的"三大营"，以"内卫京师，外备征战"。这里的"三大营"是指京师京营，即五军营、三千营和神机营，直接归朝廷指挥。《明史》载："居常，五军肄营阵，三千肄巡哨，神机肄火器。"可知五军营与三千营以冷兵器为主，神机营则专习火器。

神机营下辖五军——左掖、右掖、左哨、右哨及中军，官兵装备神枪、单眼铳、

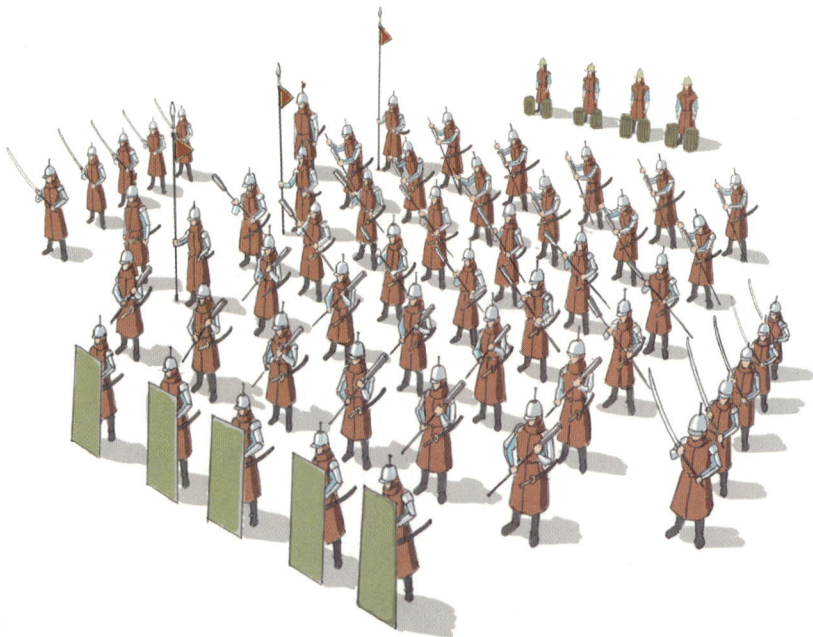

▲ 明代神机营五十七人队（杨翌 绘）

手把铳、盏口铳、碗口炮、将军炮、单飞神火箭、神机火箭等大量火器，并增设了监枪官，可谓专业性极强的特种部队。朱元璋与陈友谅作战时虽也临时组建过火器部队，但并未成建制，只能算是雏形。直到永乐四年（1406年），明军与安南（今越南）交战时，俘虏了一名叫黎澄的火器专家，学到了不少专业的火器用法，随后便特置神机营肄习。神机营的创立，标志着古代中国诞生了第一支独立成建制的火器部队。皇帝亲征时，三大营环守于皇帝大营，神机营居外、骑兵居中、步兵居内。

到英宗朱祁镇在位的正统年间，部队装备又有了新变化。"总操神机营"的将领顾兴祖发现，"神机军士为五军外围，遇敌至则先摧敌，虑恐敌出不意，或值风雨阴霾，枪铳火器仓卒难用，无他兵器可以拒抗"（《明英宗睿皇帝实录卷》）。为弥补火器部队在作战时的这种缺陷，他向朝廷建议"每队前后添设刀牌"，神机营从此在装备火器的同时，也配置相应的冷兵器。

明初火铳的最大缺陷在于"发莫能继"——发出一弹后，短时间内无法再次发射。正统年间，许多能臣武将意识到了这一点，于是，两头铜铳、十眼铳、五雷神机一类可连发的火铳陆续诞生。据《武备志》记载，十眼铳可以"十眼装完，自口挨眼，番转关故（放）"。五雷神机，顾名思义可连放五发，"一铳放后，轮对星门再放"。《明英宗实录》提到了山西应州火器发明师师翱制造的一种新式火铳："其铳柄上有活脱机，顷刻之间可连放三铳，第一铳放药箭七支，第二铳放铁弹三四十个，第三铳药箭弹子随用，每铳可打三百步外。"从这段描述来看，连发火铳与后来的连发枪颇为相似，但因记载过于简略，又无实物参考，我们无法做进一步考究。不过至少可知，当时明人针对火铳单发的缺陷进行了改进，并迈出了关键的一步。

恰在此时，明帝国遭遇了建朝以来最大的一场浩劫。正统十四年（1449年），明英宗朱祁镇被俘，瓦剌部领袖也先率蒙古铁骑一路南下，直逼北京。在兵部左侍郎于谦的坚持下，朝廷放弃南迁，10月11日，北京保卫战正式打响。

在这场决定帝国命运的战斗中，于谦的调度有方起了至关重要的作用。10月13日，瓦剌骑兵窥探德胜门。于谦派兵诱导，使之深入街巷，再令事先埋伏在街道两侧空房内的神机营将士一齐发射火器。火铳、神炮、火箭密密麻麻地从四面

▲ 明代边军模型，居中的边军手上所持的火器为三眼铳（周渝 藏）

八方射出，瓦剌兵人仰马翻，最终只得撤离。

随后，也先南下进攻西直门。瓦剌军忌惮城头守军的火铳，施计将守将孙镗引出，继而包围。孙镗突围退至西直门下，于谦再令城上神机部队以火炮、火铳协助孙镗，毙敌无数。

两次受挫后，也先于 15 日率军进攻彰义门。这一战，神机营以火铳多次击退瓦剌骑兵。但明军是临时拼凑的，鱼龙混杂，一见瓦剌军败走，内官便纷纷跃马而出抢战功，场面混乱。也先于是杀了个回马枪，击破了明军阵形，并一路追杀至土城下。紧要关头，潜伏在土城房屋内的明军火铳手及时开枪阻击，才坚持到援军赶来。

也先见进攻无望，各地勤王大军已逼近京城，便率军撤退，明王朝转危为安。在游牧民族不可一世的骑兵面前，神机营与包括火铳、火炮在内的传统火器，堪称力挽狂澜、拯救帝国的制胜法宝。

鸟铳与佛郎机：明帝国的"拿来主义"

可以说，明代是火器发展史上最具突破性的时代，但因此认定明代火器是世界上最先进的，那就大错特错了。中国古代史籍对武器的描述时有夸张，尤其在缺乏实物佐证的情况下，这些记载只能做参考。同一时期的欧洲，战争频繁，火器发展同样迅猛，传到亚洲后甚至影响了东亚的历史进程。中国虽是火药发明国，但 16 世纪，西洋火器已后来居上。

明朝前期，火器的战功显著，很大原因在于对手是"只识弯弓射大雕"的蒙古骑兵。当大明军队与西方殖民者在海上遭遇时，才发现对方手中的火器已青出于蓝而胜于蓝，火药母国完全不占优势。明朝官方对这些自西而来的火器印象颇深："铳发弹落如雨，所过无敌。其铳用铜铸，大者千余斤，因名佛郎机。"（陈仁锡《皇明世法录》）。

传统火器都有个特点，即弹药前装，发莫能继，"恐遇风雨或敌人猝至，必致误事"。而西洋的"佛郎机"则不同，是一种后装炮，采用母铳衔扣子铳的结构，较好地解决了管内闭气等问题，由于子铳可以更换，打完一发可再来一发，形成"弹落如雨"之效。中国传统火器遇到的问题，西洋火器都解决了。

值得庆幸的是，明王朝没有将这些威力远胜于己的火器视为"奇技淫巧"，而是在认识到差异后，务实地采取了"拿来主义"。《武备志》（卷 124）详细记载了佛郎机的制作方法，由此可知，明王朝一方面引进西洋火器，一方面也对其进行研究，并根据自身情况进行改进。

有明一代，火器发展大致可分为两个阶段：嘉靖之前，主要是本国自主研发生产；西洋火器陆续传入中国后，则

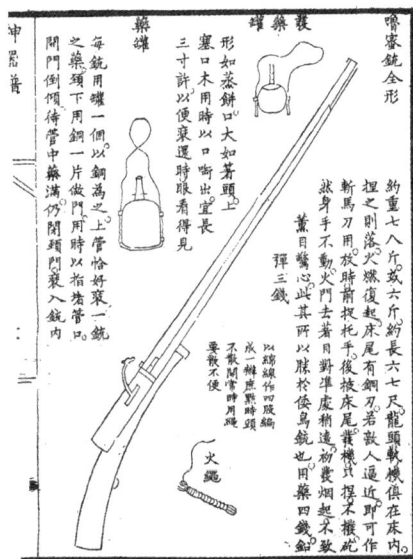

▲《武备志》中的鸟铳，这种新式铳威力远在传统三眼铳之上

进入了中外火器结合发展的阶段。不少将领对西洋火器青睐有加，戚继光就认为"诸器之中，鸟铳第一"。鸟铳是当时从西洋传入的火绳枪，因能射落飞鸟而得名。在戚继光等人训练出的南军中，一名鸟铳手配备鸟铳1支、铅子（子弹）200枚、火药4斤、火绳3根。在满员的情况下，南军步兵营有2700人，鸟铳手有1080人，占编制的40%。

值得一提的是戚家军的鸳鸯阵。嘉靖年间，东南沿海一带倭寇猖獗，多次入侵或劫掠。戚继光于嘉靖三十四年（1555年）被调往浙江担任参将后，仔细总结了倭寇的作战特点，研究出可以克敌的鸳鸯阵：以12人为一队，最前面为队长；后面2人，1人执长牌、1人执藤牌，长牌手执长盾牌遮挡倭寇的箭矢、长枪，藤牌手执轻便的藤盾并带有标枪、腰刀，长牌手和藤牌手主要掩护后队前进，藤牌手除了掩护还可与敌近战；接着2人为狼筅手，利用狼筅前端的利刃刺杀敌人以掩护盾牌手的推进和后面长枪手的进击；接着是4名手执长枪的长枪手，分别照应前面左右两边的盾牌手和狼筅手；然后是2名手持"镗钯"的士兵担任警戒、支援等工作；站在最后面的是火铳手，专门负责射杀倭寇中的高手。

这种阵法讲究长短兵器结合，冷热兵器配合使用，很快便在战场上收到奇效：嘉靖四十年（1561年）五月十日，台州花街遭大批倭寇入侵，戚继光率"戚家军"，首次排出"鸳鸯阵"，鸟铳、弓弩、火箭及各种冷兵器配合使用，大破敌军。紧接着的台州之战，戚家军在山林中埋伏了1500人，结合冷热兵器，以寡敌众，击败倭寇2000余人，创造了"台州大捷"。鸳鸯阵也成了近距离作战中火器与冷兵器结合使用的战术典范。

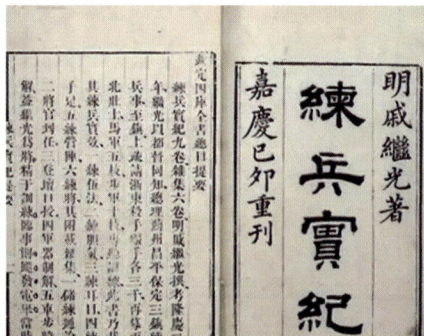

▲ 抗倭名将戚继光所著兵书《练兵实纪》

1592年，刚统一日本的丰成秀吉侵略朝鲜。日军自朝鲜南部登陆，凭借战国时期发展起来的火绳枪（又称"铁炮"），一路势如破竹，打到了中朝边界，加藤清正部队甚至一度进入中国国境。面对来犯之敌，明廷决定抗日援朝，派远征军入朝作战，大明王朝火器也在这场战争中大显身手。

经过战国时期的洗礼，日本火绳枪的发展水平要优于中国，朝鲜军被日军铁炮打得闻风丧胆，就连镇守釜山的高级将领郑拨也命丧铁炮之下。入朝作战初期，明军吃了不少苦头。如平壤之战时天降大雨，明军装备的三眼铳失去作用，基本只能当大铁锤使用。辽东游击史儒率部冲锋，占据制高点的日军铁炮齐放，史儒身中数十弹，壮烈牺牲，同僚张国忠、马世龙也相继阵亡。

后来，辽东总兵李如松在反攻平壤时总结经验，调集大量将军炮（120门）、虎蹲炮等西洋火器到战场，装备

▲ 李如松像

鸟铳的南军也远赴朝鲜作战。这一战，明军各种型号的佛郎机炮百炮齐发，几乎将整个平壤城夷为平地。其后，李如松又放火焚城，"顷刻间爆炸声震天，焰烟蔽空"，日军铁炮在明军的西洋火器面前毫无招架之力，只得退出平壤。万历二十一年（1593年）一月，明军与朝鲜联军因孤军深入，在距汉城以西40里处的碧蹄馆遭日军伏击，黑田长政、小早川隆景、立花宗茂等日军将领的部队倾巢而出，将明军主帅李如松重重围困，李如松的家将李有升力战殉国，千钧一发之际，李如松的部将调来一个炮营，凭借佛郎机炮打开一条血路，救出李如松。可以说，在朝鲜战场上，明军火铳技术虽逊于日军，但引进的西洋大炮弥补了这一缺憾。正如朝鲜大臣李德馨向国王李昖描述的那样："倭铳之声，虽四面俱发，而声声各闻，天兵（明军）之炮，如山崩地裂，山原震荡，不可言状；响彻天地，山岳皆动……"

折戟萨尔浒

万历四十七年（1619年）三月，明帝国与刚崛起的后金政权会战于萨尔浒。此役，明军三路丧师，杜松、刘綎等将领皆战亡，举国震动。后金以少胜多，明军损兵折将惨败。这一仗明军究竟损失了多少人？后来清朝方面的史料说辽东经

略杨镐"以二十万兵，号称四十七万"，显然有所夸大。而杨镐战后自己汇报说仅有七万人，有为自己开脱之嫌。综合看来，时人王在晋在《三朝辽事实录》中记载的八万八千余人比较真，这个损失对明帝国而言亦是致命一击。萨尔浒兵败有诸多原因，在此不展开详谈。本文重点关注的是，萨尔浒战役是冷兵器战胜热兵器的典型战例。

据前线的辽东监军御史陈王庭呈报，明军此役共损失火器 13150 余具，根据这个数据可知明军中装备的火器数量还是相当可观的。而后金几乎没有火器，皆以弓箭、大刀、长矛等冷兵器为主。冷兵器战胜热兵器，今天看来颇为反常，但在 17 世纪之初并非不可能。

首先来看看明军的火器水平。客观来说，在中国火器发展史上，明代算是鼎盛时期，但明人的火器绝没有某些网文中吹嘘的那样神乎其神。相信很多读者都看过一个段子，大概是说第一次鸦片战争结束后，有人在京城某仓库发现一批封存了 200 多年的火器。这批火器是明朝末年制造的，有的竟比英军的还先进，接着借此批判了清朝的闭关锁国、不思进取、腐朽堕落。其实，但凡对火药武器发

▲ 明代嘉靖朝后，火器逐渐落后于西方，开始引进西器。佛郎机炮为引进的火器代表

▶ 明代火器虎蹲炮

展史稍有了解的人都知道这是绝不可能的。这两百年来，欧洲发生了第一次工业革命，火药武器突飞猛进，不是 17 世纪初的火器能比的。即使时间回到更早的明代，中国火器依然落后于西方。从嘉靖年间开始，明帝国就开始大搞"拿来主义"，引进西洋火器。但问题又来了，这些引进的西洋火器，是不是真有传说中那么牛？

明代火器被吹上天，很大原因是明朝人自己很能吹，著名的《武备志》就记载了一些很神的武器，例如像机关枪能连发 18 弹的迅雷铳，根据文字描述的确很牛，但从没有这种神器被用于战场的记录。宋懋澄在《东征纪略》中记载将军炮"一发决血衢三里，草枯数年"，不知道的还以为是小型原子弹，大明黑科技天下无敌。但实际情况是，无论中国发明的火器，还是引进的西方火器，都还没有成熟到能完全取代冷兵器的地步，更不可能像电影《最后的武士》中那样对冷兵器军队展开大屠杀。

的确，相比冷兵器，火器有很大优势，例如鸟铳射程比弓箭远得多，大炮更是攻城利器。在日本战国时期的长篠之战中，织田信长凭借火器战胜了武田家精锐骑兵，创造了奇迹，但这很大程度上是因为长篠战场平坦的地势和织田家修筑的拒马工事。那时候的火器要发挥作用，必须满足天时、地利。明军装备的大部分火器的弹丸都比较小，通常只能平射，不能仰射，在山地作战肯定要吃亏，如果是潮湿天气在山地作战，就更吃亏了。

▲《武备志》中的迅雷铳，但并无这种武器用于战场的记录

　　早在 1600 年平播战争时，明军火器就因受地理限制而无法发挥作用。杨应龙盘踞的海龙屯城堡依山而建，只有地势较低的铜柱关和铁柱关在火器的助攻下被顺利攻克。当明军攻至地势较高的飞虎关时，重型火器已无法发挥作用，因为山地无法运输重炮，明军只能硬着头皮强攻。而以冷兵器为主的播州军凭借地理优势，居高临下，箭弩滚木一起用，使得明军死伤枕藉，伤亡巨大，始终未能突破飞虎关。萨尔浒之战也是山地、丛林作战，以弓箭为主的后金部队反而具备优势，士卒们可以根据实际情况在仰射、平射、俯射间任意切换，而且弓箭对阵形的要求也没火器那么苛刻，弓箭手在任何地点都可以射击，即使阵形被冲散，各自为战也能发挥战斗力。

　　其次，天气也会对火器造成影响，通常雨天、雪天或比较潮湿的天气会使黑火药受潮，铳炮哑火。萨尔浒之战爆发前夕的二月二十九日，天降大雪，不仅使明军行军艰苦，也对火器造成了不利影响。三月初一，明中路军监军张铨部与后

▲ 明代火器模型，分别有神机箭、鸟铳、车载佛郎机、弹丸等（周渝 藏）

金部队遭遇，张遂下令开炮轰击。谁知战端一开，雨雪忽止，天降大雾，明军持枪炮作战，但在大雾中难辨敌友，炮手难免会误伤自己人。而且明军枪炮发出的火光暴露了自己的位置，明军成为后金军的活靶子。后金部队愈战愈勇，一连攻陷明军数个堡垒，夺取了萨尔浒山营寨。

萨尔浒之战爆发于雪后初晴，湿度最浓之际，加上又是在山地作战，明军虽有火器，却无法有效发挥其威力。另一方面，重型火器需用车载，炮兵、枪手又以步兵为主，骑兵大多还以冷兵器为主，而且明军骑兵较少，机动能力有限。后金八旗兵基本都骑马，机动能力大大优于明军。明军在火器也不能发挥作用的情况下，进不能追击敌人之退，退不能躲避敌人之攻，进退维谷，腹背受敌，折戟萨尔浒是意料中的事情。

此役无疑是明帝国军政顽疾的一次集体病发。卫所崩溃、军队腐败、武备松弛、士气萎靡、兵源不足……种种问题尚未解决，朝廷偏又想毕其功于一役，催促出战的命令急如星火，逼迫本身就病态百出的明军在恶劣的气候下仓促出征，使得火器这一为数不多的优势也变成了劣势。种种错误叠加，奏响了帝国毁灭的序曲。

红夷大炮：终为他人作嫁衣

萨尔浒兵败后，明廷的有识之士意识到火器存在种种问题，急需改进。17世纪初，明朝引进了比佛郎机炮更加生猛的"红夷大炮"，所谓"红夷"，是指被明人称为"红毛鬼"的荷兰人与葡萄牙人。西洋人于16世纪初安置在战舰上的这种舰载加农炮，是当时世界最先进的火炮。它炮管长、管壁厚、口径大，从炮口到炮尾逐渐加粗，符合火药燃烧时膛压由高到低的原理。炮身重心处两侧设有圆柱形的炮耳，以此为轴可以调节射角，配合火药用量改变射程；同时还设有准星和照门，依照抛物线来计算弹道，精度很高，具备了现代火炮的雏形。

明清战争初期，青睐西学的徐光启、李之藻等人频频上奏，鼓吹"设险国、建敌台、造大铳"。徐光启甚至认为，"克敌制胜者，唯有神威大炮一器而已"，最终说服朝廷于1620年10月采购4门西洋前膛火炮，并在次年运抵京城试射。几炮打下来，威力果然碾压鸟铳和佛郎机。随后，明廷派人再赴澳门，向葡萄牙当

▲明代佛郎机模型（周渝 藏）

▲明代火器"一窝蜂"模型（周渝 藏）

局购炮并聘请炮师。据《明熹宗实录》记载，当年共聘请独命峨等"夷目七名，通事一名，傔伴十六名赴京"。只可惜因党争，这些西洋炮手很快就遭到徐光启政敌们的反对和贬低，最终以"水土不服"为由全部遣返，徐光启原本想在北京设立铸炮工厂的计划也被搁置。

天启五年（1625 年），孙承宗因受阉党排挤而卸任。天启六年（1626 年）努尔哈赤得知辽东易帅，趁机率 6 万人西渡辽河，开始了新一轮的扩张，锦州、大凌河、小凌河等地先后失守，一路杀到兵力不足 2 万人的孤城宁远。但努尔哈赤在这座城池碰了大钉子，袁崇焕指挥坚壁清野，同时整肃军纪，以血书激励士气。当然，最关键的是火器，当时最新从澳门引进的红夷大炮有 11 门已运抵宁远，明军根据"以台护铳，以铳护台"的原则防御城墙，凭借这些西洋高科技成功抵挡住了后金的进攻，并重创了敌人。明人张岱留下记载说，宁远战端一开，"炮过处，打死北骑无算，并及黄龙幕，伤一裨王。北骑谓出兵不利，以皮革裹尸，号哭奔去"。这是萨尔浒之战以来，明军首次击败后金部队。同年八月，努尔哈赤暴亡。

长期以来都流传着努尔哈赤在宁远被明军炮火击伤不治身亡之说，此说的依据主要来自朝鲜人李星龄的记录，他说努尔哈赤在炮战中负伤，袁崇焕又遣使到后金大营出言讥讽，气得努尔哈赤最终一命呜呼。当时，蓟辽经略高第也在奏报中说："奴贼攻宁远，炮毙一大头目，用红布包裹，众贼抬去，放声大哭。"这则奏报与张岱在《石匮书后集》中"伤一裨王……以皮革裹尸，号哭奔去"基本吻合，再结合朝鲜人的记录，以至于后世不少人认定被炮打伤者就是努尔

▲ 明代神机营士兵模型，左方士兵手持五眼迅雷铳，据记载，这种火器可以连续发射，但并无用于战场的记录，故而不排除研制失败的可能（周渝 藏）

哈赤。实际上，这些推测不能令人信服。从宁远之败到努尔哈赤死亡，期间有八个月。这段时间，努尔哈赤仍在东征西讨，五月还接见了蒙古科尔沁部首领，并无受伤迹象，直到七月因疽发作才转至清河休养，八月病情转危，于十一日去世。从这些迹象来看，努尔哈赤肯定不是因为在宁远受伤而亡，不过宁远战败导致努尔哈赤郁闷，病情加重倒是有可能。

1626 年的宁远大战，明军凭借火炮打退了努尔哈赤率领的后金骑兵，这次胜利让明廷再度意识到火器的重要性，于是下旨再次购炮，同时从澳门雇用炮手 20 名。崇祯继位后，徐光启等人受到重用，引进西洋先进技术的方针一时盛行。在明廷的不断催促下，澳门议事指派的代表公沙·的西劳组建了一支 33 人的炮兵部队。北上抵京时，正逢后金军绕开山海关，越长城，逼近京师，炮兵部队首次参战，表现不俗。

徐光启忙着在京编练炮兵时，他的门生——曾编写过《防守京城揭》《铳台图说》等介绍西洋火器文章的孙元化，则在崇祯三年（1630 年）以右金都御史的身份，巡抚登莱（登州及莱州，包括今烟台、青岛、威海所辖区域和潍坊所辖区域的大部），开始紧锣密鼓地为大明朝训练火器部队。然而，人算不如天算，一年前的六月，皮岛（位于鸭绿江口东之西朝鲜湾）守将毛文龙在双岛（位于今辽宁省大连市西南海域）被袁崇焕擅自杀死，毛的嫡系将领孔有德、耿仲明二人无处可归，后被赶到孙元化麾下。此时，孙正大力扩充火器部队，除购置红夷大炮外，还引进了一批火器专家。他万万没想到，这支即将练成的东亚第一炮兵部队，不久后便会被孔、耿二人送给后金。

崇祯四年（1631 年）八月，皇太极率后金兵攻大凌河（今辽宁锦州凌海市一带），原毛文龙的部将祖大寿被围在城内，粮尽援绝。孙元化奉命派兵赴援，并急令孔有德以八百骑赶赴前线驰援。孔有德抵达吴桥时，遇大雨，部队给养不足，又受毛文龙旧部李九成之子李应元的煽动，竟哗变倒戈，随后回头攻击山东半岛，连陷数城，于次年一月攻陷登州，俘虏了孙元化一干人。

崇祯六年（1633 年），孔有德、耿仲明等人正式叛明降金，降书曰："本帅现有甲兵数万，轻舟百余，大炮、火器俱全。有此武器，更与明汗同心协力，水陆并进，势如破竹，天下又谁敢与汗为敌乎？"皇太极闻讯后出郊十里迎接。至此，明军中红夷大炮数量最多、炮术最精，且唯一一支接受完整西式训练的部队，被后金掌握。

这一事件极大地改变了明与后金的军事技术对比。获知火炮秘密的八旗军迅速崛起壮大，明军在辽东的局势无可挽回。万里河山千疮百孔，大明王朝最终于1644年陷入万劫不复之境。

有明一代，出现了一大批火器专家与优秀将领，是他们创造了中国火器发展史上的黄金时代。然而，在风云诡谲的政治漩涡中，北京保卫战的首功于谦被明英宗冤杀；创下无数辉煌战绩的戚继光，将火器与冷兵器结合作战发挥到巅峰，最后竟落得个罢免回乡的凄凉晚景；万历年间的武器专家赵士桢，研制改进了多种火器，著成《神器谱》《续神器谱》《神器谱或问》等论著，却也因此开罪小人，郁郁而终。至于那个为大明帝国训练出东亚第一炮兵部队的孙元化，被俘后并未死在后金手上，而是在释放归来不久，就遭到首辅温体仁等人的诬陷，含冤而亡。

> 千锤万凿出深山，烈火焚烧若等闲。
>
> 粉骨碎身浑不怕，要留清白在人间。

于谦以一首《石灰吟》道出了那个时代"火器者"的光荣与梦想。生前，以"烈火"捍卫国土；身后，为人间留下丹心。

晚明名将刘綎为何陨落萨尔浒？

万历二十八年（1600年）夏季，西南烽火漫天，明帝国调兵二十万，在主帅李化龙率领下兵分八路，向位于川黔之间的播州挺进，意在平定盘踞在此七百余年的播州杨氏割据势力。此役是万历三大征中的最后一场战役，也是用兵最多、烈度最强、伤亡最重的一役。彼时，从四川方向进攻的明军共四路，其中以綦江路最为重要，必须选择一名靠谱的猛将统辖。然而，李化龙选择的这名将领一点也不靠谱，自接到诏令后，这名将军便慢慢吞吞，导致朝中言官弹劾他与播州统治者杨应龙是旧识，定是收受贿赂才故意拖延行军，朝廷已做好将其调到南京去坐冷板凳的打算。此时，李化龙一方面力排众议，说要完成平播大业，非此人不可，另一方面邀这名将领入帐深谈，最终将其留了下来，并让其统率綦江路的明军。这名将领叫刘綎。

刘綎，字省吾，南昌人，平播之役时已是身经百战的悍将。《明史》记载他力大无比，拎着一百二十斤大刀，在马上轮转如飞，绰号"刘大刀"。刘大刀不仅力气大，打仗也很有一套，从西南方的缅甸一路打到东北方的朝鲜，立下了赫赫战功。此次出征播州，他率领的部队很复杂，有正规军，有自己的家丁，有当地招募的苗兵，甚至还有一群从朝鲜战场俘虏的日本兵。在远征朝鲜前，刘綎在四川掌兵，与杨应龙的确是旧识。杨应龙听闻是老友回来了，不敢掉以轻心，部署好应对其他几路明军的部队后，亲自率军迎战刘綎。

那是一场热兵器与冷兵器的惨烈决战，明军炮铳齐发，播州军弓弩俱下，尸山血海满疆场。战至激烈处，刘綎亲临前线督战，仗剑直呼："用命者领吾银！不用命者领吾剑！"军士莫敢不从，争先向敌阵发起冲锋。决战共进行了114天，明军在付出惨重伤

▲ 刘綎像

亡后，终于攻陷播州军最后的堡垒海龙屯，大势已去的杨应龙焚毁自己的新王宫后自缢。整场平播战争，刘綎功居首位，这一年他42岁，登上了军事生涯的巅峰。李化龙当时所言"平播非綎不可"实非虚言！

时光如梭，转眼到了万历四十六年（1618年），帝国承平了近20年，刘綎却是个不安分的主，不打仗就要打架。在一次纠纷中，他竟挥拳将马湖知府詹淑痛殴一顿，结果被罚了半年俸禄，他一气之下回老家去了。没想到朝廷此时发来诏令，原来辽东出了乱子，刘綎又有仗打了。自李成梁去世后，努尔哈赤彻底放飞自我，甩出一纸"七大恨"，厉兵秣马，揭起反明大旗。明神宗很愤怒，决定像当初平定杨应龙那样，调集大军荡平建州女真，他想到了平播战争时立功最多的"刘大刀"，于是任命其为左军都督府左都督金书府事。此时，刘綎已经60岁，纵是老夫聊发少年狂，年过花甲的他能否像古时的廉颇、王翦、郭子仪那样，在人生暮年，夕阳晚照时横刀立马再创辉煌？

名将的烦恼

暴躁的刘綎刚一到任就很憋屈。首先，他发现上级领导竟然是杨镐。刘綎和杨镐是老熟人，二十年前，刘綎奉诏赴朝抗日，到朝鲜时正逢杨镐、李如梅在蔚山大会战中兵败如山倒，明军被加藤清正、黑田长政指挥的日军追着打，十分狼狈。刘綎奉命在水源扎营，对战日军名将小西行长，文攻武斗几回合后，刘綎发动进攻连连得胜，小西行长仓皇逃走。这样一来，刘綎对在蔚山打得窝囊的杨镐恐怕就不会太客气了，故而二人在朝鲜时就不太和睦。现在，打败仗的杨镐摇身一变成为辽东经略，是自己顶头上司，他怎会服气？

刘綎虽然打仗很有一套，但骄横暴躁。他一到任就发现士兵武备松弛、士气低落，提议说要自己练兵，结果遭拒。这也罢了，没想到杨镐与几位总兵商议出师日期，偏偏没叫他参与，这让他也非常不满。当出师日期定下后，他马上出来唱反调。他认为现在明军的问题很多，对战区地形也不太熟悉，不该如此仓促出战，请求杨镐推迟出师日期。事后看来，他提的意见很中肯。可惜，杨镐不是李化龙，不会在他唱反调时邀他入帐，动之以情，晓之以理。杨大人处理方式简单粗暴，直接怒斥："国家养士，正为今日，若复临机推阻，有军法从事耳。"说完，他便将宝剑悬挂于军门，以示恐吓。刘綎虽满腹牢骚，却也不敢再提反对意见。

其实，杨镐也深知此时出兵有些仓促，现在这支部队毛病很多，但又架不住朝廷催促，为了保证行军和作战效率，只好强行推出罚约十四条，宣告全军。从这十四条罚约多少可以看出当时明军存在的问题。例如，主将与部将不和，"主将与将领、千把总及军士，或有私仇于阵中，乘机陷害者，审实处斩"；辽东明军长期以来有向老乡"借人头"的恶习，有三条罚约便与这有关，即"杀中国（汉人）被掳人民报功者斩""滥杀投降夷人及老幼妇女充功者斩""争夺高丽（朝鲜）及北关（叶赫）所获首级者斩"。

经过商议，杨镐给四路总兵都下达了命令：山海关总兵杜松取道抚顺，向西推进；辽东总兵李如柏从清河取道鸦鹘关往南进攻；开原总兵马林取道开原往北进击；辽阳总兵刘綎在宽甸集结后从东南方向出塞。四路大军依约定时日同时出边，以分进合击之势直捣后金老巢。对杨镐的分配方案，刘綎有理由感到憋屈，平定播州时，明军兵分八路，李化龙将最重要的綦江一路交予他，他也不负所望，一路势如破竹直捣海龙屯，功居首位。现在同是兵分几路出击，刘綎兵团的兵力却最薄弱。

杜松争取到了最好的部队和武备，兵力约3万人；李如柏凭着李家与杨镐的关系，自然也不会受到亏待，其集结在辽阳的部队就有2.5万人左右（清军称6万人）；即使是被重新起用的马林，兵力也有 1.5 万人。最惨的就是刘綎，号称 4 万人，实际不过万余人，虽然还有不到 1 万人的朝鲜兵附从，但这帮人对后金毫无战意——朝鲜元帅姜宏立与刘綎同行并非真心，只是因壬辰倭乱被丰臣秀吉所苦，为感谢明朝再造之恩，不得不随行。

刘綎本来就与杨镐矛盾重重，现在又受到这样的待遇，意见当然很大。朝鲜方面的史料《朝鲜王朝实录》记载了朝鲜元帅姜宏立与刘綎的一段谈话。一日，姜宏立见刘綎，问各路兵数。刘綎答："西南路大军齐进，东路只有俺自己亲丁数千人，且有各将所领，要不出满万耳。"姜宏立听后问道："则东路兵甚孤，老爷何不请兵？"刘綎愤愤道："杨爷与俺自不相好，必要致死，俺亦受国恩以死相许，而二子时未食禄，故留置宽甸矣。"不难看出，刘綎怀疑杨镐故意给自己分配最少的兵，是要公报私仇，置自己于死地。

李如柏不动如山

二月二十九日，刘綎率领东路军自宽甸开拔。四路大军虽是同时出发，但行军速度完全不同。总体而言，杜松一路的行军速度最快，基本能按时程进军，直到其麾下车营被河水所阻，无法顺利渡河，行军才受阻。马林一路则延迟严重，按照原计划，他应该比杜松提前一天到达萨尔浒，可是他整整落后了两天的行程。直到三月一日傍晚杜松主力兵败萨尔浒，马林部仍未赶到。

刘綎和李如柏这两路军行军都较为缓慢。刘綎一路部队的行军路线是，自宽甸出边，经太平哨往北。此路山道险狭，荆棘丛生，马尚且不能成列，何况重型火器、辎重。刘綎必须沿浑江西岸推进，既迂且险，车须逐辆用长索接送才能通过。至三月二日，东路军已至深河，进入了后金势力范围。对刘綎这样的猛将而言，遇到故人就一个字：扛！东路军很快便与后金部队交火，一路连破牛毛、马家等十余寨，深入三百余里，全军士气高昂。很快，东路军推进至董鄂城（今辽宁省本溪市桓仁县）。后金将领牛录额真托保、额尔纳、额黑乙三人率五百名骑兵迎战，刘綎避其锋芒，指挥部队以分而合击的方法围而攻之，大破后金骑兵，额尔纳、额黑乙被斩于马下，牛录额真托保率残部溃逃。东路军顺利攻克董鄂城。

此时，刘綎又得到消息，即努尔哈赤已率八旗兵西上，兴京（赫图阿拉）空虚，正是直捣黄龙的好时机。于是，他集结精锐，打算从董鄂城直取兴京。全军士气正旺之时，有人却站出来反对，这个人就是刘綎的义子刘招孙。他担心东路军有孤军深入的危险，且粮饷匮乏，故请求退兵。的确，孤军在缺粮的情况下，通常只有两条路可选，保守的方案就是如刘招孙所言的退兵，激进的方案则是迅速决战。遗憾的是，刘綎选择了速战速决。这名经验丰富的老将为何会做此选择，向来各有说法，有的说他贪功冒进，有的说他对四路明军合击有信心，相信友军可以策应，但皆只是推测。刘綎不知道的是，此时形势已非常不妙，杜松已在萨尔浒兵败身死，全军覆没；马林一路也与在萨尔浒获胜后北上的后金部队遭遇，双方于尚间崖展开血战，"死者弥山谷，血流尚间崖下，水为之赤"，最终马林一路也被后金击灭。

▲萨尔浒之战中的后金主要将领礼亲王代善

目前还在战场的只有刘綎与李如柏两路，刘綎已孤军深入，那么有宿将之名的李如柏又在做什么呢？按照时程，李如柏一路应该在三月二日由小那霸向敌军发起攻击，可是直到三月三日，李如柏仍在距小那霸尚有四十余里路程的虎栏。同一天，后金部队自界藩从容回军至赫图阿拉。实际上，早在三月一日萨尔浒大战爆发时，副总兵贺世贤就向李如柏建议："进军直取敌巢穴，以致敌之所必救，攻其所不守，可大克也。"

李如柏当耳旁风。次日，贺世贤再度进言："进军扑敌之虚，可谓'进而不可御者，冲其虚也'。倘敌四军与我战，则北路军得进，敌遭夹击，而南路军得捣敌巢穴也。"李如柏置若罔闻。三月三日，后金部队已回师兴京，贺世贤又建议攻敌侧背，可惜李如柏已毫无斗志，以至战机一次次丧失。

　　击灭杜松和马林两路明军后，后金统帅努尔哈赤的威胁只剩刘綎与李如柏。三月二日，努尔哈赤收兵至古尔本安营，此时接到探哨报告，说南方和西南的两路明军正向赫图阿拉进攻，此两路明军就是董鄂路攻来的刘綎部和清河方向的李如柏部。努尔哈赤召集诸将召开军事会议，经过权衡，他认为李如柏不足为虑，应该集中主力专门对付刘綎。随后，他立刻派达尔汉率一千兵马作为先头部队进发，次日又派二贝勒阿敏率两千兵马支援，他则与大贝勒代善率领主力跟进。后金部队进军非常迅速，三贝勒莽古尔泰和四贝勒皇太极先后率军出发，代善于三月三日中午由界藩出发，仅用四小时就赶到赫图阿拉，努尔哈赤也于当夜抵达。次日早晨，努尔哈赤再次做出重大决定：少数兵力阻击李如柏，主力与刘綎进行决战！

后金间谍之谜

　　三月三日是萨尔浒之战的又一个重要分界线，尽管在此之前杜松、马林部已经兵败，但明军依旧有可能攻占后金老巢，甚至扭转战局。遗憾的是，刘綎兵团被后金部队所阻，李如柏兵团裹足不前，加上受山地崎岖的影响，皆未能在三月三日赫图阿拉最空虚时抵达。

　　刘綎东路军在进军过程中，由于地形险狭，不得已兵分五个部分，然而分兵后，各部基本就地立营各自为战，相互之间也未做好策应，一旦遇到后金主力，处境是十分不妙的。那么，刘綎是怎么一步步踏进后金圈套的？

　　刘綎一路最具战斗力的是他所带的几千名家丁，一同进军的武将还有管游击事都司祖天定、都司姚国辅、都司周文、副将万江化等，协同兵备副使兼监军康应乾、赞理军务黄宗周等文官。前期，刘綎兵团取得不少战果，孤军一路深入至清风山，向赫图阿拉城逼近。《明史》《国榷》《明季北略》等权威史料对刘綎兵团覆灭过程都有详细记载，综合起来是一个富有传奇性的故事：刘綎正向赫图阿拉进军时，忽然有一名传令兵前来，此人手持杜松令箭，催促刘綎尽快北上会师。刘綎见状非常不满，同是总兵，杜松为何向自己发号施令？随后，刘綎问传令兵："为何不发炮相约？"传令兵回答说："边塞地区，烽燧不便，此距赫图阿拉五十里，传炮不如飞骑快。"

刘綎哪里知道，此时杜松已命归九泉，所谓的传令兵实际上是后金间谍，但他手上的杜松令箭货真价实，是缴获来的。这个间谍回到后金军营报告后，后金军立即传炮，刘綎以为杜松要抢头功，开始攻城了，立即加快步伐进军。随后，后金军队伪装成明军，打着杜松旗帜迎上来，一步步将刘綎诱入包围圈，最终围歼了刘綎兵团。

这则生动的故事最早出自宋懋澄的《九籥续集·东征纪略》。但值得注意的是，在萨尔浒大战时，宋抱病在身，"不闻东征事"，后来是通过同乡姚士慎转述才得知战事过程，而后病中完成的《东征纪略》。《东征纪略》对萨尔浒四路明军的进军时间、位置和方向都有偏差，对刘綎兵团的记述中有"刘总戎綎将西北军""刘总戎从西北渡"等语，将方位颠倒了。刘綎前期战果也被夸大为"斩虏三余千"。后金间谍事件在宋的原始记载为，刘綎兵团距离赫图阿拉仅五十里，间谍诱其前进大约二十里中伏，"行里许而伏兵四起，刘旅不复整矣，长技不及一施，众遂歼焉"。

实际情况是，刘綎与后金交战的地点位于赫图阿拉东南方向的铧尖子村和东堡村之间，距离赫图阿拉城大约还有八十里。也就是说，后金间谍诱刘綎中伏这个绘声绘色的故事，可能只是宋懋澄听到的传言，后来此事被许多权威史料采用，故成为信史。但从当时的地理位置来看，这则故事至少是要存疑的。

落日旌旗大将坛

东路军应该不是被诱入包围圈，而是在东堡村以北的山地、山谷地带与后金部队发生遭遇，继而展开决战的。据清朝方面的记载，最先与刘綎部交战的是皇太极。皇太极本与兄长代善同行，在与兄长商议后，让兄长留守，自己将兵力分为左右两翼向山地发动攻击，同时率领精兵打前锋。刘綎部与皇太极的右翼军交战后，就地以火器向敌军射击，一时枪炮齐鸣，后金军并未占到便宜。

代善见势不妙，急忙率中路军攻山，左翼军也迅速攻占山的西面，刘綎率部与之血战，胜负未决。这时，埋伏在瓦尔喀什山南深谷中的二贝勒阿敏与达尔汉率部杀出，明军腹背受敌，开始动摇。老将刘綎亦如在播州之役时那样身先士卒，亲自督军与后金殊死作战，但终抵挡不住后金军的猛烈攻势。明军且战且退，在

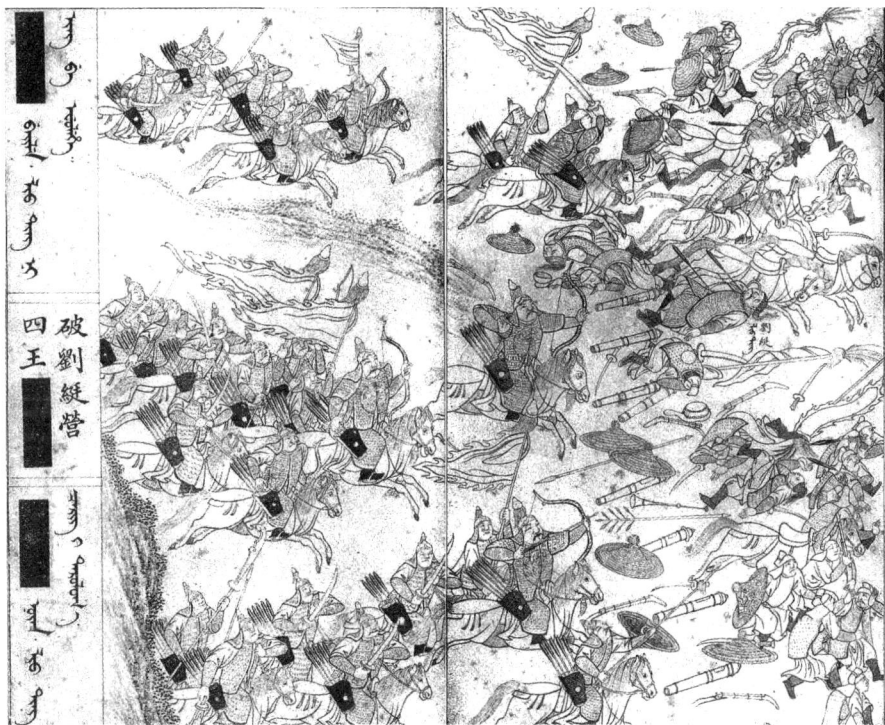

▲《满洲实录》中四王破刘綎营图，图中，后金军所穿甲胄与明边军无异

瓦尔喀什原野遭前后夹攻。血战中，刘綎被流矢射中左臂，仍继续作战，未几又伤及右臂，"綎犹鏖战不已。自巳至酉，内外断绝"，其养子刘招孙亦出入死斗，异常勇猛，但这支孤军已深陷重围，希望何在？唯有援军！在杜松、马林两路皆已丧师的情况下，李如柏这支友军成为刘綎唯一的生机。

当刘綎与后金主力拼死肉搏时，李如柏在干什么？他屯兵呼兰达哈，不动如山，未能对刘綎兵团起到一丝策应作用，遑论出师救援。刘綎兵团在荒原的战斗已结束，残阳如血，身经百战的老将刘綎最终战死沙场。《明史纪事本末补遗》中记载了这位悍将的最后时刻，身负重伤的刘綎至死不降，与后金军继续奋战。厮杀中，他的面部中刀，被利刃削去半边面颊，仍在左冲右突，浴血鏖战，直至力竭而亡，刘招孙等将领也与他一同战死。

得知杜松、马林两路大军全军覆没的消息后，杨镐急令尚存的李如柏和刘綎两军回师，可惜刘綎此刻已以身殉国。三月四日晚，李如柏听闻回兵之命，如临大赦，立刻夺路而走。友军有难，李如柏不动如山，撤退反倒异常积极，以至于士兵自相践踏，死伤无数。《万历实录》评价说，若李如柏当时能"偏师策应，杀入重围，刘綎当不至死。或夹击成功，未可知也"。

刘綎之死还不是东路军最后的结局，在富察甸之北尚有康应乾率领的明军与朝鲜军。后金军歼灭刘綎主力后，一路南行，代善令士兵吃过炒面，马饮够水后即刻向明军发动突袭。这支明军多为手执筤筅、竹竿长枪，身穿皮甲的步兵，相比后金，他们唯一的优势就是火器。三月五日，天刚破晓，在富察甸，明军排列起一层层鸟铳与大炮，向攻来的后金军施放，一时枪炮齐鸣，不

▶ 夏允彝、夏完淳父子像

想竟致浓烟障目，视线不清，后金骑兵利用烟障奋勇冲击，同时发挥弓矢之威力，杀入明军阵地。明军在后金箭射刀劈之下死伤惨重，尸横遍野，最终被全歼，康应乾仅以身免。富察甸的战斗结束后，火器造成的烟雾亦随风飘散。值得一提的是，萨尔浒之战也是世界上冷兵器对战热兵器取得的最后一次大捷。此后，后金逐渐学会在作战时使用缴获来的大量火器。十几年后，后金通过明军降将孔有德等人带来的火器部队，改变了明与后金的军事技术对比。

东路军最后一场收尾战是二贝勒阿敏部对战明军游击乔一琦部。乔一琦的英勇不亚于主将刘綎，然此时大势已去，纵是盖世名将亦无力回天。乔一琦与后金部队血战三天三夜，兵员损失殆尽后，退入朝鲜军兵营，准备调动朝鲜军继续抵抗后金。万万没想到，此时朝鲜军已叛明降金！他们本就不情愿为明朝效力，看到战场惨烈的状况后，私自向后金请求投降，代善与诸弟商议后决定接受朝鲜军投降。现在乔一琦来得正好，朝鲜军可以将其当作给新主子的礼物。乔一琦得知这一消息，不愿做战俘，遂投崖而死。

至此，东路军全军覆灭，萨尔浒大战胜负已定。对大明而言，经此一败，辽东问题成了帝国头上的不散阴霾。此役幸存的辽东经略杨镐和辽东总兵李如柏的结局都很悲惨：不久后，后金继续进犯辽东，开原和铁岭相继失守，杨镐因此下狱，于崇祯二年（1629 年）被处决；李如柏则在萨尔浒战败后被弹劾还京，彷徨度日，终因无法承受非议而自杀。当年李成梁、李如松等人创下的辉煌也随着李如柏之死而被败得一干二净，曾经名重一时的李氏一族从此威信扫地，成为文人墨客们时常嘲讽的对象。

长期以来，一直有人认为四路大军中唯一幸存的李如柏是内奸，他早已私通后金并告知其他三路明军位置。这种说法没有事实根据，但经久不衰。明末著名文人夏允彝在其著作《幸存录》中对李如柏多有批评，还记载了他一位好友对李如柏的评价——"既弱且蠢，与言皆溃，而其父兄之风，无一存者；一见而知其必败也"。很不看好李如柏的夏允彝也认为"后之论者，又往往以通夷罪李，亦属太苛"。

清　　　明　　　元　　　宋　　　唐　　　三国两晋南北朝　　　汉　　　秦　　　先秦

第十章 日月鼎革

札甲衰落与布面甲普及

火器之下安有完铠

大将南征胆气豪，腰横秋水雁翎刀。

风吹鼍鼓山河动，电闪旌旗日月高。

天上麒麟原有种，穴中蝼蚁岂能逃。

太平待诏归来日，朕与先生解战袍。

——明·朱厚熜《送毛伯温》

　　15 世纪，是欧洲火器前所未有的鼎盛时期，欧陆大国皆装备了新式火器，并在 16 世纪传入中国。中国的火器虽无欧洲发展迅猛，也一直在发展，明代更是取得空前进步。火器的出现意味着冷兵器时代的没落，对因兵器而生的铠甲而言，是一个巨大的挑战。在中国帝制时代的黄昏，甲胄也留下了最后一抹残阳。

融合唐、宋、元三代

　　明朝是中国甲胄辉煌的最后一个时代。《明会典》罗列了齐腰甲、曳撒甲、圆领甲、柳叶甲、长身甲、鱼鳞甲等八种铠甲，按甲胄类型来分，主要为札甲、布面甲和锁子甲。札甲是中国最早的铠甲之一，每逢大分裂时期，它便会步入发展高峰，甚至可以说它是冷兵器时代中国最具有代表性的铠甲。然而到了明代，战争虽未停止，札甲却再没发展，甚至呈现倒退趋势。实际上，这种倒退从元代就已开始。

　　蒙古刚崛起时，诸如"蒙古罗圈甲"等早期的蒙古札甲，款式随意，工艺粗糙。随着蒙古铁骑常年征战，蒙古札甲也曾有过飞跃发展的阶段。灭金征宋战争中，蒙古札甲袭承了中原地区前开对襟或后背对缝的穿着方式；征服西域、欧洲等地的过程中，又不断汲取中亚及西欧等地区铠甲的元素，造出一系列兼具东西风格的铠甲。不过，元代的札甲相对唐宋而言，工艺简化、甲叶大小不一，也不再统一制式，总的来说，款式多了，质量却下降了。这个趋势一直影响至明代。

　　提及明代衣冠文物，洪武元年（1368 年）二月朱元璋颁布的"诏复衣冠如唐制"之令常被人搬出，无非是讲经蒙元统治近百年后，要光复华夏，恢复衣冠，甚至得出明代衣冠即唐代衣冠，大明铠甲袭承唐宋的结论。然而，要做到真正的恢复衣冠谈何容易？蒙元统治近百年，其影响不是说消就能消的，明代衣冠与甲胄都留有元代印记，曳撒、贴里等服饰皆是蒙汉服饰融合的产物，铠甲同样如此。不过，在明十三陵的石像及一些留存至今的宗教雕塑中，铠甲又颇具唐宋之风：大袖锦袍，两肩用掩膊，双臂戴臂缚，腰间围金抱肚，胸背中心有"护心镜"。

为何会出现两种不同画风？首先，明代铠甲存世实物极少，要复原其形象不得不依赖古画、石雕，而这些为数不多能见证那个时代的物品又各有文章，不搞清楚就极容易被误导。其次，工匠技术与实际存在脱节，在明代，工匠雕刻的铠甲多有唐宋遗风，石像身上的甲胄通常是中国铠甲的最终形式，披膊、抱肚应有尽有，导致人们长期认为明代的甲胄袭承宋制。可是在古画以及凤毛麟角的出土文物身上，明代甲胄又具浓浓的蒙元风。这主要是因为工匠师的技艺靠代代相传，而蒙元统治不过百年，也就两三代人的样子，所以工匠师的作品基本都遵循着宋代传统。实际上，蒙古甲胄技术在明甲身上留下了很深的印记。《出警入跸图》中

▲ 明代宫廷画《入跸图》中有布面甲、直身札甲等多种甲胄

大汉将军甲虽然也是礼仪用甲，却比雕塑上的宋风铠甲更具实用性。

明太祖那句"诏复衣冠如唐制"究竟执行到什么程度也是值得怀疑的。首先，《明实录》只有这一句话，没有后续，很可能只是提倡而非强制，与清初腥风血雨的剃发易服不可同日而语。其次，虽说恢复唐制，但明朝和唐朝间隔数百年，明初的文武官员中有几人能说出唐制是什么样？他们能够清楚地辨别唐、宋、元的衣冠甲胄吗？先人的窘境与当代汉服复原遇到的尴尬颇为相似啊。这并非无中生有的疑古，像曳撒、贴里等有浓厚蒙古元素的服饰能登堂入室，成为官员们常穿的服饰等情况已证明，恢复唐制并不是"逢胡必反"。至于铠甲，更是以实用为主，古人反倒不会在这方面去分什么胡、汉或朝代。

明代的甲胄多少有些汉唐遗风，可能是有人在这方面努力过。总而言之，有明一代，甲胄形成了既不同于唐宋传统甲胄，又与蒙元甲胄有所区别的特殊风格，这种胡汉融合印记一直延续到清代，说元明清三代的铠甲属一脉相承也不过分。

锦衣卫之铠

与前朝一样，明代甲胄也分为仪仗甲与实战甲两大类，像宋代甲胄那般华丽的都属于仪仗甲。而要了解明朝最华丽和最美的甲胄，需要将目光聚焦到那个时代广为人知的特有群体——锦衣卫！

身穿飞鱼服、腰挎绣春刀，气宇轩昂又带着冷酷，雷厉风行却又狠辣，这是人们对明代锦衣卫的固有印象，正如胡金铨执导的《龙门客栈》开场白所言："这些番子（东厂人员）和锦衣卫个个心狠手辣，那时候的老百姓只要听说他们来了，都吓得胆战心寒。"从《龙门客栈》到《龙门飞甲》，从胡金铨到徐克，影视作品中的锦衣卫一直充当着鹰犬、爪牙的反角，但厂卫的头目们无论权御天下还是武功盖世，都难逃被侠客歼灭的结局。自古乱世出英雄，武侠小说爱以明朝为背景不足为奇。厂卫是乱世中盛放的邪恶之花，衬托英雄，为侠义传奇点睛。

不过在这些影片中，锦衣卫似乎手握无限特权，然而又永远受制于人、身不由己——这就对了，真实历史中，皇帝要的就是这个效果。锦衣卫在明朝开国皇帝朱元璋统治时期就诞生了，其前身为"拱卫司"，后改称"亲军都尉府"，统辖仪鸾司，掌管皇帝仪仗和侍卫，相当于皇帝手里的一支亲兵。洪武十五年（1382

年）四月，朱元璋撤掉了亲军都尉府和仪銮司，改设锦衣卫，职能为"掌直驾侍卫、巡查缉捕"。这使锦衣卫的职责有明暗两个，明的是"掌直驾侍卫"，作为皇帝的贴身侍卫与仪仗队；暗的是"巡查缉捕"，专司秘密侦缉调查。锦衣卫机构是南北镇抚司。其中，北镇抚司专理皇帝钦定的案件，南镇抚司负责本卫的法纪、军纪。

提及锦衣卫，往往着重于讲他们"巡查缉捕"的工作，但这里我们要将目光放在"掌直驾侍卫"的工作上，因为这展现了锦衣卫们光鲜亮丽的铠甲与赐服（见下一章）。尽管名声不好，但若论个人的颜值武功，锦衣卫堪比特工007。作为皇家仪仗队员，他们必须雄壮俊美；作为皇帝保镖，他们必须身手过硬。"锦衣卫"这个名字就能感觉到皇帝对他们的期望，所以电影里的锦衣卫再怎么帅气都不过分。历史上，他们的服饰与甲胄也往往是研究明代物质视觉美学的重要资料。

大明帝国设有"天武将军"一职。这个天武将军并非真正上战场的将军，而是殿庭卫士的称号，最初沿袭的是元代"天武官"。据《元史》记载："引天武官二人，执金钺，金凤翅兜牟（兜鍪），金锁甲，青勒甲绦，金环绣汗胯，金束带，马珂饰。次金骨朵二，次幢二，次节二，分左右。"进入明代后，这一制度被继承并升级，《明实录》有详细记载：

> 国朝将军之设，选躯体丰伟、有勇力者为之，号曰"天武将军"。立将军千百户总旗统属其众，以年深者等而升之。凡早晚朝及宿卫、扈驾，俱执金瓜、披铁甲、佩弓矢，冠红缨铁盔帽，列侍左右。如大朝会，则披金甲、金盔帽，列侍殿庭，俱有定数。其有品秩者，依品俸级，余皆支米二石。若亡故，子弟愿代者，验有勇力方许。民及人材投充者，亦验其可否而用之。初隶拱卫指挥使司，后隶锦衣卫，止称曰"将军"。

根据这段记载可知：第一，天武将军选拔较为严格，必须身材伟岸，颜值过关，气势也很重要；第二，天武将军站岗时手执金瓜、身穿铁甲、头戴红缨铁盔，列于左右，但在举行大朝会之类的重要活动时，他们的甲胄会换成色泽鲜明的金色（当然不是黄金打造的），兜鍪也更换为金色，列于殿庭；第三，天武将军可以

▲晚明帝王的直身仪仗甲，
参考《出警图》中万历皇
帝所穿着的直身仪仗甲绘制
（刘诗巍 绘）

世袭，如果亡故，子弟愿意又符合条件，可以优先顶替；第四，民众中如果有符合条件的人也可以报名，通过考核即可担任。

　　天武将军设置不久后即改为"大汉将军"，职责不变，一是守卫宫廷，二是作为皇家仪仗队扈从。《明史·职官志五》载："锦衣卫，掌侍卫、缉捕、刑狱之事，恒以勋戚都督领之，恩荫寄禄无常员。凡朝会、巡幸，则具卤簿仪仗，率大汉将军（间注：共一千五百七员）等侍从扈行。"这段记载说明了大汉将军所属机构正是大明皇家第一卫——锦衣卫。

大汉将军甲之谜

前文已说过，据《明实录》载，担任早晚朝护卫的大汉将军皆手持金瓜、身披铁甲、佩戴弓箭、头戴红缨铁盔，如果遇到大朝会，则身披金色铠甲、戴金色盔帽，列侍殿庭，俨然话本小说中常出现的"金瓜武士"。其具体形象可以从两方面探寻，一是明代皇陵等地的神道上一直留存至今的石雕像；二是宫廷画卷中的人物形象，首推现藏于台北故宫博物院的《出警入跸图》。

现存于北京明十三陵的石像生向后人完整地展现了明代大汉将军甲的具体形象：头戴凤翅兜鍪、身穿大袖锦袍、外罩全套身甲。其甲形制与宋皇陵的石

▲ 根据明十三陵神道石刻复刻的大汉将军甲上身效果图（甲胄制作者为李辉，模特为周渝）

像颇为相似，由身甲、兽吞披膊、臂鞴、裙甲、吊鱼、抱肚、圆护（即"护心镜"）、束甲带、兽吞腰带等组成。与宋代石刻最主要的区别在于，明石像头上戴的兜鍪凤翅比宋代的略小。但是，在反映大汉将军扈从的宫廷画中，我们看到的铠甲却与十三陵的不同。

《出警入跸图》描绘了万历皇帝出京谒陵的盛况，在这幅宏伟的画卷中，可以看到不少明代甲胄。图中，手举斧钺和页锤的大汉将军穿的甲比十三陵石像的简化了许多：首先是凤翅兜鍪变成了小凤翅；其次是分体甲变成了直身长甲，尽管还保留着披膊，但臂鞴已经消失。甲胄附件也只剩胸前的彩色排穗和圆护，但这种大汉将军甲是少数。

关于大汉将军甲胄，目前争议最大的是甲片形制，它究竟属于札甲，还是锁甲？唐代史籍出现了"山纹甲"，主流观点一直认为，所谓"山纹"，是指甲片形状类似"山"形，因此属于札甲。这种"山"形甲片虽然频频出现在晚唐至宋的资料、石像中，明代石像和古画也常见到，但从来无一片"山"形甲片存世。那

么，大汉将军所穿甲胄真的是山纹甲吗？其实，《明会典》已说得很明确："勋卫，散骑舍人四员，府军前卫官二十员，明盔、锁子甲、悬金牌、佩刀，夹左右陛。"

提及锁子甲，《中国纹样史》对"锁子"纹有这样的解释："锁子是由浅弧形组成三角连环的一种几何纹，因形如链锁，故名。锁子纹仿自锁子甲，亦称锁甲、锁骨、锁子铠……锁子纹因其链环相勾连，而又相拱护，故有联结不断之意。"对照《明会典》中"明盔、锁子甲"的记载，大汉将军的"山纹甲"就很难成立了。应该说，唐宋至明代以来，包括《武经总要》《关羽擒将图》《出警入跸图》等诸多资料中出现的"山"形甲片"山纹甲"，实际应为锁子甲。

作为明代宫廷的皇家仪仗队，大汉将军甲胄的观赏性大于实战性，这一传统一直保持到明末。不过，没仗打不代表没危险，没侍候好身上的铠甲，也是会丢性命的。《明实录》就记载了两则小故事。第一则是明英宗朱祁镇在位期间，有一

▲明代宫廷画《入跸图》中锦衣卫身穿华丽甲胄，这种甲胄应为仪仗甲，而非实战用甲

天发现站岗的大汉将军身上的甲胄不但不鲜亮威风，反而锈迹斑斑，连守墓的都不如。他勃然大怒，命锦衣卫将这几名穿着锈甲的大汉将军乱棍打死。到了天启年间，类似的事情又出现了。有一天，明熹宗朱由校上早朝时发现大汉将军的队伍中站在前面的人的盔甲、衣着还算鲜明，但排在后面的就一塌糊涂，不仅盔甲暗淡无色，有人甚至穿着破衣服和破袜子来上朝，大失体统。好在皇帝虽然很生气，却只让负责管领的襄城伯把属下批判了一番，没闹出人命。

可以想象，每逢皇家重大典礼时，成群的大汉将军身穿精致华丽的铠甲，威风凛凛地列阵，场面必然十分壮观。实际上，当时的确有人记下了这种场面，其中最主要的一位记录者就是朱国桢。朱国桢一生宦海沉浮，没有经历过大风大浪，但史书给予了他较高的评价："处逆境时，独能不阿，洁身引退。性直坦率，虽位至辅伯而家业肃然。"所谓"位至辅伯"，是指他在天启四年（1624 年）春晋升为户部尚书、武英殿大学士，总裁《国史实录》，后又官至从一品少师兼太子太师。然而，天启年间正是魏阉当道的黑暗时期，朝中大臣朝不保夕，朱国桢也难以幸免，他遭到魏忠贤的干孙子李蕃的弹劾，当时已年近古稀的他自然不可能斗得过权势滔天的魏忠贤，只能称病辞官，苟全性命于乱世。魏忠贤对朱国桢倒也没有赶尽杀绝，他对身边爪牙们说："此老亦邪人，但不作恶，可令善去。"就这样，朱国桢告别出入了数十年的紫禁城，归隐著书，在崇祯五年（1632 年）以 74 岁高龄善终。

与东林六君子这些同阉党白刃相见，你死我活的人比起来，朱国桢的表现的确不出彩。但他留给后世最宝贵的遗产是其诸多著作。明代自嘉靖之后，私人修史之风盛行，晚明时期的王世贞、张岱都属私人修史的代表。曾总裁《国史实录》的朱国桢，也撰写了《明史概》《大政记》《涌幢小品》《皇明纪传》等著作，多是记录历史及当世风貌、见闻的著作。其中以《涌幢小品》最具特色。这是一本明朝掌故，大至朝章典制、政治经济、徭役、仓储备荒、遵化冶炼技术，小至社会风俗、人物传记，各种琐闻逸事，应有尽有。之前讲元代甲胄时，已经引用过朱国桢的著作，关于明代甲胄及重大典礼，朱国桢也记述生动。

国之大事，在祀与戎！在明清两代，每遇重大战争，朝廷大军得胜凯旋，都要在午门向皇帝敬献战俘，称"奏凯献俘"。朱国桢亲历的第一场献俘礼发生于万历二十七年（1599 年）四月二十四日。是日，天朗气清，这场献俘礼与万历三大征中最著名的抗日援朝之役有关。万历皇帝登上午门城楼，大司寇则跪于御道，致辞先述官衔、名姓及左右侍郎，随后历数日军罪状，请奏皇帝将犯人磔斩。末云："合赴市曹行刑，请旨。"献俘奏本洋洋洒洒数百言，字字响亮。万历皇帝听完，亲传"拿去"二字，金口一开，群臣开始接龙皇帝的口令，人数由少逐次增多，"左右勋戚接者，二遽为四。乃有声，又为八，为十六。渐震，为三十二。最下则大汉将军三百六十人，齐声应如轰雷矣"。礼成后，这些日军俘虏便真的被"推出午门斩首"了

▲《出警图》中万历皇帝穿着华丽的直身仪仗甲

（行刑地在西市）。试想三百六十名身穿华丽仪仗铠甲的锦衣卫大汉将军齐声传达皇帝口令的场面，恢宏壮丽不言而喻。作为参礼者的朱国桢不禁感慨："此等境界，可谓熙朝极盛事。"

最后的札甲

当然，大明皇家仪仗队中的札甲也很多。《出警入跸图》中有大量骑马的锦衣卫，他们手持凤嘴刀或页锤，头戴金色或银色的小凤翅兜鍪，身甲为清一色的直身札甲。尽管锦衣卫们穿的仍是传统札甲，但已看不到唐宋款札甲的束腰、抱肚、掩膊、臂缚，手部的臂韝也变成了类似皮皮虾壳的铁臂手。在做工上，这种新式铁臂手采用织物固定铁片与身上的甲胄，提升了灵活度。不过，在实战中，随着火器发展，传承千年的札甲已步入黄昏时期。

明朝恰好是承前启后的时期。实际上，明代的札甲不少，《明会典》记录的鱼鳞甲、柳叶甲等都为札甲。20世纪90年代，广州市文物考古研究所曾挖掘出一套铁甲，经过古代甲胄专家白金荣老师等人8年的努力考据，最终将这领甲胄成功复原。经鉴定，该领铠甲为明初制造，复原后的铠甲由1165块甲片编成，胸、背

▲ 明代髹漆铁盔，盔内焊接有内衬（由12根竖置的铁条组成），通体胶贴平纹麻布，然后髹红漆，盔正前方有用金粉书写的"勇"字，出土于梁庄王墓，现藏于湖北省博物馆

▶ 头戴"勇"字盔的明代神机营炮手模型（周渝 藏）

甲分内外两层，内层与腹甲、腿裙相连，外层则与披膊相连，其形制与《武经总要》附图中的一领宋甲完全相同。也就是说，明初时，有一部分铠甲袭承自宋代铠甲。不过，当时士兵所穿盔甲多是形制简单、着重实用功能的半身式对襟齐腰札甲，头戴的兜鍪为一种铁质头盔；也有的身披形制古老的裲裆甲，头部扎巾，无盔可戴。

当然，明代头盔的款式非常多，不仅有袭承自唐宋的兜鍪，也有沿革蒙元的钵胄，还有盔身由八瓣组成，胄顶形似半个南瓜的帽儿盔等。从《出警入跸图》《平番得胜图》《岁祷道行图》等明代写实绘卷中可以发现，明军有在盔顶插小旗的习惯，疑为标识。明朝还有一种独具特色的"勇"字盔，这种头盔在《出警入跸图》中有多人戴，胄体为朱红色，外形类似明代大帽，正中有一大大的"勇"字，有铁盔与皮盔两种。由于出现在《出警入跸图》中，因而被推测为仪仗用盔。但这种"勇"字盔在全国多个地方皆有出土实物，很有可能是作为实战胄装备到军中的。

总体来说，在明朝，北方军队的披甲率高于南方军队，这与他们分别面对不同的敌人有关。北方军队主要为了应付瓦剌、鞑靼等游牧民族，对冷兵器的防御力度要求较高。根据明人唐顺之所著的《武编》，明军"各边军士役战，身荷锁甲战裙，臂遮等具，共重四十五斤"，这些重甲有不少是锁子甲。不过，明代锁子甲又不同于欧洲的锁子甲，它们多由披膊、对襟身甲、下裙组成，同时又与札甲结合，形成独具中国特色的复合甲。而在南方，明军的主要敌人为倭寇。倭寇行踪不定且装备有火器，故而明军甲胄应以轻便灵活为主。仇英绘制的《倭寇图卷》中，明军头上甚至只缠了块头巾，从头顶发髻至颈部包得严严实实，上身套了衬袄或胖袄，下身为裤子和行滕（绑腿）。这里的胖袄、衬袄实

▲ 复刻版明代军士札甲上身效果图（模特：周渝）

际上是一种厚棉衣，属于布面甲范畴，下文会详说。

札甲最后一次在中国战场大规模华丽亮相，大概是在明末民族英雄郑成功组建的"铁人军"中了。延平王户官杨英，随延平王郑成功 14 年，大小战役都参加了。他按编年体详细记载了郑成功 1649—1662 年间征战南北、经营台湾的史实，名曰《从征实录》。里面关于财政与军政的事尤其详细，所载之事多为作者身经目睹或采自六官案牍，翔实可信，其中就有郑氏"铁人军"的记载。《从征实录》永历十二年二月部分有这样的记载：

吊（调）各提督统领班回思明，选练征剿。迨至，集诸将议曰："先年护国岭杀败阿格商所拾衣甲，全身披挂是铁；所以敢下马打死仗者，恃有此耳。其如我兵精勇何？今我亦用此披挂，剿杀丑虏，诸将以为何如？"戎政王秀奇进曰："披挂全身穿带，不下三十觔，虏有马驼，载穿带尤易，若至下马打死仗，战胜不能追赶，战败则难收退。今我兵欲以一人穿带三十斤步行，雄壮者步伐不难，瘦小者未见其便。"藩曰："须

▲郑成功画像。图中的郑成功头戴将巾，甲胄外面套着披风，这也是明代将领颇为流行的一种穿戴方式

拣选雄壮强健者当之。"甘辉进曰："岳家军多自负带，我朝戚南塘令兵卒两脚股负沙操练，岂畏重耶？要在拣练得法耳。"时适左戎旗管理大候缺将王大雄，将披挂付其穿带。雄手执战棋，步伐整齐，如赴敌状，动履如飞。藩喜曰："似此可纵横天下矣！"遂行冯工官传督造陈启等日夜制造披挂铁面，专意为之。诸将亦以为可。大雄，长乐县人，腰大数围，力举千斤，有武艺。后因拔为左虎卫正领兵中军官。行各提督、统镇挑选勇壮者吊（调）入亲军。

　　这段话的主要内容是，郑成功挑选军中壮勇为亲兵，并在厦门港修筑勇武亭，作为军士操练的场所。与此同时，他又派工官冯澄世负责监造坚厚的铁盔、铁铠、两臂、围裙以及脚上穿的铁鞋，达到了"箭穿不入"的效果。除此之外，还打造了铁面，只露两眼和口鼻，面具的妆画得如鬼一般狰狞，兵士手持大马刀，专砍马脚，被称为"铁人"。"铁人军"的形象通过瑞士画家艾布瑞契·赫伯特的笔得以流传，从画上可以看出"铁人军"穿的正是札甲。

　　可惜"铁人军"未能完成郑成功反清复明的愿望，随着南明（含明郑时期）王朝的覆灭，在中国战争史上活跃了两千多年的铁札甲也退出了历史舞台。在火器时代，布面甲逐渐成为军队装备的主流。

甲胄中的铁布衫

　　进入明朝中晚期后，明军中已是布面甲的天下。提及布面甲，不少人一定会想到清王朝的八旗军：他们头顶"避雷针"头盔，身披打满了铆钉的布面甲，布面甲有黄、白、蓝、红、镶黄、镶白、镶蓝、镶红八种颜色。因为这种"八旗铠甲"有不少实物传世，故而成为当今古装剧中较接近历史的中国甲胄。不过，要是就此认为八旗铠甲是八旗军原创，那就大错特错了。无论甲胄的工艺还是形制，八旗铠甲都是一款"山寨产品"，抄袭的正是明朝官军。但明朝就是原创吗？也不是。

本书前文已讲过，布面甲自蒙元时代就已出现，日本的元寇史料馆中至今仍藏有元军留下的形制已相当成熟的布面甲。明朝建立后，除了将套头式改为对襟式外，与蒙元的布面甲没其他不同了。永乐年间，明军组建了中国第一支成建制的火器部队神机营，并开始研究甲胄。在新的时代，传统的札甲面对火器不堪一击，倒是在宋代传入中国的棉花经纺织后，对早期的火器有较好的防御力。随后，布面甲逐渐在军中普及，到晚明时，抗清名将卢象升的部队达到了百分之百的备甲率，穿的正是能够以柔克刚的布面甲。

▲ 身穿直身布面甲的明代边军模型（周渝 藏）

说起布面甲，首先得弄清楚布面甲、绵甲和棉甲三者的区别。从广义上来说，这几种甲胄都可以归为布面甲，但"布面甲"和"棉甲"是现代约定俗成的叫法。在古代，棉甲有多种叫法，戚继光在兵书《纪效新书》中称为"缉甲"[①]，而朱国桢在《涌幢小品》中则记为"绵甲"。后者叫法更为普遍，清人《满洲实录》中亦称"绵甲"，在《清会典》中，"绵甲"已是四大类甲之一。

前文介绍的布面甲按照《清会典》的分法，应该叫"明甲"和"暗甲"，

---

① 原文："今择其利者，步兵惟有缉甲。用绢布不等，若纸、绵俱薄，则箭亦可入，无论铅子，今须厚一寸，用绵密缉，可长至膝，太长则田泥不便，太短则不能蔽身。"

实际上都是布面铁甲。明甲，其制法在《中国古代实战兵器图鉴》一书中有介绍。明甲的制作是以棉胆为底，"将钣金铁片以札甲形式连缀其上，或者直接将铁网包覆于棉胆之外"。不过，常见的布面甲以暗甲居多，暗甲外观与普通棉衣无异，内衬则是以泡钉固定铁片，棉布只是起连接作用，其内部甲片较大，类似于板甲，外部棉布可能很薄，其防御力主要来自于内层的铁甲片，相当于穿了一件铁布衫。

再来看看纯粹的棉甲。朱国祯在《涌幢小品》中记载了"纸铠绵甲"的制作方法：

> 纸铠起于唐宣宗时，河中节度使徐商劈纸为之，劲矢不能入。商，有功五世孙也，官至平章事，太子太保。子彦若。官亦如之。有功仁恕之报也。

> 绵甲以绵花七斤，用布缝如夹袄。两臂过肩五寸，下长掩膝，粗线

▲明代仇英绘《抗倭图卷》(局部)，画中明军士兵身穿简单的短袄布面甲，无胄，仅以头巾包裹头部

▲ 明代仇英绘《抗倭图卷》（局部），图中坐于船中的将领身穿罩甲

▲ 运送车载佛郎机的明军模型，身穿短袄布面甲的明军形象参考了仇英《倭寇图卷》中的明军（周渝 藏）

逐行横直，缝紧入水，浸透取起，铺地，用脚踹实，以不胖胀为度，晒干收用。见雨不重，霉䶵不烂，鸟铳不能大伤。纸甲，用无性极柔之纸，加工鏈软，叠厚三寸，方寸四钉，如遇水雨浸湿，铳箭难透。

这则记载中，绵甲与纸铠放在一起，其制作方式都为同一个原理——层层叠加，以柔克刚。《明史》记载明末时，李自成的骑兵"绵甲厚百层，矢炮不能入"，其原理与纸铠制作差不多，即将数层丝绵布料缝合在一起，依靠厚度来进行防护。不过，"鸟铳不能大伤"这一点还是值得推敲的。棉制品对早期火器可以有比较好的防御效果，但明朝中后期出现的鸟铳拥有巨大的威力。

根据明末科学家宋应星在《天工开物》的记载，明朝的火器代表三眼铳，只能在三十步内破甲，五十步能打伤不披甲的士兵，过了一百步则毫无杀伤力。这种条件下，说纯粹的棉甲可以防御火器是说得通的。不过本书前文介绍过，火器发展至明朝中期，由于西器东用，威力大增，已不同于早期火器，所以，这时候棉制品对火器的防御相当有限。尤其是后期出现的鸟铳，其威力远超中国本土的三眼铳等火器。宋应星留下的另一段记录这样写道：

人又谓鸟铳能击二层，尝试之矣。八十步之外，能击湿毡被二层。五十步之外，能击三层四层。诸所议障蔽事宜，亦当从长。其实，兵贵速合，障蔽先之，弱兵继之，强兵又继之，扑砍一处，分兵左右冲击之，倭无所施其技矣。

此记录的背景是万历年间的抗日援朝战争时期，日军装备的铳类火器普遍优于明军。为应对日军的火器，明军总结战前棉织品打湿后可以防御火器的经验，准备了高七尺、阔一丈二尺的大棉被，打算等日军一进攻就打湿遮挡弹丸。不过，当时日军鸟铳已比较强大，鉴于此，明朝兵部左侍郎宋应昌找了日军鸟铳做试击实验，结果发现，鸟铳在八十步之外能击穿二层湿毡被，五十步之外则能击破三至四层湿毡被，可见棉制品并非防火器的神器。为了加强防御，只能在甲的内部下功夫——制作时在棉甲里加上金属、牛皮等防御材料，做成复合甲。

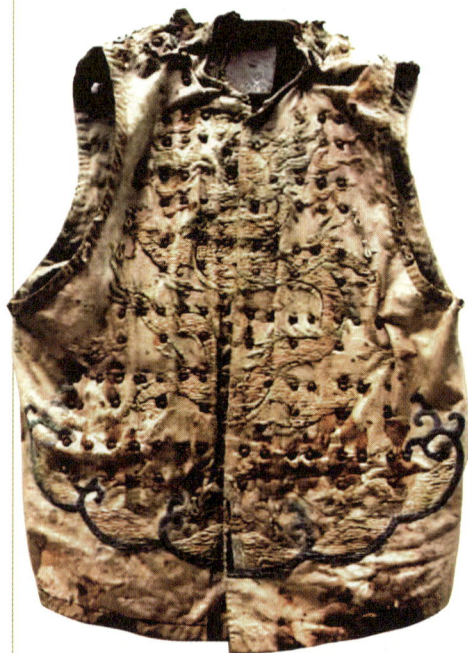

▲ 明崇祯时期山西总兵周遇吉所属的宁武路静乐营二队鸟铳手守长赵勇遗留的布面甲身甲，此为一套分体布面甲，现藏于山西博物馆

▲ 山西博物馆藏的赵勇布面甲里层，内衬镶满铁甲片，相当沉重

相比传统札甲，这种复合甲的优势在于防御面广，棉制材料对火铳弹丸有缓冲作用，而内部的牛皮、纸甲（以硬布裱骨，再用纸筋搪塞而成）以及金属则是关键，既能防御一部分火器，还能应对冷兵器的攻击。故而不能说铁甲是因为绵甲才被淘汰，相反，布面甲之所以能逐步取代札甲，主要就是因为这种甲可以合并棉甲、铁甲、皮甲、纸甲的防御性能，取众甲之长。

千万别认为布面甲就比传统的札甲轻便。以明军中较为常见的长身甲（甲长及小腿）为例，看上去，长身甲仅是套了一件罩甲，比传统札甲简化了许多，但其重量非常惊人。山西博物馆珍藏了明崇祯时期宁武路静乐营二队鸟铳手守长赵勇遗留的一套布面甲，甲身内衬镶满铁甲片，相当沉重。唐顺之在《武编》有一篇《边军劳苦》，里面记载了戍边将士铠甲、战裙、遮臂等具重45斤，铁盔、脑盖重7斤，加上护心铁、腰刀、弓箭等共有88斤，军士负荷相当大。

现在回到最初的问题：布面甲、棉甲和绵甲三者如何区分？首先，古代"绵"通"棉"，故而古籍中记载的"绵甲"就是"棉甲"；其次，以是否装有铁叶来分辨是布面甲还是绵甲，主要是根据《清会典》中的明甲、暗甲、绵甲分属不同类别，但实际上两者不易区分，例如《满洲实录》记载明军"执竹杆长枪、大刀利剑，铁盔之外有绵盔，铁甲之外有绵甲"，不了解甲胄的人会认为，明军穿了一件铁甲又穿了一件绵甲，实际上只穿了一套内置铁叶外层为棉布的甲。棉甲与布面铁甲之间并非泾渭分明，明中晚期的军队装备了大量复合型棉甲。

最好的甲胄给谁了？

在火器时代已来临，冷兵器时代尚未终结这个特殊阶段，甲胄既要防御对火器的打击，也要防备传统的冷兵器，某种程度上，传统札甲并未消失，而是穿进了棉衣里。因为布面甲集百家之长，实用性高，故而其影响力波及东亚朝鲜等地，并为后来的清朝所继承。

长期以来，很多人有这样的印象，那就是北方辽东明军装备着当时最为精良的布面甲和武器，实际上并非如此。当时，辽东地区明朝正规军的装备实在不怎么样，士兵甲胄质量差、刀刃迟钝，是明军兵败萨尔浒的原因之一。

萨尔浒大战前，明帝国的正规军是什么情况呢？大致可以从徐光启战后的检讨和总结中窥知一二。徐光启将辽东现有的部队分为四种。第一种叫残兵，甲死归乙，乙逃归丙，或

▶ 身穿分体布面甲的明军模型，其布面甲形制参考的是山西博物馆中藏的崇祯年间赵勇甲，这种形制影响了后来的清军八旗甲胄（周渝 藏）

七八十，或三二百，身无片甲，手无寸械，随营糜饷，不肯出战。第二种叫额兵，也就是卫所职业军人，这些人或死于征战，或图厚饷，逃为新兵。第三种是朝廷为补充兵源招募的士兵，这种兵油子非常鸡贼，朝投此营，领出官家月粮，即暮投彼营。点名的时候都在喊"到"，等分配任务时一半人都不见了。第四种是援兵，即外调而来的军队，徐光启说这些援兵"弱军羸马，朽甲钝戈，而事急需人，不暇发还"，强调帝国北方的边军不仅甲胄老旧腐朽，刀也钝。

军士的衣甲和兵器放在仓库太久，大多已腐朽不堪。当时，奉诏征讨的刘綎令士兵试马，发现这些兵连武器都拿不稳，祭军旗时，刀换了三次才把牛头砍下来。那么问题来了，朝廷大量的拨款以及那些精良的武器、甲胄去哪儿了？且看努尔哈赤起兵后明帝国的调兵情况。明帝国会剿建州女真的方式与三大征如出一辙——招

▲《平番得胜图》中身着布面甲的明军骑兵

兵买马，南兵北调，再以当地番邦、夷人的武装力量辅助。从表面上看，明帝国的兵力远远超过后金，但实际情况又如何呢？先说辽东地区，全镇额定兵员仅有 6 万人，且分散于各地，真正能集中起来应急野战的仅在 2 万人左右，而这 2 万人多数还是武备松弛、战力低下、士气萎靡的老弱病残，真正具有战斗力的仅数千人。讽刺的是，这几千人都不是明帝国的政府军，而是将领们的私兵，时称"家丁"。

听到家丁一词，给人感觉不过是富豪家里守家护院的仆役，但晚明时期辽东将领们的家丁却待遇优厚，装备精良，战力远胜于正规军的精锐士卒。之所以出现这种现象，与卫所兵逃亡严重有关。由于兵源不足，朝廷只能下血本，通过募兵方式从民间招募人员补充兵源，而各级将领乘机占朝廷便宜——从民间或军中物色一些武功高强、骑射娴熟的人，将他们招为己用，本质上就是雇佣军。家丁

▲复刻版晚明将领齐腰鱼鳞甲上身效果图（模特：周渝）

有两种，一种是从民间招的，包括战力强悍的土著中的力士、猎手等；另一种原本是正规军中的劲卒，但被将领看中后招为己用，领双份工资，但将领给的待遇要远远高于朝廷发的军饷，因此做家丁是主业，当朝廷的兵反而成了兼职。

李成梁经营辽东近三十年，先后奏大捷者十，被称为"边帅武功之盛"，他家族对辽东军制的影响也极深远。辽东被称为李家军的天下，除了指李成梁家族成员们皆在辽东担任要职外，也指真正意义上的"李家军"——私兵！在这个家族经营辽东期间，家丁现象大行其道，这些人即使领着朝廷军饷，也只听命于将领个人，将领调任，家丁也被允许跟随，实际上等同于将领的私人部队。辽东有些将领就是家丁出身，如李如松（李成梁长子）的得力干将——在碧蹄馆战役中殉国的李有升，李宁、李平胡等将领原本也是李成梁的家丁。当然，李氏家丁中最

▲ 万历抗日援朝战争时期的明朝边军模型，5 名边军身穿晚明布面甲，最右边为晚明辽东总兵李如松模型，身穿齐腰鱼鳞甲（周渝 藏）

有出息的那个人叫努尔哈赤。

晚明时正规军会沦落到"身无片甲，手无寸械"的地步，有个很重要的原因是明代中晚期，家丁的多寡往往被视为将领实力的体现。虽然作为精锐部队的家丁，在平定边患的数次大小作战中发挥了一定作用，但因其本质是私人部队，当遇到大规模联合作战时，各路将领们的小算盘就会直接影响家丁的使用，而家丁是军队战力的核心。例如辅助其他将领作战时，一些将领便不会让家丁上战场，而是用老弱病残的正规军糊弄。即使立下赫赫战功的抗日名将李如松，平壤之战中也因不愿让自己家丁受过多损失，从而网开一面放走了敌将小西行长。所以，家丁精锐归精锐，终究是私兵。

还有更严重的问题：家丁待遇丰厚，有的甚至高出正规军 10 倍，还能获得

▲ 辽东副总兵杨元模型，空灵阁制。该模型身上的甲以布面为底，采用札甲编法的铁叶外置。具有这种铁叶外置特征的甲，也就是后来《清会典》中记载的与"暗甲"相对的"明甲"（周渝藏）

将领分配的田地，如此巨大的开支如何得来？很简单，将领们利用职权克扣军饷，与商人勾结垄断边关贸易。至于田产，就更简单了，直接侵占朝廷的屯田，然后分给自己的家丁。将领们的家丁榨干了朝廷募兵的军费，得到了优良的甲胄、武器。家丁成为一支军队的核心力量，正规军反而形同无物，这本身就是本末倒置。

萨尔浒之战十余年后，后金政权也开始装备大量火器，并在入主中原后灭南明的战争中发挥了重大作用。实际上，世界的科技发展日新月异，18 世纪中叶的工业革命将使火器的生产更便捷、杀伤力更强，甲胄退出历史舞台已是必然趋势。

气宇轩昂而冷酷，雷厉风行又狠辣，这是人们对明代锦衣卫的印象。从古至今，特务从来就不稀罕，但在明朝，特务系统发展得登峰造极，锦衣卫之外，还有东厂、西厂、内行厂。为何要设这么多重机构？它们之间又有什么关系？

锦衣卫：大内密探花美男

所谓"厂卫"，是指东厂、西厂、内行厂和锦衣卫的合称，是明代最具特色的政治创设。作为皇帝的耳目和爪牙，"厂"和"卫"互不隶属、互相牵制，但多数时间掌控在宦官手里，与"特务政治"和"宦官政治"紧密联系，当时就为士大夫们深恶痛绝。明末学者

▲ 飞鱼服并非锦衣卫的制服，锦衣卫通常只在仪仗场合才会穿上飞鱼、斗牛、麒麟等纹样的赐服（周渝 藏）

沈起堂甚至下了这样的结论："明不亡于流寇，而亡于厂卫。"这样的总结虽然有些绝对，但由此可见宦官专权、厂卫横行令时人怨恨的程度。

从厂卫诞生的年代上看，"卫"早于"厂"。锦衣卫在明朝开国皇帝朱元璋时代就诞生了。朱元璋出身贫苦，当皇帝后为驾驭群臣，喜欢耍些江湖伎俩，比如派人监视臣子言行。他发现这招非常好用，随后他便跟大臣聊天。昨天谁跟谁一起喝酒，吃了什么菜，回家为啥发火，他全知道，臣子哪能不战战兢兢。于是，明太祖决定将其系统化、制度化，人员嘛，首选自己身边的侍卫。

朱元璋称帝之初，还未设置锦衣卫，但他任用了许多亲信为"检校"。有一次，明代开国功臣宋濂在家与客人喝酒，检校在旁窥视。第二天，朱元璋问宋濂昨天与谁喝酒？都吃了什么菜？宋濂如实回答，朱元璋十分满意："诚然，卿不欺朕。"礼部尚书吴琳告老回乡，朱元璋也曾派检校去调查近况。有一年，绍兴、金华秋旱，颗粒无收，地方政府向中央瞒报灾情，检校查访后汇报朱元璋，地方官遂被拿问，朱元璋非常满意，评价检校："有此数人，譬如恶犬则人怕。"检校古已有之，非正式官职，朱元璋身边的检校的职责之一就是秘密侦缉，但毕竟属于临时抽调，并非长久之计。为了特务正规化、制度化、系统化，锦衣卫应运而生。

影视作品中衣着华丽的锦衣卫总让人有一种错觉，认为他们凌驾于百官之上，可以作威作福。其实，锦衣卫也分三六九等，其首领为指挥使（正三品），通常由皇帝绝对信任的武将担任，直接向皇帝负责。下设指挥同知（从三品）、指挥佥事（正四品）、镇抚使（从四品）、十四所千户（正五品）、副千户（从五品）、百户（正六品）、试百户（从六

▲ 明代锦衣卫木印

品）、总旗（正七品）、小旗（从七品）等职，所以不是所有锦衣卫都能干审问高官、逮捕皇亲国戚这样的威风事，基层锦衣卫会与捕快一样上街抓盗贼，连"街涂沟渲"也要"密缉而时省之"。在电影《绣春刀》中，卢剑星和沈炼职位为总旗，靳一川仅为小旗，皆属基层锦衣卫，如果他们在《龙门客栈》里，恐怕连给厂公曹少钦执旗的资格都没有，难怪《绣春刀》大反派厂公赵靖忠轻蔑地称沈炼等人为"蝼蚁"。

锦衣卫之所以令人胆寒，主要是因为这个机构在执行任务时，直接根据皇帝旨意执行侦察、逮捕、关押、审理任务，不经过刑部、大理寺、都察院三大司法机关；此外，他们还有专门关押和审讯被捕人员的地方——让人毛骨悚然的"诏狱"。作为一个完全独立的司法部门，锦衣卫职权之大可想而知，但在洪武一朝，锦衣卫还不至于像后来那样只手遮天，因为明太祖朱元璋对其驾驭极严。洪武二十年（1387 年），朱元璋得知锦衣卫在诏狱中用极残忍的方法凌虐犯人后，一怒之下焚毁了诏狱的刑具，并将囚徒移送刑部大牢，从此，大小罪案不再经锦衣卫审查，他们只有侦查立案的权力。

实际上，锦衣卫中也有忠厚正直之士，干过利国利民的好事。比如 1449 年的土木堡之变，明英宗亲征瓦剌兵败被俘，身边只剩一人——锦衣卫袁彬。他不但始终追随护佑，并且力劝皇帝不要投降，还设计铲除了叛徒。在 16 世纪末的抗日援朝战争中，锦衣卫也曾远赴异国，探得大量重要情报，策反敌将，为大破日军助力。

东厂：宦官监督军队

锦衣卫失控的情况，皇帝也不愿看到。朱元璋就曾因锦衣卫过分凌虐囚犯，而一度焚毁刑具，废除其"巡查缉捕"职能。但到明成祖朱棣统治时期，锦衣卫的特权不但被恢复，还有所加强，因为这位皇帝是非正常上位，担心有人不服气。然而，锦衣卫一旦壮大起来，皇帝一个人是管不过来的。

明太祖一朝，锦衣卫权力有限，东厂还未出现，真正确立厂卫在有明一代地位的，是明成祖朱棣。朱元璋虽也常用宦官做事，但深知宦官干政必祸国，并立有"宦官不得干政"铁牌。朱元璋驾崩后，建文帝朱允炆即位，仅四年就被燕王朱棣篡夺了皇位。朱棣在起兵时，从南京叛逃的大量宦官前去投奔，为他提供了诸多有利情报帮助他顺利打进南京。朱棣当上皇帝后论功行赏，不少宦官都成了有"功"之臣。作为回报，宦官们先垄断了外交使节职务，作为明王朝正式代表身份外出，后又率兵。永乐朝新成立的京师三大营提督均为宦官，郑和下西洋率兵多达两万七千人，被认为是明代宦官将兵之始。

朱棣如此信任宦官，与锦衣卫的复起与失势有关。朱棣的帝位名不正言不顺，防范的人除了大臣外，还包括其他朱姓藩王。当自身合法性受到挑战时，特务政治必然再度兴起，锦衣卫再度被朱棣赋予职权，在方孝孺案、景清案等一系列肃清建文帝遗臣的血腥大案中，"诛十族""瓜蔓抄"等极刑的执行者就是锦衣卫及重新开放的诏狱。锦衣卫指挥使纪纲在屠戮建文帝旧臣的过程中大开杀戒，颇得朱棣宠信，典亲军、掌诏狱，不可一世，甚至玩了一把明代版"指鹿为马"，朝臣莫不惧怕。不过，纪纲在成为权臣后，行为也开始不轨起来，例如他曾将藩王冠服穿在身上，命令伶人高呼万岁。朱棣下诏全国选美，各地送来美人后，纪纲竟先挑出绝色美人藏于自己家中。更可恨的是，纪纲在府上养了大批死士，暗中修建隧道并制造数以万计的刀枪、盔甲和刀剑。

纪纲种种不轨行为并未逃过朱棣的眼睛，只是当时他尚需要纪纲为他镇压异己才未动手。到永乐十四年（1416年），建文帝已不再对朱棣的帝位构成威胁，朝中政治风向转变，恰逢纪纲被一名与其有仇的宦官揭发，朱棣立即下令逮捕纪纲并将其凌迟处死。锦衣卫企图"谋反"，证明亲军也不可信，朱棣开始着手从制度上解决这个问题：锦衣卫还得用，但得找人看着他们。

既然明成祖曾派宦官监视过自己的儿子朱高炽，那么现在再用宦官牵制一下锦衣卫也理所当然。永乐十八年（1420年），明王朝都城北迁，在新都城北京的东安门北侧，一个由宦官提督控制的侦缉机构成立，这就是东缉事厂，简称东厂。

东厂由皇帝信任的太监领导，负责重要情报和钦定案件事宜。或许有人会问：这职能不是跟锦衣卫重复了吗？其实，太监总共也没多少人，实际办事的主要还是锦衣卫。东厂的工作就是监督锦衣卫干活，再向皇帝汇报，锦衣卫拷问重犯，东厂都要派人听审。东厂虽为特权监察机构，后来也自行巡查缉捕，涉及领域比锦衣卫只多不少。

东厂与锦衣卫的区别在于"厂"是宦官机构，而锦衣卫的"卫"是军事机构。锦衣卫明面上类似于现代宪兵队，而东厂则属于秘密特务机构。明代全国军队都编入卫所体系，通常1个卫下辖5个所，定额5600人。锦衣卫属禁卫亲军编制，刚成立时只有1000多人，然而明朝中期扩编至17个所，此外还辖有南北两个镇抚司。北镇抚司存在感最强，专事侦查、逮捕、审问等活动，而南镇抚司主要掌管本卫内部法度，相当于宪兵队。所以在电影里，北镇抚司的办案人员被杀，要交由南镇抚司调查。锦衣卫人数最多时超过15万人。锦衣卫人马虽多，但在制度上受东厂节制，一旦朝中宦官专权，锦衣卫往往就成为东厂"鹰犬"，任其调遣。

在驾驭臣下的手腕上，朱棣与朱元璋不相上下，所以，永乐一朝虽恢复了锦衣卫职权、重用宦官设立东厂，厂卫却并未影响朝政，但明英宗朱祁镇即位后，宦官干政的局面终于不可避免地出现了。这个宦官叫王振，朱祁镇当太子时就深受宠爱，所以后来当了司礼监掌印太监。王振得势时，锦衣卫也形同东厂附属机构，他的两个侄子王山和王林被提拔为锦衣卫指挥同知和指挥佥事。指挥使马顺将翰林侍讲刘球等得罪过王振的官员打入诏狱，迫害致死。正统十四年（1449年），瓦剌大举入侵，王振鼓动朱祁镇亲征，结果明军在土木堡全军

▲ 锦衣卫指挥使马顺腰牌，马顺为正统年间锦衣卫指挥使，土木堡之变后被朝臣活活打死

覆没，朱祁镇被俘，王振也死于乱军中，大明朝的第一次宦官专权在外部势力的作用下终止。至于锦衣卫指挥使马顺，则落得在朝堂上被愤怒的大臣活活打死的下场。

西厂：东厂管不了的事我管

东厂设立后，锦衣卫确实没法再为所欲为，然而一手遮天的太监却动不动就冒出来，导致明朝宦官专权特别严重。宦官主管的特务机构除了东厂，还出现过西厂和内行厂。

朱祁镇被俘数年后归来，于1457年通过"夺门之变"取回皇位，随后以"莫须有"罪名处死了名臣于谦，而陷害于谦的黑手中就有一名叫曹吉祥的宦官，电影《龙门客栈》中的曹少钦就是以他为原型。其实，历史上的曹吉祥干的坏事比曹少钦还多。天顺五年（1461年）七月，曹吉祥与嗣子曹钦发动兵变，旋即被平息，曹吉祥亦被凌迟处死。朱祁镇死后，即位的朱见深原本对特务行为深恶痛绝，锦衣卫与东厂都受到打压，直到成化十二年（1476年），方士李子龙勾结太监潜入大内，据说欲弑君，中途被锦衣卫校尉发现，李子龙伏法。朱见深得知此事后大为震惊，为防止此类事件发生，他必须了解外廷臣民动向，决心像先辈一样建立自己的情报网，在"隐蔽战线"上先发制人，但他不信任前朝坐大并被自己打压过的锦衣卫和东厂，于是决定将权力逐渐交予自己心腹太监。被他委以重任的是御马太监汪直，他派汪直带领少数校尉秘密出宫进行侦查，采集大政小事，街谈巷议。他有意重用汪直，但东厂有严格的升迁制度，汪直资历不够，难以服众。于是第二年，朱见深干脆在西安门一带另设西厂，令汪直为提督，人员全部从锦衣卫抽调。短短几个月，西厂人员便得到了扩充，诸王府边镇及南北河道遍布侦查网。

西厂"严打"的范围和力度都远超东厂和锦衣卫。一时间，官员被罗列罪状，丢官、抄家、下狱的不计其数，朝野上下人心惶惶。以商辂为首的内阁大臣联名上书请罢西厂，皇帝同意后不久又将西厂恢复，几次交手皆是西厂胜出，汪直一时权势熏天，就连东厂首领尚铭也是其党羽。汪直甚至因监军辽东有功，总领京兵精锐"十二团营"，开明代禁军掌管内臣之先河。

顺道一提，在电影《龙门飞甲》中，陈坤扮演的西厂督主雨化田的历史原型就是汪直。看过影片的人一定记得雨化田对东厂的人说的那段霸气外露的台词："你问我西厂算什么东西？我现在告诉你，你们东厂不敢管的事，我们西厂管。你们东厂不敢杀的人，我们西厂杀。一句话，东厂能管的我们管，东厂不能管的我们更要管。先斩后奏，皇权特许！这就是西厂，够不够清楚？"

某种层面上来说，这段台词也是历史上西厂只手遮天、权倾天下的写照。西厂一家独大的局面一直持续到成化十八年（1482 年）。在激烈的权力斗争中，汪直逐渐失势，东厂提督尚铭等人趁机落井下石，明宪宗再次罢西厂，并明言终朝不复开。西厂在设立 5 年后又被明宪宗解散。不过，历史上汪直的结局比电影中雨化田的要好，他被赶出京城，贬往南京终老，保全了性命。

《国榷》的作者谈迁对西厂兴衰与汪直一生沉浮的评价可谓入木三分："神龙不可脱于渊，猛兽不可脱于林，势使之然也。人主生长深宫，日与宦竖习，盗威福，伺怒喜，因其近幸，外庭毋得闻焉。伏生狎，狎生奸，至于奸而国始蠹矣。汪直年少，矜宠悻功，越在边陲，久离宫掖。彼内臣纷纷者何限？各思乘间而出其右。耳目渐移，謷笑互中，虽有异眷，岂能要其终哉？直之外镇也，直自失计耳。向使归自辽左，戢影禁中，天门沉沉，畴得而窥之。虽然，直而内也，又不止南谪矣。迟发则祸逾重，直之失计，或直之厚幸耳。"

三厂一卫：大太监权御天下

汪直被赶出京，昙花一现的西厂就此退出历史舞台了吗？并没有！明正德年间，宦官刘瑾当权，西厂得以恢复。不过，此时的西厂已不能和成化年间的同日而语，执掌西厂的谷大用，锦衣卫指挥使石文义，掌管东厂的邱聚、马永成皆是刘瑾亲信与心腹，此外，刘瑾还设置了内行厂，由自己指挥。三厂一卫连成一气，特务多如牛毛，密探无孔不入，甚至在穷乡僻壤，百姓只要见鲜衣怒马操京城口音者，立即远避，官员则赶紧行贿，花钱保平安。

幸好这种局面只持续了4年，像刘瑾这样作恶太多的厂公向来没有好下场。正德五年（1510年）八月，被视为"立皇帝"的刘瑾终于落马，遭武宗下令凌迟，行刑共三天。原来受过其害的人纷纷用一文钱买下刘瑾已被割成细条的肉吃，以解心头之恨。随着刘瑾倒台伏诛，西厂和内行厂随即被撤销，但东厂与锦衣卫依旧保留，直到明朝灭亡才烟消云散。到天启年间魏忠贤当权时，宦官干政再次达到巅峰。

朱由校年幼时就不受宠爱，一直到十几岁都没正式拜请师傅，自己也不喜欢读书，一心只想做个好木匠，这就给宦官魏忠贤当权创造了时机。魏阉之祸也是电影《绣春刀2》的时代背景。当时，魏忠贤亲自提督东厂，一并控制了锦衣卫，满朝文武只知有魏公公，不知有皇帝。虽然在这期间也出现了杨涟、左光斗、魏大中、周朝瑞、袁化中等敢于和魏阉对抗的正直官员，但先后被魏忠贤迫害致死，朝野一片黑暗，同时，诏狱也发展到了顶峰。例如杨涟被下狱后，锦衣卫都指挥佥事许显纯命人用钢刷子刷其皮肉，杨涟"皮肉碎裂如丝"，后又被以"土囊压身，铁钉贯耳"，最后惨死。这就不难理解，为什么在《绣春刀2》开头，因说魏忠贤坏话而被追捕的锦衣卫殷澄宁可自杀也不愿被投进诏狱了。

魏忠贤当权时的另一特色是培植了大量党羽，形成了强大的"阉党"。所谓阉党，并非都是阉人。魏忠贤在外廷也网罗了很多"干儿闲孙"，其中著名的有"五虎""五彪""十狗""十孩儿""十四孙"。官员趋炎附势之辈亦不在少数，就连后来著名的袁崇焕也曾上奏请为魏忠贤建造生祠。当然，明代的宦官再怎么厉害，终究不可能像汉、唐宦官那样干出弑君、废立的事来，他们毕竟还是受皇帝控制的。

朱由校死后，年仅17岁的信王朱由检登基，即崇祯皇帝。他对魏阉之祸痛恨已久，即位后短短几个月就整肃了魏阉一党，魏忠贤自杀而亡，盛极一时的魏忠贤集团就此灰飞烟灭。但大明王朝此时已日薄西山，崇祯皇帝宵衣旰食，励精图治 17 年，也难挽大厦将倾。

没有了擅权宦官，东厂和锦衣卫在崇祯一朝也就没什么"突出表现"。甲申政变后，清军入主中原，成为紫禁城的新主人。清朝有没有锦衣卫呢？还真有！清军入关之初，曾效仿明朝设立锦衣卫，但很快就被改组。顺治二年，清王朝将锦衣卫改称銮仪卫，负责掌管皇帝皇后车驾仪仗，总管大臣为正一品武官，主要负责皇帝出行仪仗和皇帝的安全保卫工作，由满洲贵族亲信担任，与设置之初的锦衣卫很相似。也就是说，清朝锦衣卫在历史上仅存在了一年。

清朝锦衣卫改组为銮仪卫，是否意味着锦衣卫就此退出了历史舞台？否。在南方，锦衣卫一直伴随南明政权存在，直到永历十五年（1661 年），南明锦衣卫指挥使马吉翔与掌卫事任子信在咒水之难被杀，永历皇帝被缅人俘虏后送交吴三桂，于次年在昆明篦子坡被吴三桂用弓弦勒死，永历政权灭亡，锦衣卫才结束了它长达 290 年的历史。

·清 ·明 ·元 ·宋 ·唐 ·三国两晋南北朝 ·汉 ·秦 ·先秦

第十一章

锦绣戎装

飞鱼蟒衣与黄沙金甲的完美结合

甲胄之下的皇家特典

蜀锦征袍自裁成，桃花马上请长缨。

世间多少奇男子，谁肯沙场万里行！

——明·朱由检《赐秦良玉诗》

明代独有的锦绣戎装现象

崇祯皇帝这首写给著名女将军秦良玉的诗，首句中"蜀锦征袍"展现的正是一身锦绣戎装，英姿飒爽的巾帼英雄形象。遗憾的是，这位在明末动荡风云中南征北战，历史上唯一一位作为王朝名将被单独立传载入正史将相列传里的女军事统帅没有留下戎装画像，后人无缘见到她蜀锦征袍的风采。

锦绣戎装是明代留下的甲胄画卷中独有的现象，简而言之，就是在甲胄里面穿上纹样华丽的赐服。戎服通常为素色，窄袖、贴身，下摆较一般服饰短，便于在外面穿甲胄。明代军士戎服多以红色为主，形制则借鉴了由蒙元时期的质孙服

▲《王琼事迹图》中，王琼与另一位将领身穿明代齐腰鱼鳞甲，从他们下摆和衣袖可以看到，两人均将疑似蟒纹的赐服穿在甲胄里面，将赐服作为戎服穿在甲胄里面是晚明将领常见的穿搭方式

▲明代宫廷画《入跸图》（局部），图中身着甲胄、作军士打扮者为锦衣卫，身着赐服、头戴三山帽者为宦官，他们的头领则穿着蟒服

发展而来的贴里、曳撒等。不过在明代，甲胄里面的服饰不一定是素色，锦绣华服的情况十分常见，不仅随帝王出行的仪仗队有此穿法，身处前线的将领也会这样搭配。"蜀锦征袍"大概就是这类锦绣戎装。

　　反映万历皇帝出行的《出警入跸图》中着甲者众多，若仔细观察，可以看到他们甲胄里面的服饰皆有纹样。图中身穿锦绣纹样戎装的人大致有几种装束：其一，身穿直身金色鱼鳞甲，头戴小凤翅兜鍪；其二，身穿蓝色布面甲，头戴银色盔胄；其三，身穿蓝色布面甲，头戴乌纱帽；其四，头戴帽儿盔，身穿罩甲。在《出警入跸图》中，这些带有纹样的服饰颜色主要分红、蓝、绿三种。骑着高头黑马的万历皇帝，虽然身上华丽的鱼鳞叶罩甲几乎覆盖了全身，但仔细看会发现他铁臂里面也穿了华丽的龙纹锦衣。

　　《出警入跸图》反映的是明代皇帝的仪仗甲，在里面穿锦衣也在情理之中，但将领将华丽锦服穿在甲胄里面的例子亦不少。历事成化、弘治、正德、嘉靖四朝，整顿西北边防，平定过宁王之乱的名臣王琼，在反映其一生事迹的《王琼事迹图》中，有一幅甲胄戎装像就是这种装束。图中，王琼与另一位官员皆身着齐腰鱼鳞甲、头戴钵体盔胄。有意思的是，他俩的甲胄里面都穿着带有纹样的华丽锦服，而帐外军士穿的戎服则为素色。晚明抗日名将李如松的画像也有这种情况，李如松穿着与王琼甲胄形制相似的齐腰鱼鳞甲，胸前带有圆护，甲胄里面为一套朱红色带纹样的锦服。

严格来说，这种"锦绣戎装"并不是专用的戎服，而是类似于飞鱼服、蟒服、麒麟服的明代赐服。提到飞鱼服，人们往往第一时间想起锦衣卫。大概是受《新龙门客栈》等武侠电影的影响，很多人都认为飞鱼服是厂公、锦衣卫们的公服，形制曳撒。久而久之，东厂、锦衣卫、飞鱼服、曳撒这几个关键词便被绑定在一起，构造出一套"官服体系"。电视剧《大明风华》导演在采访中提到剧中朱瞻基所穿的飞鱼服时，也一本正经地"科普"道："飞鱼服呢，在明代的时候，它和绣春刀一样，是锦衣卫的一个独特标志。"

事实并非如此，飞鱼服不仅不是锦衣卫专属服饰，甚至不属于明朝的官服。它与蟒服、麒麟服、斗牛服一样，属于赐服，是一种皇家特典。在明代，将帅们常将铠甲穿在赐服外面，在甲胄未覆盖的部分露出赐服的华美纹样，以显示将领的威仪，可谓不是戎装胜似戎装。锦绣戎装作为赐服，为何广受青睐，能让皇帝、大臣、军人和平民都追捧？

皇家特典的形制

就从大众最熟悉的飞鱼服说起。

严格地说，所谓的飞鱼服并不是一种服饰，而是服饰上飞鱼纹样的刺绣或补子。明代官员常服（也是一种礼服，相当于今天的工作正装）上的补子皆以飞禽走兽为图案，通过不同禽兽图案便能判断出其品级，"衣冠禽兽"一词最早便是指当官的。早在洪武二十四年（1391年），朱元璋便下令规范官员常服上的补子，除麒麟、白泽为公、侯、伯、驸马所用外，文官用飞禽，武官用走兽，一、二品文官用仙鹤、锦鸡，武官为狮子；三、四品文官用孔雀、云雁，武官用虎豹；五品文官用白鹇，武官用熊罴；六、七品文官用鹭鸶，武官用彪；八、九品文官用黄鹂、

▶ 明代香色飞鱼
服，孔府藏品，形
制为贴里

鹌鹑、练鹊，武官用犀牛、海马。到了嘉靖年间，朝廷又对官员补子做了进一步
规范。不过，无论在哪个时期，满朝文武补子上的飞禽走兽都没有"飞鱼"的踪迹，
因为它压根就不属于官服体系。

　　飞鱼服属赐服，是一种特典，但它并非明代唯一的赐服。在明朝赐服制度中，
纹样最高级别的为蟒，其次是飞鱼，第三为斗牛、麒麟，故而有蟒服、飞鱼服、
斗牛服、麒麟服，但这些服饰并无特定形制，它们可能出现在端庄的圆领袍或直
身袍的补子上，也可以是英武潇洒的曳撒、贴里袍上的刺绣纹样。山东曲阜孔府
（衍圣公府）收藏有不少明代赐服，其中就有圆领袍款的蟒服、斗牛服，当然，最
广为流传的还是那套香色飞鱼服。

　　孔府内的香色飞鱼服形制为"贴里"，极容易与"曳撒"混淆的一种款式。
这里简单介绍一下两者的区别。首先，曳撒是一种袭承自元代，有浓厚蒙古风格
的服饰，又称"一色""一撒"，发音也源自蒙语。其次，曳撒作为明代比较常见
的男装款式之一，它究竟属于汉服还是蒙古服，一直存有争议。洪武元年二月，
尽管朱元璋颁布了"诏复衣冠如唐制"之令，禁止胡服，但在《明宣宗行乐图卷》

▲明代戎服俑，出土于陕西的明朝镇国将军朱镇墓，现藏于陕西历史博物馆（周渝 摄）

《出警图》等宫廷画中，我们都能见到曳撒在皇家大行其道，说明至少在明代皇家眼中，曳撒并非纯粹的胡服。

贴里的来源和曳撒基本一样，在形制上，两者皆分为上下两截，但"曳撒只是前襟分裁而后身不断，贴里则前后襟均分裁，腰部以下做褶，大褶之上有细密小褶，无马面，衣身两侧不开衩，亦无摆。贴里上也缀补子或饰云肩、通袖襕、膝襕纹样"。最直接的判别方法是看下摆，曳撒的下摆正中有马面，而贴里全为褶子，无马面，孔府收藏的香色飞鱼服下摆并无马面，形制为贴里。从《明宪宗元宵行乐图》等宫廷画中不难看出，曳撒、贴里不仅常被明代士人穿，也是宫廷太监、侍卫群体广泛使用的便服。

《明实录》中有不少皇帝将飞鱼服赏赐给镇边将帅的记载。曳撒、贴里这种形制颇有戎装风采，绣上蟒、飞鱼、麒麟等纹样显得既美观又英气十足，这就是

▲ 明代画师商喜所绘《明宣宗行乐图》（局部），图中明宣宗身穿罩甲。罩甲是明代戎服中的一种，基本款式为对襟，无袖或短袖，衣身两侧及后裾开裾。衣身可缀甲片，也可用纯织物制作，底边通常缀有彩色的排穗。图中明宣宗的罩甲应为无甲片款

电影给武艺高强的厂公、锦衣卫穿上曳撒、贴里的原因。随着近年来孔府旧藏的飞鱼服在网络上广为流传，曳撒、贴里与飞鱼纹样成了最佳拍档，许多人也因而形成了固有思维，只要看见衣服上有刺绣的曳撒或贴里，一律统称"飞鱼服"，也不管那衣服上绣的纹样究竟是什么。

本是至高无上的荣耀

其实在明代，飞鱼服的诱惑力远不及蟒服。无论是正史还是明人的笔记，甚至通俗小说中都有诸多关于蟒服的记载，通过考察蟒服在当时的使用现象，便不难推测出飞鱼服、麒麟服等级别略低的赐服的基本情况。明代的赐服体系中，蟒服的地位是至高无上的，地位在飞鱼服、麒麟服之上。作为明代最高级别的赐服，蟒服除了赏赐给有功的文武大臣外，属国的国王、部落首领也会获赐。

▲ 李如松戎装像，甲胄里面穿着疑似蟒纹的赐服

原本在明代皇家的构想中，蟒服的地位应该是神圣不可侵犯的。物以稀为贵，自然不能随意赏赐，因此在史料中可以看到很多自恃功高去向皇帝讨蟒服而被拒之人。《明实录》记载，成化元年（1465 年），泰宁等卫右都督刘玉、兀南贴木儿，"乞边地市牛只农具，许之，求蟒衣不许"。成化二年（1466 年），少数民族首领遣西虬加思兰与其妻上奏请求赐予蟒服，也被成化帝拒绝。弘治元年（1488 年），永顺伯薛勋及广宁伯刘佶上奏请求赐予蟒衣，弘治帝给他们的回复非常强硬："蟒衣之赐系朝廷特恩，今后有如此者，必罪不恕。"就算是赐服体系已被扰乱的嘉靖年间，皇家也一直试图维护蟒衣的神圣性。嘉靖四十四年（1565 年），"定国公徐延德宿卫，南郊请以蟒衣扈从"，明世宗明确告诉他："蟒衣是皇家的特典，哪个敢擅自弄？坚决不许！"①

在明代前期，皇家对赐服体系的尊崇甚至影响了敌对势力。最典型的就是俘虏明英宗朱祁镇的也先。朱祁镇在土木堡之变被也先俘虏后，日夜都想早日回到京师，当大明派使臣前来交涉时，明英宗特意叮嘱："你每回去，上覆圣母太后，上覆当今皇帝，也先要者非要土地，惟要蟒龙织金彩段等物，可着早赍来。"蟒衣竟然比土地还重要，其在明朝臣子、封疆大吏及藩属国首领心中的地位可见一斑。

飞鱼服、麒麟服等比蟒服地位低的赐服，也与蟒服有着共荣共辱的关系。当求蟒服而不得时，能够获赐飞鱼服、麒麟服也可以嘚瑟一番。宦官周胜将获赐飞鱼服之事作为生平大事写入墓志铭，这种事非常多。盘踞西南播州的杨氏家族最

---

① 原文："赐蟒系出特恩，何辄自取，不许。"

后一代统治者杨应龙，也曾获得过皇帝赐予的飞鱼服。尽管后来他叛明，引发了播州之乱，但今天贵州遵义海龙屯军事城堡的重要关隘朝天关大门上，镌刻的内容依然可辨：唐太师守播三十代孙钦赐飞鱼品服敕封骠骑将军杨应龙书立。

这一大串修饰自然是杨氏最值得炫耀之处，首先表明了祖上的荣耀，唐朝末年时，杨应龙的祖先太原人士杨端响应唐王朝的号召，率兵进入西南播州地区击退少数民族政权南诏国，从此世代镇守播州，这是杨家后人都夸赞的祖上荣耀；其次表明了自己的功绩，"赐飞鱼品服"就属于他个人的荣耀。尽管万历年间，蟒衣、飞鱼服等赐服已经因滥赐、滥穿而脱离皇家控制，但它们在帝国官员、将领及封疆大吏心中的地位依然举足轻重。

纹样向龙看齐

一件衣服能不能称之为蟒服或飞鱼服，不必看它是什么形制，关键取决于衣服上的图案。所谓飞鱼，是由古印度神话中的摩羯演变而来，《山海经·海外西经》也有记载："龙鱼陵居在其北，状如狸。"因能飞，故得名飞鱼。不过，在明代飞鱼服上几乎看不到摩羯的模样。至于蟒，原本与龙的区别在于"无足无角"，但明代"蟒衣皆龙形"。如果不将蟒服、飞鱼服、斗牛服放在一起仔细比较，还真的很难辨别出谁是谁，因为这些瑞兽一旦"明化"之后，全都奔着龙的形象去了。

获得赐服的官员通常会穿着赐服绘制画像，因此如今还能看到大量明人留下的蟒衣、飞鱼服画像。例如八岁袭封六十一代衍圣公的孔弘绪，他在画像中

▲ 衍圣公孔弘绪像，其身穿云蟒膝襕蟒服

就身着蟒袍，从直观上看，那袍子上的不是蟒，而是一条龙。没错，蟒服上的蟒与皇帝龙袍上的龙极其相似，区别在于龙袍上的龙有五爪，而蟒为四爪。即使是如此微小的差别，居然还有人要搞事。据《天水冰山录》记载，嘉靖年间的权臣严嵩倒台后，从他家里竟抄出五爪龙纹的衣料，看来这厮不仅是巨奸，还是个反贼。不过，严嵩此人虽作恶多端，但一生行事谨慎，私藏龙纹这种慕虚名而处实祸之事，实在不像其手笔，很可能是在墙倒众人推之际，有人弄了几段龙纹布料进行栽赃。

到了明后期，随着蟒服滥赐，如张居正、徐阶这些大臣更是获得了稀有的坐蟒服，这种蟒的纹样与皇帝的龙袍更相似，都是正面全身，以前坐蟒只赐予最高蒙恩者，明中后期皇帝滥用特典，坐蟒出现的频率也越来越高。

既然蟒可以长出两角，飞升成龙，那么头部就长得像龙的飞鱼自然也要跟风，在头上生了两只角，原本是飞鱼特征的双翼也"退化"不见了，若不是尾部保留着鱼尾特征，还真难以分辨出它是鱼是蟒还是龙。蟒服一般赐予一品官员，飞鱼赐予二品，但由于两者太过相像，皇帝也会看错。嘉靖十六年（1537 年）二月，明世宗春祭山陵时，将前来朝见的兵部尚书张瓒身上穿的飞鱼服认成蟒服，十分不悦，问大学士夏言："一个二品尚书，怎么可以擅自穿蟒？"夏言解释道："张瓒穿的是御赐的飞鱼服，只是和蟒相似罢了。"明世宗听了仍不满意，说："飞鱼何组两角？其严禁之。"既然已被皇帝怒斥，礼部遂奏定，文武官不许擅用蟒衣、飞鱼、斗牛，违禁华异服色；同时规定，锦衣卫指挥级别（指挥使、指挥同知、指挥金事、镇抚使）的侍卫可以穿赐服。不过也特别指出了两种人

◀ 张居正蟒袍坐像，可以看到他服饰上的蟒头正对前方，是蟒服中最为尊贵的坐蟒

不许僭用赐服：其一是还领着指挥级别的俸禄，但已不是侍卫的；另一种是虽为侍卫但级别不够的，如锦衣卫镇抚使以下的千户、百户、总旗、小旗等。这两类人穿了就算僭越，需要追责。

斗牛服和麒麟服是仅次于飞鱼的赐服，斗牛服通常赐予三品官员，麒麟服赐给四、五品官员。斗牛的纹样也是蟒形、鱼尾，唯头上下弯的双角有些牛角样子。几种赐服中，即使是较好辨认的麒麟服多少也有些龙的影子。

当然，飞鱼服、麒麟服等除了作为文武百官的赐服，也的确算是锦衣卫的一个标志。锦衣卫除搜集情报、巡查缉捕等职能外，也要"掌直驾侍卫"，同时还得充当仪仗队，由于这些特殊职能，他们穿衣的选择权也较多。例如，锦衣卫中有身着铠甲、手持金瓜的"大汉将军"。明代皇帝举行视牲、朝日、夕月、祭历代帝王等礼仪活动时，锦衣卫堂上官（指挥使）可穿大红蟒衣、飞鱼服，头戴乌纱帽，腰挎绣春刀，"千百户穿青绿锦绣服随侍"。要知道，锦衣卫指挥使不过正三品，却能穿蟒服、飞鱼服，明世宗下令规范制服，唯独对锦衣卫网开一面。从这个角度看，后世将飞鱼服误认为是锦衣卫的官服并非空穴来风。

▲ 明代大汉将军甲上身效果图，函人堂制，参考北京明十三陵神道雕像仿制，甲胄里面为红色织锦飞鱼服（模特：陈斐孺）

皇帝带头违制

飞鱼服、麒麟服今天依然是传统服饰爱好者较为热衷复刻的服饰，不过当爱好者将穿上飞鱼服、麒麟服的照片发布在网络上时，难免引来一些调侃，说这些都是皇帝的赐服，没有品级的人乱穿不怕砍头？这样说实在是犯了知其然而不知其所以然的教条主义错误。莫说明朝已亡了三百多年，哪怕是穿越回到大明中晚期，穿穿蟒服、飞鱼服也不会有问题的，这种事古人早干过了，是有传统的。

明代官服、赐服虽有制度明文规定，但在实际操作时非常混乱。明代史籍不止一次出现官服乱用补子、革带的记载，明代武官无论品级高低，都要在衣服上搞个狮子补（一品），低品级的补子他们基本不用，难怪王世贞在《觚不觚录》感叹：

▲ 明末镇朔将军唐通像，他头戴将巾、身穿蟒衣道袍

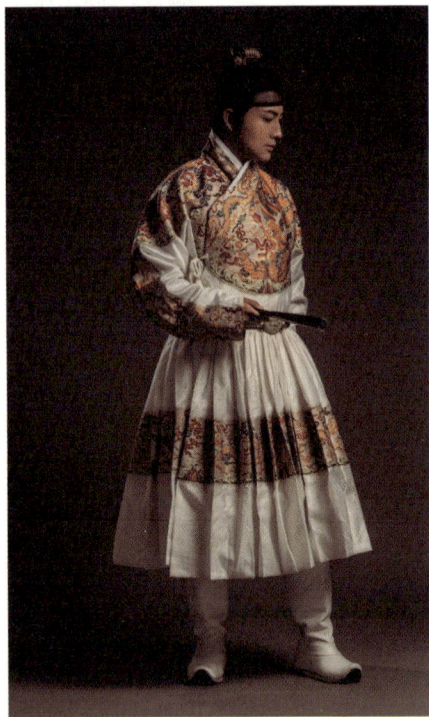

▲ 复刻版的明代蟒袍（控弦司制）上身效果图，形制为贴里，可作为戎服穿在甲胄里面（模特：周渝）

"而今则通用狮子，略不之禁，此不可晓也。"官服尚且如此，赐服就更不必说了。

赐服被滥用，蟒服首当其冲，而且这种情况至少在明朝前期就已出现。不过应该承认的是，明朝早期的皇帝对衣制的管控比后期要严格得多。明英宗朱祁镇在位期间，曾对工部官员下令："凡有织绣蟒、飞鱼、斗牛等违禁花样者，工匠处斩，家口发边卫充军。"其孙子明孝宗朱祐樘也努力想解决此问题。弘治元年，都御史边镛上奏请禁蟒服，他奏本中对服饰的蟒纹提出质疑："蟒蛇本没有角，也没有爪子，内官现在获赐

▲ 明武宗像，武宗行事任性，穿衣也不按规矩，明代赐服滥发滥用的现象在武宗朝尤其严重

的蟒服全是龙的形状，实在不成体统。"他建议将受赐官员的蟒服尽数收回，也不许再织造，违者严惩。明孝宗认为有理，遂颁布命令禁止私造赐服。然而，他的这些努力在他驾崩后很快就被他的宝贝儿子明武宗朱厚照消解掉。

前文讲过，赐服只有图案而无固定形制，但毕竟是皇家特典，遇到有偏好的皇帝，还是得随他开心。以爱玩著称的明武宗对战争游戏情有独钟，他不仅自封大将军玩亲征，像曳撒这类带些戎装色彩的服饰他也很喜欢。据《明实录》载，正德十三年（1518年），明武宗驾车返京时，下令礼部，让前来迎候的文武百官都穿曳撒、头戴大帽、腰系鸾带，同时还赐给群臣大红紵丝罗纱等布料。这些受赐的大臣连夜将布匹制作成曳撒，准备第二天全部穿上到德胜门迎驾。明武宗此举完全是随着自己的喜好而为，并不合礼制，当时礼科都给事中朱鸣阳就对此提出异议，他认为曳撒、大帽都是行役时的服饰，而非见君之服，并请明武宗收回成命。明武宗哪管这一套，仍然让百官穿着他钟爱的曳撒迎候。当下复刻的飞鱼服、麒麟服似乎也继承了明武宗的审美，多以曳撒、贴里的形制出现。

既然皇帝都如此，就不能怪下面的文武百官跟着乱套。明代由于赐服滥用，

还出现过库存告竭的窘境。明英宗、明孝宗、明世宗虽然都试图规范赐服制度，同时又不断滥发滥赐，结果只能是僭用成风。

把赐服当成生意做

原本神圣不可侵犯的赐服，最终沦为人人皆可穿的流行服饰，主要有两个原因：其一，皇家滥发滥赐和权贵滥用；其二，在晚明商品经济刺激下，社会穿衣之风发生了变革。两者互相影响，最终让蟒服、飞鱼服等赐服逐渐飞入寻常百姓家，成为大明时尚潮牌。

明武宗不仅自己想穿什么穿什么，赏赐同样任性得很，连伶人臧贤都获得了蟒服。自正德之后，嘉靖、万历年间对赐服的赏赐也毫无节制。仅《明实录》就记载，嘉靖年间蟒服被赏赐了47次，万历年间更是达98次，与此前成化年间的1次和弘治年间的2次形成鲜明对比。除此之外，掌握权势的太监也滥穿赐服。当时就有人指出："国朝服色之最滥者，内臣与武臣也。内官衣蟒腰玉者，禁中殆万人。"晚明太监刘若愚在紫禁城中生活了大半辈子，历经万历、泰昌、天启、崇祯四朝，他根据自己多年见闻，撰写了明宫廷杂史《酌中志》。在这本史料中，他描绘了当时太监将蟒服当常服穿，招摇过市的场景，司礼监、堂印、秉笔及乾清宫管事等人，但凡有些功劳或苦劳的，全部都得到了级别最高的坐蟒蟒袍。天启朝时，大太监魏忠贤名下，"凡掌印提督者，皆滥穿坐蟒"。

蟒衣的滥穿现象还是要追溯到正德年间。《明会典》《明史》等官史对赐服制作皆有明确记载，即"两京织染，内外皆置局。内局以应上供，外局以备公用"。也就是说，除了朝廷内织染局织造的上用缎匹，地方织染局也会投入生产以供赏赐之用。而赐服的缎匹多由染织业发达的江南一带织染局织造。皇

▲ 现存于北京智化寺内石碑上身穿华丽赐服的王振像拓片，王振为正统年间司礼监秉笔太监，权倾朝野，死于土木堡之变

家所用之服，由十二监之一的尚衣监主掌，这就给宦官提供了发横财的机会。怎么说呢？随着赐服体系的崩坏，这些太监除了给皇家提供必要的赐服外，还利用职权让纺织局私自制作赐服，用于买卖和馈赠。

正德年间的大太监刘瑾就大做赐服生意，《明实录》记载，自刘瑾专权以来，"名器僭滥。以蟒鱼服色为黩货之资，武将阉臣下至厮养，陈乞纷然，时有五十两一件蟒之谣云"。也就是说，此时蟒服、飞鱼服等皇家特典已经脱离皇权，开始商品化。生活于明末清初的谈迁在其私家编修的编年体史书《国榷》中记载，正德年间大太监刘瑾被抄家时，抄出衮服 4 套、蟒服 470 袭。更有意思的是，有"日本国王源义澄遣来宋素卿入贡，素卿赂瑾黄金千两赐飞鱼服"的记载。此事在《明史》中也有，即"五年春，其王源义澄遣使臣宋素卿来贡，时刘瑾窃柄，纳其黄金千两，赐飞鱼服，前所未有也"。

"日本国王"的飞鱼服之谜

宋素卿是正德、嘉靖年间，以日本为根据地的华人商人及海盗，也是引发宁波之乱的关键人物。正德年间，他自称受"日本国王"之托来入贡，重金贿赂了刘瑾，并搞了一套飞鱼服回去。中方史料多处提及刘瑾送飞鱼服之事，《明史》《明实录》《国榷》记载皆为正德五年，其他史料记为正德四年，那么，这名获得飞鱼服的"日本国王"是谁呢？

正德五年即 1510 年，在日本是永正七年，幕府当国的时代。"日本国王"自然不是指后柏原天皇，"源义澄"显然是指室町幕府的第 11 代将军足利义澄。不巧的是，日本室町幕府此时处于动荡时期，幕府将军是复位的足利义材，足利义澄早在永正五年就被放逐。而据《日本考略》载，那个时期的遣明船为细川高国派遣，而细川与义澄是敌对状态。

在此顺道说一下日本的遣明船。明初朱棣上位后，与日本恢复了联系，并册封室町幕府的将军足利义满（中方记载为源道义）为日本国王，赐日本国土之印，发给勘合符，明朝正式与日本建立宗藩关系。永乐二年（1404 年），日本首次向明朝派出勘合贸易船，即"遣明船"。日本遣明船除了朝贡外，另一个目的是销售和贡品一同带来的大量商品，如日本刀、洒金扇、苏木等日本特产。

景泰年间，一把在日本卖 800 文到 1 贯文的日本刀，运到明朝后可卖到 5 贯文的高价，绝对的暴利。总之，日本商品在明朝能获利，明朝商品在日本也受欢迎，遣明船能赚取暴利，因此明代中后期出现了海盗、商人的船队冒充遣明船前来做生意的情况。

根据日本史料记载，1402—1547 年，日本官方一共向明朝派遣了 11 次遣明船，可没有在正德四年或正德五年向大明派遣遣明船的记录，但中方史料又有诸多记载。极有可能正德五年来明朝的不是幕府的遣明船，而是以宋素卿为首的海盗、海商冒充的遣明船，他们打着足利义澄的旗号，到明朝做生意，赚得盆满钵满，还弄走了一套飞鱼服。而受贿的刘瑾，是否知道对方是冒充的，就不得而知了。

不过，在日本战国乱世中脱颖而出，统一了日本并企图侵略中国的丰臣秀吉倒是获得了一套蟒服。壬辰战争第一阶段结束后，明朝与日本进行谈判，万历皇帝敕谕"日本国王平秀吉"，与他约法三章，并赐给他一批赐服，包括蟒服、飞鱼服、斗牛服、麒麟服。据载，丰臣秀吉这个野心勃勃的"天下人"，在册封仪式结束后，竟然穿上万历钦赐蟒袍下跪接旨。当年万历赏赐的那批赐服，如今保存在日本的实物尚有 15 件。

崇奢之风令赐服大行其道

朱元璋建立明朝之初，制定了一套非常严格的服饰制度，帝后将相，士农工商无所不包，形制、质料、颜色也有严格规定。明初崇尚节俭，在服制上也表现得很明显，即使是文人雅士也多为窄袖。当时，如果有人在街上穿着华丽衣服招摇过市，很快就能引人侧目，被指指点点。但在明代中期，随着商品经济迅猛发展，这种现象出现了逆转性变化。

实际上，弘治年间，明人的服饰就有向奢化方面发展的趋势，到了正德、嘉靖年间，奢化已成为社会现象。不仅如此，针对明初朱元璋的"戒奢论"，时人陆楫写下了长篇大论《崇奢论》，提出"俗奢，市井之利特因而济之"的主张，他认为奢侈消费可以促进社会繁荣，应该提倡。在崇奢之风的影响下，江南一带的服饰开始出现明显变化，从现有的明人画像不难看出，明初之人，衣服都偏窄小，

▲ 身穿坐蟒纹样蟒衣的明代官员模型，蟒衣形制纹样参考的是张居正蟒袍像（周渝 藏）

但在中晚期放量①越来越大，而且这种大放量的衣服，在宫中不算明显，在民间反而大行其道。

千万不要被影视剧带偏，认为穿衣打扮是贵族和有钱人的特权，古代平民都穿得跟"店小二"一样。这种固有印象是错误的。要知道，当奢侈消费成为流行观念后，其影响力是不分阶层的。穷人也爱美，爱打扮，在他们力所能及范围内，一定会穿上好看的衣服，这种现象和今天没太大差别。在明代，同样也有为了穿奢侈品而不惜"卖肾"的平民。明人顾起元就在笔记中写道："变易既多，措办弥广，

① 放量指制作服饰时尺码与服装主人的身材具体数据的盈余。放量越大，服饰越宽松，反之则越修身。

▲明代蟒服，上面的蟒已完全是龙形模样，区别在于蟒爪为四趾，龙爪为五趾

人家物力大半消耗。"为了穿上华丽美观的服饰，不惜倾尽家财的大有人在，只要不是政治高压的时代，这种现象必然都会有。

奢侈化的另一个影响就是僭越和滥穿现象越来越普遍，前文提到正德年间刘瑾做蟒服生意，"蟒鱼服色为黩货之资"。这也从侧面反映出当时蟒服、飞鱼服、斗牛服、麒麟服等皇家特典已经商品化，成了时尚潮牌，只要有钱就能弄一身来穿。在《金瓶梅》《醒世姻缘传》等反映世相的明代小说中，滥穿蟒服、飞鱼服的行为比比皆是。它们不仅是达官贵人的潮牌，贫穷的农民在给逝者绘制画像时也喜欢绘上身穿蟒衣玉带的形象。

大明人民的时尚潮牌

到了明代中晚期，像蟒服、飞鱼服这些看起来高大上的赐服不仅在官员之间被滥用，就连老百姓也纷纷开始仿制。此外，千万别以为飞鱼服是男人装，它在明代女性画像中也经常出现。明代女装也有和官员相似的蟒服、飞鱼服、斗牛服、麒麟服等，大多款式为圆领袍，也有交领袍、交领袄裙、竖领袍等形制。起初，这些主要是命妇在穿，随着僭越风愈演愈烈，到了明代中后期，像蟒、飞鱼等纹样越来越频繁地出现在一般女装上，即使是百姓家的女孩出嫁，也会头戴翟冠、身着"赐服"、肩置霞帔。

至万历年间，无论官场还是民间，僭用赐服之风已不可收拾。时人沈德符在《万历野获编》中甚至将服饰僭越者分为了三种人。第一种为勋戚，即王侯将相的侍从，八、九品的芝麻官，甚至有被废罢或闲散在家的无业游民，竟然也一个个身着麒麟服，腰缠金带。如驸马的庶子，按例当为平民，纳个外卫指挥空衔，蟒服也照穿不误。第二种是在京的官员，他们穿着似蟒又似斗牛的衣服招摇过市，无人过问，府内的人即使从未受赐，也照样敢穿蟒服出行。第三种是妇女，命妇自不必说，即使是仆妇和教坊女子，出门也都头戴珠翠、身穿纹绣，"其花样则白泽、麒麟、飞鱼、坐蟒，无所不有"。

这种现象在明代笔记小说中也频频被提及，例如《金瓶梅》第71回中便有老太监赠送西门庆飞鱼服的桥段：西门庆应邀做客，何老太监请他脱掉外衣。西门庆说："学生里边没穿什么衣服，使小价下处取来。"何太监应答："不消取去。"接着便令左右承上一套飞鱼服递给西门庆，说："拿我穿的飞鱼绿绒氅衣来与大人披上。"西门庆笑道："老公公职事之服，学生何以穿得？"何太监回答："大人只顾穿，怕怎的？昨日万岁赐了我蟒衣，我也不穿它了，就送了大人遮衣服儿罢！"这老太监有了蟒服，其飞鱼服说送便送，太任性了！赐服毫无神圣感可言。小说时代背景虽放在宋朝，但其中有许多明代的景象，这随意赠送飞鱼服的桥段也算当时的写照。

综合前文，从皇帝的态度也能大体梳理出蟒服、飞鱼服从赐服演变为国民服的过程。太祖朱元璋到成祖朱棣时期，很难见到僭用现象，这两位也的确不好惹。明英宗朱祁镇在位时，僭用现象已开始出现，但明英宗对此还是很严厉的，又是要杀，又是要充军。孝宗朱祐樘之时，奏折上再次反映出这一屡禁不止的现象，孝宗虽同意整治，但态度比起英宗已缓和许多。武宗朱厚照就是个捣乱的，带头违制搞百官曳撒大会。他的弟弟世宗朱厚熜眼神不好，把飞鱼服看成蟒服，对这种"向龙看齐"的擦边球纹样表示不满，下令整治，却给锦衣卫留了个口子。与此同时，因商品经济迅速发展，民间奢靡之风兴起，蟒衣、飞鱼等赐服已脱离体制属性，成为潮牌。到神宗时期，僭用现象已见怪不怪，像沈德符这样的有心人都能把这些乱穿乱戴的人归类整理了，想必已到药石无灵之地步。

　　蟒服、飞鱼服、斗牛服、麒麟服等皆是以赐服始，以国民服终。宫城内，它是皇家的排面特典；战场上，它是将领的锦绣戎装；市井中，它又是人民的时尚潮牌。这发展史虽略带喜感，与大明皇室赋予其最初的意义大相径庭，但不可否认的是，这些赐服的纹样在今天看来依然很精美，难怪几百年后仍备受青睐。其实，传统服饰爱好者穿着华丽的飞鱼服时不必有心理负担，也不用纠结什么官阶品级。要知道，在五百年前的大明朝，这种服饰已很流行。

兜鍪

明大汉将军

顿项

兽吞

圆护及束甲带

披膊

腰带

臂鞲

护腰

吊鱼

裙甲

明
代
红
色
布
面
甲

▲ 明代红色布面甲，搭配"勇"字盔，函人堂制，头盔参考出土明代朱漆铁盔仿制，身甲参考《平番得胜图》仿制（模特：何明圣）

▶ 明代齐腰鱼鳞甲，画像上通常为将帅穿着，函人堂制，参考的是明代《王琼事迹图》（模特：陈斐孺）

明代锁子甲

明代齐腰鱼鳞甲

▲ 明代锁子甲，搭配地龙盔，函人堂制，头盔参考的是日本博物馆收藏的明盔，身甲参考了敦煌市博物馆收藏的明代短袖锁子甲文物（模特：郝岭）

·清　　·明　　·元　　·宋　　·唐　　·三国两晋南北朝　　·汉　　·秦　　·先秦

第十二章

见龙卸甲

无可奈何花落去

东亚甲胄的最后余晖

今古河山无定据。

画角声中，牧马频来去。

满目荒凉谁可语？西风吹老丹枫树。

从前幽怨应无数。

铁马金戈，青冢黄昏路。

一往情深深几许？深山夕照深秋雨。

——纳兰容若《蝶恋花·出塞》

夕阳无限好的帝王甲胄

兴亡谁人定，盛衰岂无凭？一页风云散，变幻了时空。

历史的车轮悠悠向前，进入最后的帝国时代。鼓角争鸣逐渐远去，在炮火主宰的战场，中华武士传承了千年的甲胄又当何去何从？

中国甲胄不乏许多精美之作，集华美之大成者，其中又以帝王甲胄为典型。明清两朝皇帝加起来28人，算上南明四帝，一共32人。除去朱元璋、努尔哈赤（生前称汗）、皇太极这几位开国之君，皇帝御驾亲征的实例屈指可数：明成祖远征漠北、明宣宗平定内乱、明英宗折戟土木堡、明武宗亲征鞑靼、康熙剿灭噶尔丹，仅此5例。皇帝通常不用打仗，但可以打猎，如此一来，他们就有理由穿上比其他人都要华美的铠甲。

相比清代那位花钱大手大脚，什么都往宫里收的乾隆帝，明代皇帝存世的戎具少得可怜，只能通过古画来复原。明朝皇帝所穿的戎服多为罩甲，由明代画家商喜创作的《宣宗出猎图》还原了明宣宗朱瞻基率文臣和宦官在近郊狩猎的壮观场景。图中，明宣宗身着黄色长罩甲、头戴蒙古元素十足的鞑帽出猎，罩甲的材质应为织锦，看上去简单轻便，毫无浮夸之风。

明代唯一能看到实物的皇帝甲胄是出土于定陵的明神宗陪葬甲，此甲形制非常简单，主甲如同一件背心，前胸两块护心镜，后背为一块，前身的身甲是由左右两边对称的单块甲组成的对襟，后背为左右对称的一整块，顶排两侧与前身的左右肩相接，下段两侧与前身下段两外侧对应处以织带连接，尽管出现于晚明，但形制与秦汉以来的札甲一脉相承。不过，明神宗甲的头盔很有明代特色，此类

▲《满洲实录》中表现努尔哈赤进军图伦的场景，图中人物所穿布面甲有明甲与暗甲两种

盔在《明会典》中有记载，为兵仗局所造的"金护法顶香草压缝六瓣明铁盔"，盔上缀有金饰，前沿镶有数十粒小珍珠，正前方嵌有一座真武大帝像。若非看到此甲胄修复后的实物，很难让人相信，堂堂一国之君的铠甲竟如此简单。

如果据此便认为明朝皇帝的甲胄都很朴素，那就大错特错了。明神宗也有精美的铠甲。在《出警图》中，明神宗头戴摸金凤翅盔、身披鱼鳞叶罩甲，缀有金饰的头盔正中嵌有一尊真武大帝坐像，盔顶带有盔旗，甲胄左右两侧饰有升龙，双肩皆饰有金龙纹。从外形上看，这套甲明显比定陵的陪葬甲要精致许多。明神宗的这套华丽甲胄在《明会典》中并无记载，从外观来看是仪仗甲而非实战甲。

▲《乾隆皇帝大阅图》，郎世宁绘，现藏于故宫博物院。此图描绘了 1739 年，身穿明黄缎华丽甲胄的乾隆皇帝在京郊南苑举行阅兵式的场景，皇帝身上的布面甲至今仍收藏在故宫博物院

▶ 清代乾隆皇帝大阅甲
胄，故宫博物院藏

见龙卸甲：东亚甲胄的最后余晖

▲ 明神宗陪葬甲搭配的镀金护法顶（香草压缝）六瓣明铁盔（复制品）

▲ 出土于定陵的明神宗陪葬铁札甲（复制品）

相比之下，清代皇帝传世的甲胄不少，例如顺治帝的蓝色棉甲、康熙帝的明黄缎绣平金龙云纹大阅甲、乾隆的锁子棉金叶铠甲、咸丰大阅甲，等等。不仅实物多，清朝君臣还有绘制或拍摄戎装像的嗜好，因而留下了不少真实的宝贵资料。相比明代，清朝皇帝的甲胄更为奢华。形制上大体为八旗铠甲的样式，分上衣甲、下裙甲、护肩、护腋、袖、裆等，但颜色、装饰等各有不同。限于篇幅，无法一一展开，这里就介绍一下乾隆皇帝的几件铠甲。

意大利画家郎世宁为乾隆绘制的《乾隆皇帝大阅图》出镜率极高，画中乾隆佩戴弓箭、跨着骏马、身着明黄色华贵甲胄，英姿焕发。这套大阅甲现藏于故宫博物院，从实物上看，此甲为明黄缎，绣有五彩朵云、金龙纹，裙甲有海水江崖图案。甲面上的金铆钉排列规整，护心镜四周饰錾金云龙纹。两袖皆用金丝条编织，袖口月白缎绣金龙，裳面以金叶片、金帽钉、彩绣龙戏珠纹相间排列。头盔顶镂空金龙宝盖嵌珍珠，前后梁錾金云龙纹并饰以珍珠，梁中饰金刚石螣蛇。

仅这一套已奢华至极，然而，乾隆还有其他几套风格不同的名贵甲胄。一是外形似战甲的锁子棉金叶甲，除了甲面排列有序的铆钉外，倒不那么花哨。头盔为牛皮制作，用的黑漆，漆面饰金璎珞、金狮头和梵文。二是外形如朝服的御制缂丝黑地海水云龙仪仗用甲胄，看上去与袍子无异，属于暗甲，但价值不低于其他御用甲胄。缂丝极费工费时，有"一寸缂丝一寸金"之说，到清朝已成皇家专属，乾隆皇帝这套用缂丝包覆的仪仗铠甲便是其中典型。此外，乾隆皇帝思路清奇，对国外的东西充满兴趣，琉球国王赠给他的日式铠甲，一直被他收藏在宫内。至于西方欧式甲，虽无实物表明乾隆有过收藏，但故宫博物院中藏有一张女子身穿西洋铠甲的戎装像，相传这女子是乾隆皇帝的香妃。

清朝皇帝的戎装论精致、华美，均为甲胄中的佼佼者，但这些甲胄与日本江户时代精美且复古的武士铠甲一样，都是不上战场的工艺品。

如何区分明清之甲

在影视作品中，明军与清军的甲胄往往泾渭分明，清军穿着八旗布面甲，明军则身穿札甲，将领还戴着宋式凤翅盔，观众一目了然。这种衣箱化处理固然有助于观众分清阵营，但也造成了误导，认为明清两朝甲胄分属完全不同的体系。实际情况是，清朝与明朝的甲胄存在沿革关系，尤其在明末清初时期非常不易分辨。

清太祖努尔哈赤以十三副遗甲起兵的故事广为人知，那么问题来了，这十三副铠甲是谁给他的，是什么形制？根据

▲ 定陵出土的万历皇帝铁甲

▲ 乾隆皇帝布面甲搭配的头盔，从破裂的布面部位可以看到内部的甲片

见龙卸甲：东亚甲胄的最后余晖

历史其实并不难推测。努尔哈赤早年是辽东总兵李成梁的家丁，而当时辽东地区的军事力量基本掌握在李成梁家族手中。前文讲过，晚明将领的家丁实质上是私兵，装备精良，优于正规军，因而在李成梁帐下效力的努尔哈赤拥有优良的甲胄不是问题。其二，举兵反明前，努尔哈赤长期是明朝政府的地方官员，曾被明廷授予都指挥使、都督金事、左都督、龙虎将军（正二品）等官职，今天沈阳故宫博物院所藏的"龙武将军剑"就是明廷册封时赏给他的，以此推之，获得甲胄也在情理之中。那十三副遗甲无疑也是明朝的款式。

另外，锦州市博物馆也收藏了一套蓝色的龙纹铁叶铠甲，这套甲的身甲长 79 厘米、胸宽 73 厘米、残袖长 30 厘米，裙甲腰围 100 厘米、高 83 厘米，盔胄通高 22 厘米（残缺）、直径 21.5 厘米。在一些图书或网络资料上，该甲常被认为是清太宗皇太极的，主要是根据布面甲上的华丽龙纹判断的。实际上，这套龙纹铁叶铠甲的龙爪只有四爪，所以严格地说，这套甲应该称为"蟒纹铁叶铠

▶ 努尔哈赤的红闪缎面铁叶甲，故宫博物院藏。不过，这套甲并非原品，而是乾隆时期根据放在盛京（今沈阳）的原品进行仿制的，几百年后，放在沈阳的原甲已在战乱中遗失，而乾隆朝的复制品在紫禁城中保存了下来。从形制上看，红闪缎面铁叶甲就是一套明代边军的直身布面甲，铁叶置于内部，无披膊，有铁护臂

▲ 蟒纹铁叶铠甲，现藏于锦州市博物馆

▲ 故宫博物院所藏的皇太极甲，因为颜色与锦州博物馆中的蟒纹甲相似，导致两者经常被混淆

甲"。至于皇太极所穿的甲胄，则藏在故宫博物院，仔细观察可得知其甲上瑞兽之爪为五趾，是龙纹。

　　锦州的蟒纹铁叶铠甲尽管并非皇太极所穿，但从甲身上的蟒纹来看，甲胄主人也是有地位之人。这套甲的形制与努尔哈赤直身甲不同，是由甲衣、裙甲、披膊、甲袖、护腋、前遮缝、左遮缝组成。甲衣双肩各装有一个鎏金龙纹铜制披膊，两腋各系一片云头状护腋，腹部有一片梯形护腹，即前遮缝，也叫"前护裆"。腰间左侧也是同样的搭配，即左遮缝，也叫"左护裆"。右侧因有箭囊遮挡，则没有遮缝。这种形制也不是清代的特色，山西博物院收藏的明末赵勇甲，除了颜色与其

▲《乾隆皇帝大阅图·列阵》，郎世宁绘，现藏于故宫博物院，描绘了1739年乾隆皇帝于京郊南苑举行阅兵式时的场景，图中大部分八旗军皆身穿布面甲

不同外，款式一样。锦州的蟒纹铁叶甲还有个特点是，集明甲与暗甲为一体，上身甲叶置于甲衣里面，为"明"，下身的甲叶置于布面之上，为"暗"。

　　长期以来，不乏甲胄爱好者想总结明清甲胄之区别，结果是无论什么特点或款式，都能在两个阵营找到。总而言之，在明末清初这个时段，明甲和清甲并没有明确的界限。随后经过一段时间的发展，明甲和清甲才有了区别。首先，努尔哈赤款的直身甲逐渐消失，而蟒纹铁叶甲、赵勇甲这种上下分体、左右设披膊和甲袖的甲胄却发展成了八旗军的制式甲胄。至于盔，则一律采用顿项带护颈的制式。

　　到了清朝中期，明代布面甲中非常普及的铁护臂就逐渐消失了。还有另一个明显变化是盔胄的形状，在明朝和清初，布面甲盔胄的弧度都是略向外的圆弧形，

但乾隆、嘉庆朝后，盔胄变窄，胄体两边变为向内凹。如今故宫博物院武备馆和军博等博物馆展出的清代甲胄都是胄体弧度向内凹的，一见便知是清朝中后期的布面甲。

八旗甲形成统一制式

清军入关的次年发生了一件影响深远的大事——顺治二年（1645 年）清军进军江南后，摄政王多尔衮颁布剃发易服令，用血腥手段强制汉人改变传统发式与衣冠，一时间激起反抗无数，又因镇压而血流成河，清初这一恶政直接导致了汉族男性的衣冠体系断代。因为发生了这样的特殊事件，在中国历代服饰中，明代与清代衣冠最易区分，因为并非自然发展演变。那么，甲胄是否也经历了"易服"？目前来看，没有任何证据显示清军在甲胄上也实行了易服政策。

满洲崇尚武德，清朝的开国功臣也有绘制戎装像的嗜好，甚至有身穿明代大汉将军甲的图像，这也从另一个角度反映出清初易服不包括甲胄。传统札甲的消失是因火器崛起，而清代的主流布面甲也是继承明代形制而来。与服饰史完全不同的是，甲胄从出现到消亡，整个过程都是随着时代变化而变化的，没有出现政治强制干涉的情况。

在《清会典》中，甲胄已经不像《明会典》那样种类庞杂，仅有四种——明甲、暗甲、绵甲、铁甲。这时，传承了千年的札甲已经彻底退出主流战场，只有西藏等边远地区仍在使用札甲。会典里的铁甲指锁子甲。在清代，锁子甲因制作过程比绵甲烦琐，已不太受欢迎，但紫光阁功臣像中也有几名将领穿。通过画像

▲ 故宫博物院武备馆中收藏的布面甲，前排一领为明甲，后两排为清代八旗暗甲

能看到，清代锁子甲已经不是明代那种"山纹"纹样，而是铁网状，被清代武将直接穿在行袍外面。清代锁子甲制作技术多是准格尔部等蒙古部族从中亚引进的，对工匠非常严格。清人梁份所撰的《秦边纪略·嘎尔旦传》记载，一套锁甲制成后，既要轻便如衣，还会用弓箭试射，如果甲被射穿，制作该甲的工匠就要人头落地。

剩下的明甲、暗甲和绵甲皆为布面甲。所谓"明甲"，是指铁叶置于布面外面；"暗甲"则是铁叶置于布面里面；绵甲无铁叶，是将棉花放置在夹袄内制成的，现代人习惯称"棉甲"。

布面甲大行其道，在清代形成统一形制，清人按八旗分为正黄、正红、正蓝、

▼《紫光阁功臣像·端济布》，清代。端济布在平定西域前五十功臣中列第23位。在画像中，他身穿锁子甲，搭配清代暖帽

领队大臣副都统塔什巴图鲁
端济布
将军黑水先众径渡固营待军实
端济布众寡稍挂贪卒周防夺回
人马勇且谋长

▲《紫光阁功臣像·明亮》，清代。画中人物是定边右副将军一等襄勇伯成都将军明亮，在定金川前五十功臣中列第3位，现藏于德国科隆东亚艺术馆，画像中明亮所穿为分体布面甲，胸前有大圆护

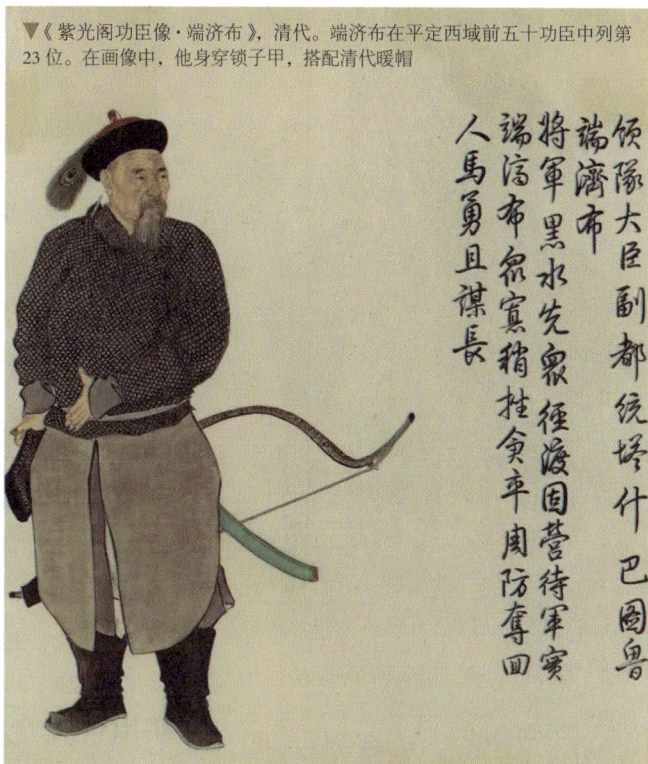

正白、镶黄、镶红、镶蓝、镶白八种颜色，甲胄则有盔胄、身甲、披膊、甲袖、前裆、左裆、裙甲七大部分，士兵基本穿暗甲，将领和皇帝有少数明甲，部分将领胸前还有圆护，士兵则基本没有。这种形制在明末就已相当成熟，清人对布面甲的改进不在形制，而在厚度。为适应辽东寒冷的天气，清军对甲胄进行加厚处理，对棉进行压实时，采用了更厚实的棉布。

清朝初期，女真人还很看重冷兵器作战，这种重视也体现在甲胄上，他们将两层棉布之间的铁甲加厚，最后内外用铜钉固定，这种布面甲不仅对火器的防御效果非常好，对传统的弓弩也具有较好的防御能力，平时穿还能防寒。不过，这

见龙卸甲：东亚甲胄的最后余晖

▲ 西藏甲胄。札甲在中原地区被淘汰后，却在西藏保留了工艺。该甲胄为四瓣头盔、细铁叶札甲，堪称中国最后的札甲

也加重了军士负荷，从现存实物来看，一套清布面甲（不含武器装具）净重就达 35—40 斤。尽管如此，八旗军的备甲率还是相当高。在清代《乾隆皇帝大阅图》中，阵容雄壮的八旗部队，几乎所有人都身着布面甲。

明清两代不仅布面甲形制相似度高，就连头盔也容易让人混淆。明代头盔的款式相当多，到了后期，铠甲样式日趋简单，但保护头部的头盔异常坚固，这应是灵活度增加后，头部容易成为攻击目标的缘故。头盔有唐宋风的金凤翅盔，也有蒙元风的鞑帽，还有形如大帽的帽儿盔，等等。

实用性完全丧失

18 世纪至 19 世纪是火器狂飙突进的时代，再坚硬的铠甲在新型火器前亦是螳臂当车，美国独立战争、南北战争，欧洲拿破仑战争等战场都已是制服的天下。在这样的洪流下，甲胄被淘汰已是历史必然。实际上，在清朝中后期，铠甲已逐渐被废弃。首先，明甲、暗甲都不存在，因为在新式火器面前，铁叶已经没有任何意义，变成了纯粹的棉甲，作为仪仗之用。清代《皇朝礼器图式》记载了四类甲胄：皇帝甲胄、宗室甲胄、职官甲胄、军队基层官兵甲胄。虽然这

▲《阿玉锡持矛荡寇图》，图中主角阿玉锡是准格尔部降将，身穿准格尔部从中亚引进的锁子甲

四种甲一直使用到清朝灭亡，但仅为仪仗用，不上战场。今天存世的绝大多数清代棉甲都是晚清时期的产物，故而内部皆无铁叶。

战场上，将领们喜欢穿便于行动的行袍。行袍可以算是清代将领的标配戎服，比清代常服袍要短一些，右前膝处衣裾比左侧短一尺，骑马时便于卸下。清朝将领穿着行袍时通常还会在外面穿行褂，即马褂，既有普通马褂，也有如黄马褂这种赐服性质的荣誉服饰。在晚清战争中，将领穿着行袍、行褂上战场的事例不少，如中法战争时期的冯子材、甲午战争时期的左宝贵、庚子国难时期的聂士成。

新式军服开始普及后，身穿行褂作战的现象依然存在。辛亥革命时期的南京之战中，革命军将领徐绍桢亲自率领精锐部队进攻张勋的江防军重要据点南京明孝陵——由张勋的爱将王有宏镇守。王有宏和张勋很相似，都是大清朝的孝子贤孙，他是记名的提督，被朝廷赏了黄马褂后，无论什么时候都将红顶花翎和黄马褂穿戴整齐，从不离身。这种行头平时炫耀一下倒也无妨，但他在战时也这样就要命了。他成了革命军的活靶子，一排子弹迅速射向马背上的黄马褂，他当场毙命。王有宏被击毙后，其卫士拼死抢回遗体，发现他身上竟有一百多个窟窿。

清朝中后期，兵卒不再穿甲胄，而改穿戎服。戎服非铠甲，而是号衣，常在电视上看见的对襟号衣就是典型的一款。避雷针式的头盔也随着铠甲一起被淘汰，清代士兵戴的首服主要有凉帽、暖帽和头巾三种，此外还有少数部队使用毡帽。当然，这并不意味着铠甲完全退出了历史舞台，皇帝与武将还是对铠甲情有独钟。咸丰皇帝有一套阅兵时穿的甲胄，款式不如乾隆的那般奢华，是比较接近实战用的明甲，分上甲和裙甲，从甲身上整齐排列的金叶来看，又颇有些札甲的影子。至于武将，尤其是八旗军，很多人家里都有世传铠甲。

两次鸦片战争时期，英军画师的笔下都出现了清军顶盔掼甲的形象，他们似乎竭力保持昔日的"雄风"，可惜在列强先进的武器面前，他们身上的甲胄

▶ 制作于18世纪的一套清代布面甲，纹样华丽，当为将领所穿。该甲为分体布面甲，也是清代布面甲的最终形制

▲ 晚清官员身着全套清军布面甲留影，这是一套职官甲，此时除了拍照外，基本已无其他作用

毫无用处，反倒是负荷。另一方面，随着摄影技术的传入，清朝的一些王公贝勒或武将喜欢身穿全套铠甲照相，19世纪末，清朝武官在一些仪式上仍需全副武装。如在镇南关之战中帮助冯子材抵御法国军队的苏元春，他在被任命为广西提督后，穿着一身华丽的棉甲拍下了一张戎装照，圆护、弓箭、腰刀一应俱全。1902年，袁世凯任直隶总督时，也穿了全套清式甲胄留影，但这些很快都将成为历史。随着新军编练，制服取代甲胄已成是世界潮流，曾在中国历史舞台上活跃了几千年的甲胄，也随着帝制时代的终结而没入历史长河。

东亚甲胄的落幕

中华甲胄的发展史到此已近尾声，不过本章还要解决最后一个问题：很多研究者、爱好者都非常好奇，为何中华甲胄存世极少，而日本则保存了大量甲胄？一方面，中国历代王朝对甲胄管制严格、禁止陪葬、缺少家传铠甲；而另一方面，日本甲胄在发展过程中一些特殊时期的风尚潮流，成了它们至今能大量传承的主要原因。在此简单说说日本甲胄在火器时代的消亡史。

源平时代，在日本流行的主要是独具日甲特色的大铠，但随着火器的出现，日本与中国一样，开始了甲胄的变革。前文已详细说过，中国甲胄大变革期是我国火器发展的鼎盛时期——明朝，主要是札甲向布面甲转变。处于战国时代的日本遇到了同样的问题，1575年6月28日长篠之战，织田军成功击败了精锐的武田甲骑兵，武田胜赖麾下多名武将死于火器之下，武田家从此江河日下，走向灭亡——这就是战术不更新、甲胄不进步的恶果！日本甲胄也因火器来临发生了鼎革之变。

　　长篠之战被视为火器对骑兵胜利的典型战例，日本的甲胄师们不得不对甲胄进行全方位改造，著名的"当世具足"正是在这一背景下诞生的。当世具足是与古式铠甲相对的称法，在针对火器方面下了很大功夫。首先，当世足具几乎不留缝隙，除兜、袖外，能护住身体的其他部位，完善了颊当、佩楯、襟回、小鳍护肩、肋曳、腰锁等小具足。其次，札甲式的盔甲逐渐被淘汰，胴体部分有板甲化的趋势。无论在中国还是在日本，火器都是札甲的天敌。在火器出现之前，以竹片、皮革和金属片串接而成的札甲对箭矢有很好的防护作用，但面对霸道的火器，竹片甲就是渣，金属片也扛不住铁炮火力，只有一体而成、不留缝隙的甲才有安全感。这也是为什么从欧洲引进的"南蛮胴"如此受欢迎的主要原因。

　　1615 年 5 月 8 日，随着大阪城的陷落，曾一统日本，叱咤风云的丰臣家族在大阪夏之阵的熊熊烈火中走向灭亡，为战国史画上了惨烈的句号。进入江户时代后，全国已无大规模战乱，但天下初定，武士们还未废弛武备，即使没有仗打，甲胄也能成为他们试刀试枪的靶子。江户时代前期，日本忽然盛行起曾经流行过的以刀试斩甲胄的方法，而且还玩出了新花样——以枪试击甲胄。

　　江户时代的甲胄一方面袭承了战国时代具足的外形特征，一方面又进行了改进，加厚了铁甲，以防御火枪的射击。武士们将甲胄称为"样"，通过火器试击验证其优劣，试击后留有弹痕的甲胄称为"样具足"，说到底，这也是武士们为了自己的生命考虑。现藏于久能山东照宫博物馆中德川家光所用的具足、藏于德川美术馆德川义直所用的具足皆是留有弹痕的"样具足"。

　　到江户时代中期，天下太平，国泰民安，武士不再需要穿着铠甲驰骋沙场，甲胄也逐渐从重视实用性的铁血年代步入注重装饰性的"城会玩"时代。江户时代铠甲样式虽袭承战国的当世具足，但两者重量差别很大，战国时的甲胄鉴于实战需要，很多小具足能省则省，非常轻便。而在江户时代，铠甲更像是工艺品，就算是搞历史复原，也力求复原到最好，此外还要在铠甲的装饰上下一番功夫，远重于战国铠。产于 18 世纪的日本甲胄是太平盛世的写照，这些甲胄已经不考虑实用性，一套比一套奢华，甲胄师们将主要精力花在做工、印染方面，尽可能把铠甲做得华丽美观才是王道。

　　当时的日本甚至兴起了甲胄复原之风，有位叫新井白石的考据大神写了一本

《本朝军器考》的书，对已知的南北朝以前的铠甲进行研究复原，兴起了复古风潮。平安时代、镰仓时代的华丽大铠重新得到人们的青睐，古式胴丸、腹卷也纷纷重回世间。这时候的铠甲与其说是战斗装备，不如说是工艺品。不仅做工越来越精致，用途也变了，是大名和上级武士的礼品、彩礼。琉球国王受到此风气的影响，送了一套日式漆甲兜给大清乾隆皇帝，可惜没有乾隆皇帝穿日式铠甲的画像。不过，到了民国年间，溥仪的侄子爱新觉罗·毓崇把这套日式甲胄翻了出来，并穿上拍了照，如今这副铠甲藏于故宫博物院。

江户时代的铠甲被深深打上太平时代的印记，可以明显感到它们与实战甲胄的差距。然而，当日本武士们玩得不亦乐乎时，四艘黑船的到来惊醒了他们的太平梦。黑船异动引起日本全国人民的恐慌，废弛武备已久的武士们匆忙重新购置装备，一时武具店门庭若市。又要打仗了，而这时的敌人是持有洋枪、洋炮的洋人，要与他们对抗，必须动作

▲ 江户时期，日本武士家族喜欢以甲胄作为礼物赠送友人。琉球国王也受到此风气的影响，送了一套日式漆甲兜给大清乾隆皇帝。这套日式铠甲一直收藏在紫禁城中，民国初年，溥仪的侄子爱新觉罗·毓崇竟然把这套日式甲胄翻了出来，还穿上拍照

敏捷，因此甲胄要轻，方便行动，那些华丽的工艺品肯定不能上战场，一种用牛皮炼制的轻甲开始被广泛使用，称为"炼具足"。炼具足谈不上美观，但很轻巧，主要是在下级武士中流行。萨英战争、蛤御门之变、两次征长战争，武士们皆是穿着这种具足作战。

随着尊王攘夷运动失败，"开国"已成必然，无论是幕府，还是主张尊王倒幕

▲19 世纪中叶，最后的日本武士

的萨长政权，都开始向西方取经，长州藩的志士高杉晋作甚至建立了一支由各行各业百姓组成的"奇兵队"，战争不再是武士阶层的专利。随着与西方世界接触加深，日本人逐渐明白，在现代化的武器面前，再坚硬的具足也不堪一击。与武士时代同生共死成了铠甲的宿命。不过，在德川幕府"大政奉还"的第二年（1868年），京都一带爆发伏见·鸟羽之战，甲胄竟然再次重现战场。讽刺的是，身穿复古甲胄的不是"代表封建落后势力"的幕府军，而是明治新政府的官军总大将仁和寺宫嘉彰亲王，他身着古色古香的大铠出现在战场，这大概是日式铠甲在实战中的最后一次华丽展示。

尽管铠甲与武士"同死"，却没有因此失传。如今，日本仍有不少专门制作铠甲的甲胄师，我们也时常感慨日本影视作品中的甲胄总是那么靠谱。日式甲胄之所以能传承至今而没有断代，很大程度要归功于江户时代的那批铠甲玩家，因为很多留存至今较为完整的铠甲都生产于那个时代。另一方面，江户时代的收藏家们对古代甲胄的考据和复原，又让更早时代的大铠等甲胄没有断代，为后人留下了一笔宝贵的历史遗产，真是功莫大焉！

明治维新后，日本甲胄退出战场，明治政府的陆海军直接向西方国家学习，进入西式制服的时代。

知识链接

洋提督戈登与他的『常胜军』

烈焰是可以吞噬一切的舌头，但凡被它扫过之地，留下的只有废墟。1860年10月18日，大清帝国首都的圆明园燃起通天大火，赤焰肆无忌惮地挥舞着爪牙，企图覆盖这座皇家园林所有地方。炎火连烧了三天三夜，之后，这座世界名园及附近的清漪园、静明园、静宜园、畅春园及海淀镇化为一片废墟。在这场大火燃起的十二天前，英法联军就占领了圆明园。10月8日，英国远征军中的一名二十七岁的青年军官写下了他对圆明园的印象："你很难想象这座园林如何壮观，也无法设想法军把这个地方蹂躏到何等骇人的地步……此地有精雕的象牙屏风、珊瑚屏风等大量珍宝，而法国人却以狂暴无比的手段把这一切摧毁了。"

不难看出这名青年军官对圆明园遭洗劫的惋惜，而且他认为法军才是元凶。讽刺的是，仅仅十天后，他的长官——英军指挥官八世额尔金伯爵詹姆斯·布鲁斯，就下令将圆明园付之一炬。他更没有想到，不久之后，大清王朝会将他奉为座上宾，而他也将为这个王朝征战沙场。多年以后，有很多人都记住了他的姓名——查理·乔治·戈登。

火药发明国的惨败

焚毁圆明园的命令下达一周后，1860年10月25日，清政府议和大臣奕䜣与法国代表葛罗在北京礼部大堂，交换了《天津条约》，并签订了中法《北京条约》。这是继1840年鸦片战争以来，火药发明国与西方列强对战中的又一次惨败。

尽管上一次惨败后，林则徐、魏源这样的有识之士提出了"开眼看世界""师夷长技以制夷"的呼吁，但严酷的现实是，在此后十几年，中国的局面并未改善。清王朝定鼎江山两百年来，国内已无大规模战争，加上清初时火器不成熟，弓箭大行其道，火器发展缓慢。正如时人所描述："国家承平二百余年，海防既弛，操江亦废。自英夷就抚后，始请以捐输之余作为船炮经费，而官吏侵渔，工匠草率偷减，不及十年，皆为竹头木削。"

清王朝被英国痛击的伤疤还未痊愈，国内烽烟又起，太平天国如日中天，半壁江山皆已陷落。国内的战争尚处于胶着状态，又与英法列强再度爆发战事。在第二次鸦片战争中，清王朝在军事武备上的落后体现得淋漓尽致，最直观的一点是，当时清军还在大量使用前装滑膛土炮。这种炮只是在明朝晚期引进的红夷大炮（清称红衣大炮）上进行了稍微改变，在明末清初堪称神器，但在19世纪已是落后的老古董，不仅射程有限，而且精度也差，发射时间长，杀伤力小。更要命的是，当时清军火器多粗制滥造，有相当一部分是第一次鸦片战争后匆忙赶制的，还有不少是清朝初期铸造的，甚至有前明遗物。英军则装备了最新发明的阿姆斯特朗炮，法军也装备了新式拿破仑炮。一旦在战场相遇，英法联军手里的火器几乎占碾压式的优势。

军事技术远远落后于列强是事实，但更令清政府揪心的是，心腹之患太平天国的军队也陆续装备了洋枪、洋炮。太平军的洋枪洋炮，主要是通过上海的一些外国人购置，数目不少。左宗棠后来追述说："从前贼匪打仗，并无外国枪械，数年以来，无一支贼匪不有洋枪洋火。"

要知道与列强交战，败了可割地赔款苟活，但与"长毛"交战，若败了大清可就完了。清政府在前线与太平军作战的一些官员意识到，必须尽快引进先进技术，更新火器。后来，奕䜣等人奏请购买外洋船炮，以应对内忧外患之困局时，就指出"船炮不甚坚利，恐难灭贼"，主张"购买外国船炮，并请派大员训练京兵，无非为自强之计，不使受制于人"。左宗棠也认为："泰西巧而中国不必安于拙也，泰西有而中国不能傲以无也。"

迫切的改革愿望兴起了洋务运动，尤其在1861年恭亲王奕䜣联合慈禧发动辛酉政变后，洋务派官员受到重用，除了大规模引进西方先进的科学技术、兴办近代化军事工业和民用企业外，对尚未平定的太平天国也果断采取了"借师助剿"的方略。戈登与他的"常胜军"正是在这一历史背景下，登上了晚清的历史舞台。

华尔与他的"洋枪队"

1860 年 7 月 29 日，戈登跟随英国特使詹姆斯·布鲁斯乘坐邮船"伐列塔"号向东行驶，此行的目的地是中国。戈登年仅 27 岁，身份是英国皇家工兵队队长。9 月 17 日，他们在上海登陆。此时的上海有一种奇妙的局面：在北方，英法联军尚在与清军交战，詹姆斯·布鲁斯指挥部队攻占了大沽口；在南方，驻扎在上海的英国兵在布鲁斯的兄弟费雷德里克·布鲁斯的监督下，帮助清军击退了进攻上海的忠王李秀成率领的太平军。

太平军因信奉拜上帝教，曾博得不少西方人的好感。但戈登一抵达中国，就对太平天国政权带着敌意。抵沪次日，他在给家里的信中写道："《泰晤士报》必定会发表一个传教士何默斯先生所写的通讯。你必须注意读一下，因为这些通讯会告诉公众，叛党信奉的是什么样的宗教，以及我们对他们的误解到什么程度。"当北方英法联军与清军交战的消息传来，戈登即刻奉命北上参战，这一路上他们没有遇到过多抵抗，于 10 月 6 日晚就在距北京城一里处扎营。英法联军与清廷的谈判已在进行，戈登则利用闲暇时间参观了圆明园。不久后，条约签订，双方停战，戈登奉命移驻天津，担任工兵队技师，主持建设工程。

北方烽烟暂熄，南方战火仍在继续，列强一时也摸不准清政府是否会因此垮台，故而相继宣布"中立"。太平天国早期对洋人十分友善，认为在意识形态上都拜上帝，是"兄弟"。第二次鸦片战争爆发后，太平天国对英法联军出兵打清军拍手称快，洪秀全的御诏中称"西洋番弟听朕诏，同顶爷哥灭臭虫""替爷替哥杀妖魔"。列强与清政府签订条约后，因条约只有清政府来兑现，列强便对太平天国有了成见，无心与之接触。1860 年夏季，李秀成率部攻打至上海外围时，曾致函英、法、美三国领事，郑重表示将保护洋人在上海的生命、财产安全，并邀请对方到苏州会晤，洽谈通商联合事宜。但事实证明，列强的外交政策并不取决于太平天国的态度，他们发布公告，宣布由英法部队保卫上海，抵御任何攻击，并拒绝与太平军接触。最终，李秀成在上海之战中遭到英法联军阻击，功亏一篑。

另一方面，南方清军与太平军交战的过程中，出现了"借师助剿"的现象，最著名的当属美国人华尔组织的"洋枪队"。华尔不是正规的军人，虽然早年在军事学院就读，但未及毕业就退学，流浪国外。后来，他又在墨西哥、法国投军，上过战场，有实战经验。1860年，在上海商贾和官员的委派下，华尔开始在各地招募人员，其中有洋人，也有一些中国人，其实就是一支杂牌军，但因这支部队装备有先进的火器，后来便取了个很能震慑人的名字"洋枪队"。因为华尔肯出高

▲1862年，美国军事流氓华尔在他的政府指使下，组织了洋枪队，直接与太平军作战。图为华尔组织的洋枪队

价，故能到处挖墙脚，导致不少英国水手投奔了他，这令列强大为不满。列强们解散了华尔的外籍雇佣兵，并逮捕了华尔本人。不过，在中国地方政府的庇护下，这个美国人竟然宣传自己不是美国人，而是中国人，得到释放。

华尔毅然加入中国籍，被清朝政府委任为副将，此后，上海富商们一如既往地支持他，要他组织一支强有力的雇佣军来抵御太平军。1861 年 9 月，另一个美国人白齐文被推荐到华尔军中当副统帅，开始打造一支有纪律、穿西洋军服、持西洋火器的军队。为了鼓舞中国人入伍，华尔给这支部队起名为"常胜军"。

华尔的西洋化部队很快就发挥了作用，1862 年 2 月，他攻下离他司令部不到几里的市镇，接着又率部向北推进，频频奏捷。但好景不长，同年 9 月 21 日，调赴浙江慈溪的华尔率部与太平军激战，被同样拥有洋枪、洋炮的太平军击成重伤，次日即毙命于宁波。华尔之死让上海官商们再度感到焦虑，"常胜军"出现统帅权力真空，今后谁来领导这支部队成了必须面对的问题。此时，英国人戈登已抵达上海数月，并在进攻青浦的作战中配合华尔击败了太平军。尽管戈登于 12 月 30 日被提拔为名誉少校（升级不加薪），但他并不是"常胜军"统帅的第一人选。

"借师助剿"策略落实

华尔战死的消息传到上海后，英国驻上海领事麦华陀就立即向陆军提督士迪佛立提议，任命一位英国军官继任华尔，并得到同意。但是，委派英国军官涉及国家政策，必须得到英国当局的批准。为此，士迪佛立于 9 月 25 日发公函给北京的布鲁斯，由布鲁斯转呈陆军部。在等待上级训令期间，在华英军不得擅作主张，洋枪队则由华尔的副手白齐文代理统带。

白齐文对统带一职志在必得，他本就是华尔的副手，现在又有英军东印度及中国舰队司令何伯的支持，顺利接位原本不是问题。但何伯不久后就发现，白齐文此人虽作战勇猛，却不遵守军纪，攻下城镇后往往到处掳掠，搞得鸡犬不宁。尽管如此，何伯依然没有撤换白齐文之意，只是觉得必须在其身边安插一些军官，协助其整肃军纪。真正断送了白齐文统带前程的人是李鸿章。早在 1862 年春，李鸿章的淮军分批由水陆运往上海，他则在曾国藩的推荐下被任命为江苏巡抚。华尔死后，白齐文继续率领"常胜军"与李鸿章的淮军联合作战，击败了青浦以北

▲ 1860 年左右的李鸿章

的太平军。但李鸿章在奏折中包揽全功，激怒了白齐文，两人关系恶化。

不久后的 1863 年 1 月 3 日，白齐文带领卫队去找苏松粮储道杨坊索饷，一言不合竟打了杨坊一巴掌。李鸿章本就厌恶白齐文，恰好这一耳光坐实了白齐文殴打中方官员的大罪。李鸿章当即要求士迪佛立通知白齐文：他被撤职了。这次人事变动，让华尔部队继承人问题再次成为必须解决的事情。当时，被提名的有美国人福立斯特上校、英国海军陆战队上尉霍兰德等人。但经过几番波折，终于在 1863 年 1 月 17 日，士迪佛立向英国陆军部呈报了他与李鸿章关于华尔部队指挥官的协定，提名以戈登为统领。

五天后，英国驻沪领事麦华陀将协定的副本寄给布鲁斯，请求转呈外交部。实际上，布鲁斯对这一提议持反对态度。但不久前，英国女王下达了"女王陛下所辖任何军官可为中国皇帝效劳，参加任何军役"的敕令，为戈登担任"常胜军"统帅提供了合法性。此时，戈登虽知己被推荐，但是否能成功，还是抱怀疑态度。他在 1 月 16 日的家书中写道："提督已经推荐我，我也同意了，可是非常怀疑，本国当局是否会批准把这样的美缺给我这个官卑职小的军官。"

士迪佛立接到女王的特许敕令后，尽力帮助戈登运作，直到当年 3 月，戈登才被正式委任为常胜军统领。对戈登来说，在异国担任一支精锐部队的统领，既是一种莫大的荣誉，同时也意味着危险，华尔就是在率领部下进攻时被太平军打死，法国海军提督卜罗德也是在作战时被太平军击毙。为了不使家人担心，戈登在家书中还特意向母亲强调："上帝保佑，我不会冒失的；我相信不久将回到英国……我时刻把您的照片放在面前，并向您和父亲保证，我绝不会冒失。"

常胜军从华尔时期到戈登时期，本质上发生了变化。华尔是加入中国籍的美国浪人，原则上是中国人自己的事，但戈登统率常胜军则涉及中英两国。士迪佛立与李鸿章协商后，决定对这支特殊的部队进行"约法三章"：首先，统带该军的英国指挥官爵与巡抚相垺，必须受李鸿章节制；其次，该军由英国军官和中国将领共同统带，英国统领不受中国统领牵制，只接受李鸿章命令；第三，以后该军粮饷不再由上海商人承担，而由清廷官方负责；此外还有附加条例，即李鸿章在同英法联军商讨之前，不得下令征伐三十里禁区之外的地方。

通过政变上任的恭亲王和慈禧，为尽快击败太平天国，允许江浙官绅"借师助剿"，形成了联合镇压太平天国的局面。戈登能够登上晚清舞台，离不开这一大背景。

征战四方，地位却岌岌可危

戈登没有辜负士迪佛立的希望，很快就将这支桀骜不驯的队伍训练得井井有条。对清廷而言，这支部队最重要的作用是攻打"长毛"。李鸿章要做的第一件事就是根据协议的条款，要求士迪佛立批准常胜军到禁区外的地方作战，只有这样才能真正发挥其作用。这一要求开始遭到拒绝，但由于不久后士迪佛立外出，何伯卸任，也便没有人再反对李鸿章的要求。

李鸿章乘势要求戈登率常胜军进攻福山，此地在上海西北面六十里，坐落于长江三角洲，是常熟的门户。不久前，常熟太平军守将骆国忠和福山守将陈承琦相继倒戈降清。由于此地控制着太平军重镇苏州的水道，忠王李秀成听闻反叛发生后，立即发兵讨伐，最后攻下福山，却未能拿下常熟。李鸿章的用意是救援被围在常熟的骆国忠，并在关键时刻要求戈登的常胜军出战。戈登接到命令后，配备了大量炮队，并于4月2日驶入福山附近的内河。他命人将大炮都设在废墟，在4日清晨下令猛轰，洋枪、洋炮的火力自不必说，太平军的工事迅速被摧毁，常胜军与淮军发起进攻，几乎没经过激战就攻下福山。福山一攻陷，炮艇与炮队就能通行无阻，围城的太平军自动退却，戈登毫发无损地开进常熟。

福山之战让李鸿章对戈登的军事能力大为赞赏。经此一役，常胜军的官兵们也愿意服从新统领的指挥了。然而，戈登的地位却在他凯旋时受到了威胁。原来，

▲ 英国人戈登率洋枪队协助清军攻打苏州城太平天国守军的铜版画，出自 1864 年的法国画刊，画中的常胜军已穿上类似西式军装的制服

被撤职的白齐文到北京闹事，陈述自己的"冤屈"，而且取得了效果，布鲁斯在发给士迪佛立的函件中建议恢复白齐文的职位。关键时刻，李鸿章连写两封措辞强硬的公文交给了英国陆军提督和驻沪领事，说明自己无意让白齐文复职，并力保戈登。之所以这样做，是因为戈登在担任统领不到一个月的时间就表现出卓越的军事才能，李鸿章需要他。最后，上海的英方决定支持李鸿章，并呈文给英国驻北京公使。为避免夜长梦多，李鸿章索性奏请朝廷钦赐戈登江苏总兵头衔。如此一来，戈登作为常胜军统领的地位才算确定。

对李鸿章的赏识，戈登也投桃报李，此后数月，他率领常胜军在太仓、昆山、吴江作战，为清廷立下汗马功劳。常胜军的装备也愈发精良，不仅有当时威力巨大的阿姆斯特朗炮、M1857 型 12 磅拿破仑炮，还购置了"海生"号等铁轮船，常常以摧枯拉朽之势击溃故军。

但戈登与李鸿章的蜜月期很快结束，两人之间出现了裂痕。李鸿章的部将程学启（原为太平军英王陈玉成部属，1861 年降清）的部队误伤了常胜军的人，程学启与戈登爆发矛盾。在李鸿章的调解下，程学启道歉。但不久后，戈登又与李鸿章发生矛盾：戈登认为李鸿章故意拖延军饷，因此屡次抱怨，甚至在 7 月 25 日呈上辞职书。

极具戏剧性的是，就在戈登准备撒手不干时，他收到了一封布鲁斯发来的公函，告诉他本国政府最近决定授予他全权带领部队，帮助清廷平叛。布鲁斯也在信中告诉戈登："我殷切地希望你，而不是任何别人，指挥中国军队，因为你统带的部队将给叛党莫大的威胁……"这是戈登首次接到本国政府和英国驻北京公使明确的授权指示，于是不再闹辞职，积极准备作战。李鸿章的下一个目标是太平军的重镇——苏州。

杀降风波

苏州之役开打之际，一个惊人的消息传来——白齐文截走了常胜军的小汽艇"高桥"号，向苏州的太平军投降了！而且戈登还从一个自苏州逃出的美国人口中得知，除了白齐文，苏州城还有若干洋人协助防守。这是个对清廷很不利的消息，因为太平军不仅拥有白齐文这样的专业军事人员，还有若干洋炮和武装汽艇，要攻克苏州绝非易事。

听闻这一消息后，戈登首先想到的不是武力征伐，而是以绥靖之法诱降白齐文。1863 年 9 月中旬，戈登率领常胜军与淮军进抵苏州城外，开始围城。戈登先与"高桥"号船长钟思取得联系，让他联系白齐文，并约定双方进行密谈。白齐文虚张声势，要求戈登与他会师，共同讨伐北京，这种疯狂的想法自然被拒绝。几个回合下来，白齐文终于道出心里话，说他在太平军中遭遇怠慢，只要戈登保证他不会受到逮捕和审判，他愿意归降，戈登当即同意。苏州的太平军守将慕王谭绍光也很大度，准许白齐文及其部下离开苏州。白齐文率部走出苏州南门后，归顺了戈登。

苏州一役极其酷烈，清军即使联合装备精良的常胜军，也没能取得进展。太平军一方，忠王李秀成自天京（南京）回救，激战数月同样无法解围，双方战事陷入胶着状态。入冬后，据守孤城的苏州守军人心离散，离城遁走者不计其数。戈登抓住这一机会，得知守军纳王郜永宽等人与慕王不和，遂派奸细潜入城中进行策反。接触下来，戈登发现纳王果然有投降意向，遂将此消息告知李鸿章。李鸿章则委派投降的程学启与郜永宽秘密联络。纳王等人希望投降后能保全性命，最好能受清廷的重用。为了让郜永宽下定决心，戈登担保，投降后他将保证降兵降将的生命安全。

12 月 4 日，郜永宽等人刺杀慕王谭绍光，献城投降，淮军与常胜军以胜利者的姿态踏进了太平军的这座重镇。然而受降后，苏州城中的一些异象引起了李鸿章的疑虑，他发现郜永宽等人依然留着长发，而且倒戈的太平军人数甚

▲ 查理·乔治·戈登的肖像画，戈登身穿清朝黄马褂、头戴暖帽、手持腰刀，一副清朝官员打扮。平定太平天国后，戈登被清廷封为提督，这让他具备了穿黄马褂的资格

众，装备精良，一旦哗变，后果不堪设想。在这个问题上，李鸿章表现得非常狠辣，宁可错杀，也不留后患。他设下鸿门宴，邀请郜永宽、汪安钧、周文嘉、伍贵文、张大洲、汪有为、范起发、汪怀武前来赴宴。席间，他让身边的八个武弁手捧红顶花翎的武服递呈八人，郜永宽等人正要接受时，武弁们随即拔出腰刀杀死了八名降将。与杀降将同时进行的，是对苏州太平军士卒的大规模屠杀，降卒被屠戮殆尽，通常认为死的人在两万左右。

这次杀降造成的直接后果是，戈登与李鸿章决裂。戈登听闻苏州杀降消息后勃然大怒，大骂李鸿章背信弃义，卑鄙无耻。戈登的愤怒是可以理解的，他是个有绅士情结的军人，苏州围城期间，是他出面担保了郜永宽等人的生命安全。如

今苏州血流成河，降将人头落地，他觉得自己受到了极大侮辱。他认为，无论是自己的荣誉，还是作为一名英国军人的荣誉都扫地了。但他接下来的举动，却大大超出了他的职权范围。

戈登给李鸿章写了一封公函，措辞强硬，满腔愤怒，并提出最后通牒，要求李鸿章下台，否则自己将把从太平军手中夺得的各城池交还给太平军，还扬言要率常胜军攻打淮军。他甚至想鼓动英国政府干预，迫使李鸿章下台。无论戈登此举动机是什么，此事引起的后果是严重的，大量西方媒体将矛头指向李鸿章，大肆批判。英方想借此机会搞掉李鸿章，彻底从清廷夺取常胜军的控制权。

悲剧收场

尽管事出有因，戈登的行为显然越界了，甚至涉及干涉别国军政问题。但他在给家人的信中说，之所以如此做，是为了防止出现更多的苦难与牺牲，并言："我毫不怀疑，抚台将被罢黜，甚至可能被处决。"无独有偶，李鸿章也在给母亲的信中提及了杀降之事，自言"此事虽太过不仁，然攸关大局，不得不为"。李鸿章的老师曾国藩接报后，赞赏这个学生"殊为眼明手辣"。

戈登失算了，清廷不仅没有罢免李鸿章，反而于12月14日颁布敕令，钦赐李鸿章黄马褂，加封太子少保。对戈登的行为，李鸿章自然甚为恼火，但又不好与他彻底翻脸。之前，他在奏章中称戈登"奋勇勤苦，洞悉机谋，火攻利器，尤多赞助"，希望朝廷能论功行赏。清廷也的确对戈登进行赏赐——"赏给戈登头等功牌，并赏银一万两以嘉奖"。随后，李鸿章又发布公告，声称戈登与处决诸王之事毫不相干，推卸了戈登的责任，戈登这才重新指挥常胜军与淮军联合作战。还有一种说法，即李鸿章委托朝廷聘请的西方官员赫德给戈登送去七万元的犒赏费，被戈登拒绝后，赫德将其中一万元存入了戈登的外国账户，这场风波才得以平息。

杀降事件平息后，戈登参与了他在中国的最后一役——常州之战。1864年2月，戈登率常胜军自昆山出发，经无锡攻宜兴，以截断浙江太平军北援之路，3月2日就攻克了宜兴。苏州杀降让周边的太平军都丢掉了投降的幻想，选择抵抗到底，这最后的战役也异常惨烈。在进攻嘉兴的作战中，淮军悍将程学启中弹身亡。戈登也在金坛激战中被太平军的子弹击中腿部。这是戈登穿上戎装以来第二次在战场上负伤，上一次是他在塞瓦斯托波尔作战时，被俄国人射伤，所幸都不是致命伤。在淮军与常胜军的连日猛攻下，4月25日，金坛被清军攻陷。5月13日，清军提督冯子材部攻占丹阳。至此，苏南各城全部被清军占领。两个月后，天京被湘军攻陷，太平天国政权在漫天通红的焚城大火中走向覆灭。戈登作为常胜军统领的戎马生涯也宣告结束。

战争结束后，戈登受到了清廷极高的礼遇，同治皇帝敕封他为提督，这是清廷军队最高的军阶。戈登因此穿上了他一直羡慕的黄马褂。英国也晋升他为中校，并封他为巴兹勋爵。从一个名不见经传的基层军官，一跃成为炙手可

▲ 在苏丹担任总督，身穿戎装的戈登。戈登在苏丹迎来了人生最辉煌的时刻，却也在这里陨落

热的军事将领，这是戈登在中国四年最大的收获。但戈登的人生巅峰并不在中国，而在苏丹。他于1874年初到达埃及，并在那里成为埃及军的上校。1876年，在众人的推举下，戈登成为苏丹总督。统治殖民地，戈登颇有手腕，他废止了当地的奴隶贸易，同时大力挖掘苏丹的黄金，赢得了良好口碑。

就在戈登登上人生巅峰的高光时刻，殖民地的一场大起义让他跌入了万丈深渊。1881年1月，苏丹反英领袖马赫迪·穆罕默德发动反英大起义，起义军声势浩大，苏丹局势很快便失控。1885年1月26日，起义军攻陷总督府，戈登在府内进行最后的抵抗，最终被起义军用长矛刺穿胸膛，当场殒命。

戈登战死后，在英国备极哀荣，无论是英国本土还是海外殖民地，以戈登命名的楼房、道路等比比皆是。在中国，戈登的身份是复杂的，他是清廷"借师助剿"方略下卷入中国内战的英国军人，他的军队还带着侵略者、殖民者的印记。清廷对戈登的评价一直较高，但只能说他有功于大清，断不能说他有功于中华。在太平军一方看来，华尔、戈登等人的登场是"洋鬼作怪"，李秀成认为苏杭之事"非

李鸿章本事，实得洋鬼之能"。洪仁玕也将太平天国失败的原因之一归结为"鞑妖买通洋鬼，交为中国患"。

前文提及的白齐文叛而复降事件，被英国人视为戈登智勇双全的事迹。但必须认识到，能成功策反白齐文，与太平天国在"借师助剿"这一问题上与清廷截然不同的态度有关。尽管当时双方都有外籍雇佣兵，但太平军中的洋人声势和规模远不及清廷。因为太平天国所持的立场和态度留不住洋人，对洋人始终保持着戒心，不愿"引鬼入邦"，故而拒绝了白齐文提出的独立带兵等要求。清廷虽然也对"借师助剿"心存顾虑，但"以灭发捻为先"的思想占了上风。正是双方有这种差异，太平军中必然不会出现华尔、戈登式的人物。

清代镶黄旗布面甲

◀清代镶黄旗布面甲，函人堂制，根据北京故宫博物院所藏清代八旗布面甲实物复刻（模特：何明圣）

清代镶蓝旗布面甲

缨饰

铁胄

护耳

护颈

披膊

护腋

甲衣

甲袖

前裆

左裆

甲裳

清代正白旗布面甲

▲清代正白旗布面甲，函人堂制，根据北京故宫博物院所藏清代八旗布面甲实物复刻（模特：何明圣）

见龙卸甲：东亚甲胄的最后余晖

・清　　・明　　・元　　・宋　　・唐　　・三国两晋南北朝　　・汉　　・秦　　・先秦

甲胄后传

热兵器时代的新主角登场

新军制服开启戎装新纪元

终章

世界潮流，浩浩荡荡；顺之则昌，逆之则亡。

——孙文

　　提及清军，大多数人脑海中便会浮现出穿着八旗"避雷针"绵甲，头戴大红斗笠或暖帽，身穿胸前写着"兵"或"勇"字号衣的士兵，现代意义上的军服似乎一点也没法与这个古老王朝的军队联系起来，以至于如今清末新军的大量历史照片被当作民国军阀部队。那么，中国的军戎服饰，究竟是什么时候从顶盔掼甲或斗笠号衣演变为西式军服的呢？有观点认为，是从镇压太平天国时期华尔、戈登等人组织的部队开始的。

　　实际上，从1862年留下的华尔洋枪队的照片来看，士兵们虽然装备了火器，但实际上仍穿着号衣、戴着头巾，与淮军几乎没差别。相对来说，戈登的常胜军比华尔的洋枪队要更正式，1864年左右，法国画刊登载了不少关于戈登与常胜军的绘图。从铜版画上来看，常胜军的确身穿带有肩章的西式制服，不过头上无军帽，

▲法国画刊上的铜版画，描述了戈登走近叛乱士兵的场景。图中，戈登的常胜军穿着西式制服

而是裹着头巾,与租界或殖民地的印度籍殖民军士兵很相似。尽管在太平天国战争时期,已经出现身穿西式军服的中国人,但这并不能视作中国军服变革的开端。

首先,戈登的部队毕竟属于极少数,非主流。其次,常胜军带有雇佣军性质,并非正式的国家军队。第三,平定太平天国后,常胜军于1864年5月31日在昆山解散,全体军官辞去了在清军中的职务,部分精锐和大部分装备被编入淮军,但常胜军军服并未沿革或影响清军的制服体系。因此,作为特殊时期特殊部队的常胜军不能视作中国军服变革之始。真正从根本上改变中国陆军军服制式的,乃清末光绪年间编练的新建陆军。

官老爷在洋人面前丢了脸

新建陆军作为清王朝在历史长河中试图挣扎的最后一搏,成为清末历史中浓墨重彩的一笔。自1903年成立总理练兵处,全国规模化编练新军,到1912年春清帝退位,八年多的时间里,新建陆军的确为日薄西山的清王朝取得了诸多荣耀,即使是军服,亦是开中国军服近现代化的先河之作。

促成清代全面设立新式陆军和设计新式军服的原因在于甲午战争惨败。学习西方、穿西式军服的日本军队击败了只在武器装备上学习西方的北洋海军,仅在视觉上就给人极大冲击。此战之后,日本为了缓和中日之间的紧张情绪,邀请中国留学生赴日学习。从1896年开始,留学东洋成为当时知识分子开眼看世界和清朝政府培养新政人才的快捷方式。这些留日学生中,报考军校者极多,而这些学成归来的才子又多被新建陆军吸收成为军队骨干。不过,随着这批学生留学归来,一个问题开始显现——喝过洋墨水的他们习惯了穿西式军服,回国后不适应行动不便且不够美观的号衣,于是纷纷将留学时期购买自学校的日本军服简单更换配件后穿着。不过,这又引来一个新问题:不少经历过甲午战争的老兵和军官在战后都对这种使用日军军服的行为感到不满,但在尝试过西式军服的简便后又体会到了旧式军服的不便,使得越来越多的人意识到,中国军队的军服应进行改革。

但这只是新派军人的诉求,那些思想守旧的官老爷能接受吗?是什么直接促使腐败、僵化的清朝政府开始设计新式军服呢?《湖北官报》第四册"练兵处奏拟陆军官兵帽服章纪咨"中就有答案,该奏折译成白话大意如下:

西方各国军服制度大致相同，但符号和级别资历章有明显区别。以前闭关锁国的时候没什么，但现在门户洞开，中外往来，朝廷派遣官员出国考察西洋练兵，外国也来我大清参观军队，但我大清军服糅杂，版型宽大，缺少整肃的感觉，容易现眼，而且不适应长途跋涉，以前长江水师和北洋水师的军官都上过折子改用短衣服（但都被守旧的老顽固们无视）。再一个问题就是，传统"号衣"洋人不认识，不知道怎么区分官兵，在北京城内外我们的士兵看到外国人军官知道是军官，要行礼，但洋人士兵看见我们的军官以为是小兵，直接无视。如果不能尽快搞出新制服，恐怕对我大清国体有损。

总结下来就是，官老爷们在洋鬼子面前丢了面子，感到很不爽，再加上西式军服确实方便，军中的留学生非常青睐，所以经过"体察时事"，于光绪二十九年（1903 年）八月初三，新军编练的领导机关练兵处开始牵头设计新式军服。经过数月设计，于光绪三十一年（1905 年）正月二十四日由总理练兵处大臣上奏朝廷审批，通过后付诸使用。自此时起，使用时间长达两百年的旧式军服"号衣"退居二线，中国军服第一次全面步入近现代化——新军制服改革由此开始。

满洋折中的新军礼服

清末新军制服演变的时间段应该如何划分？国内相关的研究著作甚少，长期以来，新军第一套制服通常被称作"清朝陆军 1905 式"军服。实际上，这个称呼有很大问题。首先，当时新建陆军没有"1905 式"这个称呼；其次，如果根据列装时间命名，"1904 式"应该更为贴切。其实，研究清军制服，按照光绪朝与宣统朝来划分更合适，而新军军服条例大致可以分为两个时间段，分别是 1904 年初创和 1909 年改订条例。其中，1909 年改订条例并未对军服做出重大改变，只在配件上进行了增减和简化。

由于篇幅限制，本文主要介绍新军军官制服。新军军官制服大体分为军礼服和军常服两个种类，每种又分夏服和冬服。当然，并不是说穿上新军服就从此告

▲ 晚清新建陆军制服（刘永华 绘），出自《民国军服图志》，中国第二历史档案馆编著。图中骑马者穿着下等一级军官常服，左一穿着参谋官常服，左二穿着上等一级军官礼服，左三穿着中等一级军官礼服，左四穿着士兵常服

别了顶戴花翎，1905 年 2 月练兵处奏定《陆军行营礼节》中就规定，军官在朝觐时依然使用旧式顶戴吉服等；同时规定新军官兵除朝觐拜谒外，穿新式军服时不再施行跪拜礼节，同时规定新军礼节为注目礼、举手礼、举刀礼、举枪礼等。在双重装束轮换的情况下，很有意思的混搭式着装开始出现，即西式军服搭配传统的暖帽顶戴，满族传统与新式军服结合得毫无违和感。

新军军服在袖章上首次引入了兵种色这一概念，如步、骑、炮、工和辎重兵，分别为红、白、黄、蓝和紫五个颜色。新军军礼服较为规范，等同于日军正装（大礼服），版型也参考了日军的，但标配仍为顶戴花翎，而非西式军帽。因国家横跨区域较大，各地气候不同，军礼服分为冬夏两款。冬季为呢料双排扣设计，夏季为棉布单排扣设计，相较于只有一款大礼服的日本军礼服，新军礼服的设计更加人性化。

为彰显中华文化，军礼服领章采用游龙戏珠造型，根据珠子的颜色分为上、中、下三等，红珠上等，蓝珠中等，白珠或无珠为下等，领口绲边为粗金属丝编缀，以砸边数量分一、二、三级。袖章参考欧洲军服，根据蒂罗尔式盘花下面的横条分上、中、下三等。肩章则参考德日军服，采用多股缠丝造型，颜色用金辫红线，也分上、中、下三等，又以金色团龙纹扣分一、二、三级。在 1909 年宣统改制之前，陆军礼服和常服的肩章是通用的，宣统改制后常服肩章改为沙俄样式的多边形平板肩章，但原肩章一直也留着，并在 1910 年前后采用六芒星代替盘龙扣。

参谋作为战争的重要组成部分，其礼服袖章另加金、银、红三色套环以示区别。而军佐是将军官礼服的金色配件换为银色，以示区别。除设立兵种外，大清还参考日本设立了类似相当官（军

▲ 身穿新军制服的黎元洪

佐）和军属的军队文职及辅助人员军衔，称为军官辅佐和军队所属匠人等，简称军佐和军属，其中军佐和军官一样，分为三等九级，不过军佐并没有做上等官的机会。

条例与自我发挥并行

相对军礼服，军常服更能体现新军制服的变化。军常服分夏冬两类，夏款用土黄色或白色布料，冬款用天蓝色布料。在新军的条例中，只记载了两款军常服，实际上，军常服是新军服饰中变化最多的。

新军的冬季制式常服采用立领设计，按照条例，胸前缀六枚扣子，但实际上很多是五枚或七枚扣子。这套制服的款式与德国 m1895 式常服非常相似，两肩缀礼服和常服通用肩章，袖口在大礼服袖章的基础上将蒂罗尔盘花改为团龙扣以表示等级。该款常服在 1909 年进行了改良，取消了袖口军衔，领部除陆军部采用五

▲ 反映袁世凯逼迫清帝退位的画报，图中袁世凯身穿新军礼服、头戴暖帽

▲ 1906 年 11 月 15 日，清廷新军军官留影时军官所穿的"彰德排骨"

▲ 身穿新建陆军礼服的段芝贵。陆军礼服为彰显中华文化，采用游龙戏珠造型，以珠颜色分上、中、下三等

角形领章外，都改为在领口的矩形领章。原袖口部分参考日本明治 38 年式条例，代之以一条绳边。制式夏常服也采用立领设计，胸前采用隐扣，内缀五六枚扣子，军衔部分同冬季常服的一样，1909 年之后也一并进行了改良。

　　在条例中，无论夏冬，大清对常服的版型和裁剪都做了详细的说明，以保持得体的造型：上衣以长至齐膝盖以上五寸处为度，军官常服及士兵常服的上衣以齐两胯原轴骨为度，腰身以左右宽余寸半为度，垂手时以齐手掌为度，袖口宽以能握拳出入为度，胯裆以高贴腿根为度，裤腿随人体质，不松不紧，正好合适为度。

　　说到条例，网络上有人编了个生动的段子：一位资深军迷穿越到抗战时期，

▲ 清末新军中身穿外籍军服的外国顾问与身穿新建陆军礼服、头戴暖帽的新军军官

看见一位穿着皮靴的国民革命尉官，身上的制服不符合条例。军迷上前就开始对那名尉官掉书袋："长官，你的军服穿得不对，这里扣子少了一颗，按照条例，你应该打绑腿而不是穿靴子，你应该……"军人反手就是一耳光，骂道："去你的条例！"这段对话可谓相当有代表性，规则与实际情况本身就不是完全统一的，近到抗战时期五花八门的军服，远到大明朝的皇家特典飞鱼服，莫不如是。清末新军中自然也不乏手工达人，下至基层官兵，上至镇一级（对应日本师团级）的将领，都曾为了显示独特或耍帅而无视条例改装制服。其中最为典型的，当属彰德秋操隐扣。

彰德秋操款隐扣，简称"彰德排骨"或者"彰德六扣"。这种制服最早出现时间不可考，在1906年的"彰德秋操"中穿戴人数极多，主要是两湖新军在穿。这种制服的版型在设计上就是个大杂烩，既保留了条例中军衔的表现方法，又融合了传统的号衣元素，还参考了日本明治三十三年式制服和北洋海军首款制服，使其造型非常独特，尤其是如排骨一样的六条杠，被军迷戏称为"六袋长老服"。这种制服很可能是军服革新初期，两湖新军对制服形制的探索之作，虽然算得上新军最具中外融合特色的军服，但也是最丑的军服之一。

除了"彰德排骨"这种大规模的创举，新军中还有一些手工达人。比如有人采用夏季常服的料子制作冬季常服，或在夏季常服上挂肩章，或将冬季常服的领

▲ 1901年，正在研究沙盘的新建陆军士兵，士兵们穿着宣统式陆军常服，头戴大盖帽，腿部打着绑腿。照片中，大多数新军士兵已剪掉发辫，但也有少数人脑后还拖着辫子

子做成纯黑色，透露出一股淡淡的普鲁士风格。

提及制服，则不得不说军帽。大清新军对大盖帽的称呼为操帽，意为操练时候戴的帽子。帽徽为一颗珠子，颜色分上、中、下三等，上等红色、中等蓝色、下等白色；根据帽墙横线分等级，竖线分上、中、下等，操帽分为礼服用和常服用两种，礼服级别线为金色，常服级别线的颜色因级别而异，但皆为暗色调。1904 年新军刚开始规模编练时，礼服操帽的顶部安装有传统凉帽用的蒜头状红色绳结做装饰，也是大清特色和新式制服的融合，但不怎么美观，故而不久后帽子上不伦不类的蒜头就被取消了。1909 年宣统改制后，复杂的军衔线也从条例中被取消，取而代之的是以帽墙上方一条金色、银色或者红色金属线表示军官、军佐或士官（或军校生）。

经此整编后，练兵处认为这种新条例使得级别明晰，可以在视觉上使军队更为整肃，带来新气象；方便统一号令和指挥，社交场合也能使军威散发出来，一扫此前传统号衣的懒散造型，给老百姓大清天下无敌之感。同时，练兵处特地说明，新军军服条例必须全国一致，不得随意更改，除了军人，其他人不得仿用，保证这些漂亮的军服只有大清军人能穿。

"新军中的新军"穿什么

光绪三十二年（1906 年）彰德秋操，新建陆军整备一新，操练一新，风气一新，军服一新，给清朝大臣及前来观察的各国武官造成巨大的视觉冲击。不仅旧军对新军的优厚待遇及笔挺的新式制服眼红不已，满洲皇族亦十分羡慕，于是开始盘算着弄一支比新建陆军更牛的皇族武装。等到慈禧太后暴死后，载沣、载涛等满洲贵族便放手大干，迅速组建了一支宫廷卫队——禁卫军。

禁卫军可以说是新军中的新军，于宣统元年（1909 年）开始编练，无论经费还是地位都比新建陆军更高，这种优越感自然也得体现在制服上。眼红陆军制服许久，以载沣、载涛为首的皇族们趁着陆军改制，在宣统元年正月二十四日上奏了禁卫军军服的服色和徽章条例。奏折字里行间表述了禁卫军的特殊性，所以"一切服装应与陆军稍微显示出不同"。宣统元年闰二月七日，也就是"禁卫军训练处"正式落址嘎嘎胡同那天，禁卫军训练大臣载涛就奏定了禁卫军旗帜、制服颜色和

▲ 1910年，身穿禁卫军制服、佩戴双龙宝星的郡王衔贝勒载涛

肩章、领章等。载涛对禁卫军的定义是"出备扈从，入供宿卫，责任綦重，体制宜隆。即衣履服装必须整肃鲜明，自成一部，既易于识别，亦壮夫观瞻"，也就是说，既要独特性，又得美观。不过，从外观上看，禁卫军军服大体设计和宣统改制后的陆军军服高度相似，只在衣服颜色、衣领分色和军衔配件上有所不同。

根据载涛等人的记录，禁卫军作为宫廷卫队，首先在旗帜上就与新建陆军不同，分为标旗和马队旗两种。标旗分黄、白、红、蓝四色，黄色格内绘火球彩云及五色飞龙，白色格内书满汉文标数。马队旗则以黄、白、红、蓝四色绸镶成，色彩与标旗大致相同。载涛以德国陆军为模板，综合了其他列强部队元素，奏定了禁卫军制服。其常服有帽正、军帽、领章、肩章、军常服各项，分三等九级。

禁卫军制服与新建陆军的第一个区别在军帽。禁卫军帽徽采用紫铜为材质，造型类似英国嘉德勋章，为椭圆形星芒散射状，中间有椭圆形金色十字格，分别嵌入黄、白、红、蓝四色珐琅，寓意为八旗。帽子本体采用瓦灰色呢子，顶部边为红色，帽墙除上等用红边外，其余为兵种色。夏季在帽子上再加个土黄色帽罩，帽檐是黑色漆皮，除上等用红边外，其余为兵种色。风带（帽檐上的皮带）分三种，军官为金线皮里，官佐为银线皮里，目兵为黑漆皮带。

第二个区别在于领章。与宣统陆军军衔领章不同的是，禁卫军领章仅用来表示身份。领章与帽徽一样，采用紫铜材料，造型为满族最喜爱的动物之一——展翅翱翔的海东青，取其尚武鹰扬之意。至于禁卫军的肩章造型，则与宣统改制后的陆军大致相同，采用金片金辫，分上、中、下三等，用紫铜团龙扣分一、二、三级，肩章四周稍微露出底板色。上等军官肩章为全金色，无辫，中等三道，下等两道。兵科与普通陆军一样，所属兵科都在软质肩章上用大字表示。

最后，禁卫军的常服和裤子，与陆军的一样，采用冬夏服制，胸前缀六枚扣子（实际上，七枚扣子的比比皆是），这两套制服的版型基本一致。只不过，冬款用瓦灰呢领子，与衣服颜色不一致；夏款用土黄布，接近土色，且不像陆军夏季服装为显扣设计，具备一定伪装效果。禁卫军制服的袖面及军裤和陆军一样，都有一条细红色绲边。

军乐队：皇族的面子

皇族们对自己掌握的武装力量穿什么军服显然非常看重，禁卫军常服在宣统元年闰二月初七奏定，到四月就提交了修改意见：第一，中级军官以下，领章添加标营符号，原先的海东青领章，官佐、目兵佩戴在衣领左右，现在凡官佐中等以下各官左边还是海东青，右边改成紫铜拉丁数字或字母标注营号，以便识别；第二，官佐冬天的雨衣用瓦灰呢，夏天的用黄胶布，斗篷样式，开襟，暗牛角扣六个，没肩章，长度在膝盖到过膝，其他和大衣一样；第三，夏季军帽原使用呢子帽套土黄色帽罩，改为单独土黄布帽子，参数同冬季帽子；第四，各级目兵肩

◀晚清新军军乐队。早在小站练兵时期，袁世凯就根据总教习德国人高斯达的建议，按照德军的操练方式，将唢呐改为军号，并组建了第一支军乐队。1903年，袁世凯又在天津开办军乐训练班，先后举办三期。图中新建陆军军乐队的制服与陆军差别不大。宣统时期，禁卫军组建后，也成立了自己的军乐队，同时开创了一套新制服

章均有调整，原定目兵肩章钉紫铜标号或工兵等的营号，改为各军种目兵肩章均刺紫铜色丝线拉丁字母标号或者工兵营号；第五，衣领宽度由原来的二寸四分，改为随着脖子长短不定；第六，皮靴，原定管带以上为长靴，马炮队官之下为短靴，改为凡骑马的皆穿长靴，炮队、辎重队等穿短靴。

尽管军服修改计划非常宏大，但实际上只有一小部分军官按照这个改订条例进行了换装。大体上来说，禁卫军军服和改制陆军军服相差不大。泱泱大清国，军服设计总体相对朴素，即便是礼服，也不够夺目，与同时期其他列强军队的礼服相比，真是朴实无华。

意识到这个问题的满洲贵胄们打起了军乐队的主意。作为大清帝国脸面第一线，禁卫军的军乐队经常要参加迎接外宾的活动，于是载涛等人参考大英帝国的军乐队制服，给禁卫军军乐队设计了一套精美的制服，整体造型类似欧洲的骠骑兵式排骨服。无论冬夏，军乐队都是红色上衣、蓝色裤子，只在材料上不同，裤子有一道红色绲边，衣服袖子上有一条灰色绲边，排骨装饰为灰色，上宽下窄，虽然取消了欧洲常见的军乐队装饰——燕巢，但效果依然非常惊艳。不过，这套制服今天看来很像大酒店的保安或迎宾员的制服。

在 1911 年的禁卫军大阅兵中，穿着精美制服的禁卫军军容焕然一新，受到了摄政王载沣的嘉奖。然而，仅二十多天后，武昌起义爆发，大清帝国在这场辛亥革命大风暴中轰然倒塌。作为大清朝最后的军服，其余脉依然在民国军事舞台上开枝散叶。新军制服在中国军服史上地位举足轻重，对北洋政府的陆海军、国民政府的国民革命军乃至伪满政权军队的军服，都有深远影响。新军制服既是开中国近现代军服之作，也是中国戎装史上的重要坐标。

本章写作过程中，好友三桶提供了大量资料，并参与了部分内容撰稿，特此感谢。

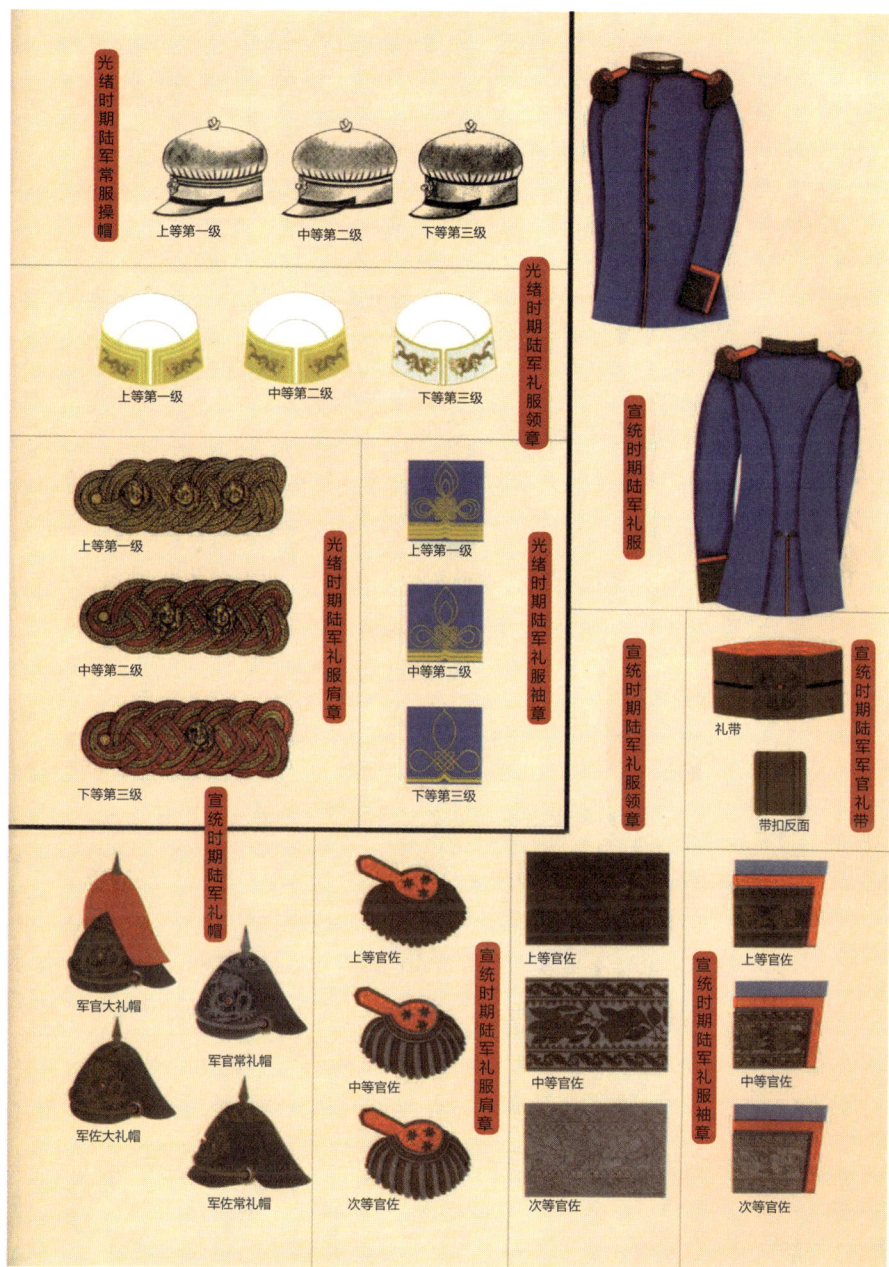

光绪时期陆军常服操帽

上等第一级　　中等第二级　　下等第三级

光绪时期陆军礼服领章

上等第一级　　中等第二级　　下等第三级

上等第一级

中等第二级

下等第三级

光绪时期陆军礼服肩章

光绪时期陆军礼服袖章

上等第一级

中等第二级

下等第三级

宣统时期陆军礼帽

军官大礼帽

军官常礼帽

军佐大礼帽

军佐常礼帽

宣统时期陆军礼服肩章

上等官佐

中等官佐

次等官佐

上等官佐

中等官佐

次等官佐

宣统时期陆军礼服领章

宣统时期陆军礼服

宣统时期陆军官礼带

礼带

带扣反面

宣统时期陆军礼服袖章

上等官佐

中等官佐

次等官佐

▲ 晚清新建陆军制服军衔示意图（刘永华 绘）

甲胄后传：新军制服开启戎装新纪元

知识链接

紫禁城里最后的『御林军』

古装剧中总会出现这样的桥段：宫廷政变，惊慌失措的皇帝大呼："御林军何在？"无论哪朝哪代，无论宫殿在长安、金陵还是北京，危难之际的皇帝总会将御林军视为最后的救命稻草。御林军究竟是一支什么部队？"御"，当然与帝王相关，御林军即保卫皇家的部队。虽然这样解释看起来没问题，但还是要遗憾地说，在中国历史上，从来没有一支叫"御林军"的部队。

革新之风刮进紫禁城

历史上根本不存在的御林军为何会如此脍炙人口？这还得从西汉说起。汉武帝时期，出现过"羽林"这一职位，初设于建元三年（前138年），职能为"掌送从"，相当于皇帝出行时的警卫人员。尽管西汉史料中并未将羽林称为"军"，但后世还是传成了"羽林军"，继而又误传成"御林军"。从此，"御林军"就成了民间对皇家禁军的专有称呼。实际上，尽管历代皆有禁军，但名称各不相同，如宋朝天子的卫兵曰"禁军"，元朝称为"宿卫军"，明朝则有二十六卫亲军，其中包括大名鼎鼎的锦衣卫。

清军入主中原后，大体沿用明制，只是禁军成员换成了八旗的主力精锐。清初的八旗军有劲旅八旗和驻防八旗之分，驻防八旗驻扎于全国各地，而劲旅八旗则负责拱卫京师。清朝统治者对北京城防御重新构建，对满八旗、蒙八旗和汉八旗的职责进行了明确分工，东西南北皆有相应的旗守备。皇城内的守备，则由镶黄、正黄、正白包衣三旗组成的"内务府三旗"负责。皇权中心紫禁城的侍卫，不仅要八旗子弟，而且得从上三旗子弟中选拔。所谓上三旗，指满洲正黄旗、镶黄旗、正蓝旗，这三个旗在满洲入主中原前，就由清太宗皇太极亲自统领，护着皇帝南征北战。

定鼎中原后，摄政王多尔衮将自己所领的正白旗纳入上三旗，将豪格统领的正蓝旗降为下五旗。皇宫禁卫的任务也由有亲兵传统的上三旗子弟担任。

选拔禁军的事由宫中常备的侍卫警备机构——侍卫处负责，设领侍卫内大臣，此职为正一品，是武职中品级最高者，如康熙朝的鳌拜、索额图，乾隆朝的和珅都担任过此职。根据《清史稿》的记载，清朝前期，侍卫处三旗领侍卫内大臣六人，正黄旗、镶黄旗、正白旗各二人。领侍卫内大臣监管和统率侍卫亲军，偕内大臣、散秩大臣、翊卫扈从。协理、主事、笔帖式，分别掌管章奏、文移。侍卫负责皇宫周围所设警卫庐舍，更番侍直。在紫禁城中，侍卫分两翼宿卫，即内班和外班。乾清门、内右门、神武门、宁寿门为内班负责，太和门为外班负责。

尽管这支"御林军"分工明确，但在历史上出现的种种事件表明，清代的紫禁城并非人们想的那样戒备森严，事故层出不穷。同时，禁军的战斗力也十分值得怀疑，嘉庆年间，流民组成的天理教徒竟然一路打进紫禁城，这次惊险的遭遇也让嘉庆帝加强了宫内防卫管理，提高了亲卫素质。但直到晚清，紫禁城内的禁军似乎也没什么战斗力，紫禁城和京师两次落入外敌手中：第一次是1860年，落入火烧圆明园的英法联军手中；第二次则是1900年，落入八国联军手中。尤其是甲午中日战争发生后，清廷受到极大刺激，立即决定由袁世凯负责，编练一支"新建陆军"。庚子国难时，新军虽已初具规模，但因袁世凯不在京城未能参战，与敌作战的旧军尽管在人数上占据优势，依旧被人狠狠按在地上打。

庚子国难加强了清廷的危机感，此后，清廷开始实施"新政"，编练新军、淘汰旧军就是"新政"最为主要的内容。光绪二十七年（1901年）七月二十九日，清廷发布编练新军上谕，"前因各省制兵防勇，积弊甚深，业经通谕各督抚认真裁汰，另练有用之兵"。至此，新军进入规模编练时期。当各省陆续编练新军之际，一个问题摆在了清政府面前——到处都在搞新式部队，紫禁城的皇家亲兵难道还是身穿行袍、行褂吗？光绪三十二年南北新军秋操大演习让越来越多的人意识到，淘汰旧军、编练新军是时代趋势，革新之风刮进了紫禁城，满洲亲贵们也清楚那些老掉牙的八旗兵已经靠不住了，为了保卫紫禁城与大清皇权，有必要狠狠砸一笔钱组建一支装备精良，与世界接轨的禁卫军。

皇族武装挂牌成立

庚子国难的次年，清政府决定在全国推行常备军制，规模化编练新军。至光绪三十一年，已练成五个镇，加上由袁世凯编练的京旗常备军（后称"北洋第一镇"），合称"北洋六镇"。帝制时代，最好的军队自然要先为皇权服务，新军既成，原先的禁军也就可以下课了，紫禁城的守卫任务由新建陆军第一镇和第六镇轮流执行。但新建陆军依旧不能满足皇族们的要求，光绪三十一年十一月二十日，兵

▲ 1910 年，23 岁的载涛访问俄国，在彼得保罗要塞与当地官员合影。图中，载涛身穿华丽的禁卫军大礼服、头戴暖帽

部会同御前大臣上奏，请求变通武备章程，指出"近年兵法日变，器械日新，嗣后王公均当深求兵学，明修武备"，同时奏请调取京外各旗及各省已编成军内的精锐优秀者，拟另行建立扈卫军。

这说明清廷已有人意识到，必须建立一支新式皇族武装力量专门守卫宫廷，促成这支新军诞生的关键人物也是位皇族人员——爱新觉罗·载涛。载涛生于光绪十三年（1887年），为醇贤亲王爱新觉罗·奕譞第七子，也是光绪皇帝的异母弟。早年载涛已经是皇族中喝洋墨水的代表，他留学法国索米骑兵学校，专修骑兵作战科目，一生都对马有着特殊情感。光绪十六年（1890年），载涛受封二等镇国将军，不久晋升辅国公；光绪二十八年（1902年），袭贝勒。北洋六镇练成时，还不到弱冠之年的载涛意气风发，认为皇族也要奋发图强，紫禁城的守卫"虽有一、六两镇轮流入值，究系分班抽调，尚非久经之规"，编练一支禁卫军十分有必要。

其实，所谓"久经之规"并非主要原因。在大众印象中，晚清时的八旗子弟提笼架鸟，整天除了吃就是喝，没别的。这种现象的确相当普遍，但当时也有部分皇族人员接受过先进的精英教育，受过新思想的洗礼，他们不愚昧守旧，不是那些沉迷于大清开国之初武德充沛的迷梦，整天哀叹"骑射之风荡然无存矣"的顽固派。相反，他们意识得到时代在变革，若不顺应时代潮流，必将被时代淘汰，作为爱新觉罗的子孙，他们有义务站出来革新。他们与那些年轻的革命党人一样，具有强烈的忧患意识，并且能力出众，不失为一时之豪杰。但作为上层既得利益者，他们的目的始终是竭尽一切力量来维护爱新觉罗家族的绝对统治，革命潮流、汉族官僚崛起都被他们视为洪水猛兽。载涛、良弼都属此类人物。对北洋六镇的不信任，也是排斥汉族官吏，欲与之争夺兵权的表现，建立禁卫军就是他们意图控制兵权的具体措施。

不过，建立皇族禁卫军的风虽然早就有人在吹，但光绪一朝终究没能建立，这其中也涉及皇家内部的权力斗争。当时，慈禧大权在握，光绪帝唯命是从，作为皇帝弟弟的载沣、载涛若在此时大张旗鼓提出建立皇族武装，难免犯了太后的忌。直到光绪三十四年十月，光绪帝与慈禧太后先后去世，两岁的溥仪被扶上帝位，其父载沣以摄政王监国，爱新觉罗家才扬眉吐气。载沣摄政后第一件事就是把手握兵权的汉臣袁世凯赶回老家去钓鱼，紧接着就是着手建立酝酿已久的皇族武装。当年十二月三日，载沣监国还不到两个月，就迫不及待发布上谕："着派贝勒载涛、毓朗、陆军部（1906年兵部改为陆军部）尚书铁良为专司训练禁卫军大臣，准其酌量由各旗营兵丁内拨取精壮，尽数认真训练。"

禁卫军的编练工作水到渠成地交到了载涛手中，但要编练禁卫军，首先得有一个统筹的机构，载涛等人提出"在京师地方建立禁卫军训练处"的请求，很快获得批准，几经挑选，在东安门外的西堂子胡同选址，"禁卫军训练处"正式挂牌成立。不久后，载涛等人又在西直门内新街口嘎嘎胡同购置民房一处，于宣统元年闰二月七日迁入。不过，嘎嘎胡同这个名字显然与严肃的练兵事业格格不入，所以在训练处迁入后的第三天，朝廷张贴告示：嘎嘎胡同，改名为禁卫军街。

学习德意志帝国

宣统元年三月二十八日，载涛正式成为禁卫军训练大臣。禁卫军训练处是编练新军的总管机构，最高负责人为训练大臣，共设三人，受命于摄政王。下设军咨官六人、执事员十人，还有书记员、绘图员、印刷员、司书生、印刷手等数十人，全处共六十八人。训练处下设军械、军法、军需、军医四科，各司其职。

晚清新军皆效仿列强部队编练，各地新军编练情况不同，所借鉴的国家也不同，大多借鉴日本和德国。而作为皇家武装的禁卫军，军制、军服、装备以及编练方式，都以德意志帝国的陆军部队为学习对象。这主要是受载沣的影响，义和团打死了德国公使克林德，载沣代表清廷赴德道歉，在那里受德皇胞弟亨利亲王的邀请参观了德国军队，德军给他留下了深刻的印象。光绪三十一年，亨利来华，载沣也以亲王身份接待，在与亨利交谈时，谈起了创建皇族私人武装的事情，载沣由此萌生了效仿德国掌握军权之意。只是当时慈禧尚在，此事不便声张。成为摄政王后，他终于得偿夙愿，在他的主导下，为何禁卫军处处都效仿德军就不难理解了。

禁卫军在编制上与新建陆军大体相同，依次为镇、协、标、营、队、排、棚。

营制则按陆军一镇的步、马、炮、工程、辎重、军乐各标营队来编练第一、第二两协。由于人数有限，禁卫军暂不设镇统，由协司令处设统领官一员统领全协，又设参军官一员参佐营务。标本署设统带官一员统辖全标。各兵营均设管带一员管理全营。

都知道新建陆军的选拔过程颇为严格，而禁卫军对部队官长和兵丁的选拔更为严苛。官长不拘泥于满汉之风，但得是各军队中兵学优长、操法娴熟者。例如，炮队的官长优先精选陆军中的留学生内定管带，然后派遣他们到订购火炮之国去考察造炮及操作技术。交通营则选择新军中工科成绩最优者，派遣他

▲禁卫军训练大臣铁良

们到邻近各国考察交通学术。步、马、工各标营长则从各地讲武堂中挑选，这些被选拔出来的人员还要经过严格训练和考试后才能正式编制入队。

至于兵丁选练，也列了明确的标准：第一，限十七岁以上、二十五岁以下；第二，身高四尺八寸（约1.6米）以上；第三，身无残疾及暗疾者；第四，五官端正者；第五，身家清白，素无过犯者；第六，素无嗜好者。兵丁一旦入选，其所在的旗营需造具这名士兵家族三代的情况，详细登记后送到禁卫军训练处。从这看来，禁卫军士兵不仅德智体美劳要过关，政审也要过关。当然，一旦入选，军饷也相当可观，甚至优于新建陆军，那些穿着号衣的旧军对禁卫军的优厚待遇非常眼红。

按照最初的计划，禁卫军拟分四期编练，每期时间为六个月。如果按照这个进度，从宣统元年正月开始，到宣统三年（1911年）正月可完成编练，实际上宣统三年七月禁卫军才完成编练。

不难看出，清末禁卫军对士兵的选拔标准已和清代从上三旗选拔兵丁护卫宫

廷的传统制度完全不同。不仅兵丁不要求旗丁出身，部队官长也不分满人、汉人。这是否能说明禁卫军是一支具有现代理念，近似于国家军队的部队呢？答案是否定的。禁卫军虽然存在时间不长，但权力都掌握在皇族手中。建军之初，上谕就明确表明这支部队归摄政王统率。先后被任命为训练大臣的铁良、载涛、载扶、毓朗都是宗室中的近支，步队第一协统领良弼亦为满洲宗室亲贵。无论禁卫军军服、武备如何精良，章程条例如何近现代化，其为私兵的性质都不会改变。

在辛亥风暴中被夺权

宣统三年七月，禁卫军基本编练成军，载涛也希望在文武百官前炫耀一番，于是奏请摄政王定个日期，在德胜门外的正黄、镶黄两旗校场检阅军队并赐予标旗。这自然是载沣乐于看见的，他很快批复："本月二十四日监国摄政王亲往校阅。"

七月二十四日，踌躇满志的载沣身穿亲王补服，亲自前往德胜门外的两旗校场阅兵。这一天，禁卫军除了步队第二标留一个营宿卫紫禁城，马队第三营因蒙兵尚未到齐而编为两队外，其余禁卫军成员皆按照编制，身穿笔挺的军服整齐列队，接受摄政王的检阅。载沣的驾车由马队引领，从醇王府起程，一路行至德胜门。当载沣抵达校场时，禁卫军全体按队形举枪致敬，与此同时，军乐队奏响军乐《崇戎谱》，校场气氛庄严肃穆。阳光下，军士们林立的枪管形成了一排排整齐的平行线，犹如一支坚韧不拔的不败之师。载沣对这支皇家精锐武装非常满意，次日即下谕嘉奖："该两协官兵均精神振奋，动作如法，颇能仰体朝廷整军经武之意，成效昭著，深堪嘉许。"

在表彰军队的同时，载沣还口奉上谕对载涛等人进行嘉奖："专司训练禁卫军大臣郡王衔贝勒载涛、辅国公衔镇国将军载扶训练有方，不辞劳瘁，均着加恩，赏穿黄马褂。所有该处当差各员自军咨官以下标准照异常劳绩择优酌奖。"这次阅兵的确让载沣很满意，那一列列林立于校场的士兵、威严大气的军乐队，给勋贵们营造了一种幻象：大清国处处挨打的屈辱岁月将成为历史，在不久的将来，帝国将崛起，屹立于世界之林。挨打的日子的确很快会终结——灭亡了，自然就不会再挨打了。

禁卫军大阅兵还不到一个月，宣统三年八月十九日（1911年10月10日），武

▲ 宣统三年七月二十四日，禁卫军在北京德胜门外两旗校场举行的秋操预演。身穿亲王补服、头戴凉帽的摄政王载沣乘坐马车检阅了军队。从照片中可以看到，骑马的几位禁卫军军人均已剪掉发辫

昌传来的起义枪声就敲响了清王朝的丧钟。起义爆发后，清廷下旨令陆军部编组第一军、第二军和第三军。陆军第四镇及混成第三协、十一协编为第一军，以荫昌为军统（也称总统）；陆军第五镇编为第二军，冯国璋为军统；以禁卫军和陆军第一镇编为第三军，载涛为军统。第一军、第二军在荫昌和冯国璋率领下开赴武汉镇压起义，载涛则率第三军驻守近畿，专门巡护、弹压京师地方。禁卫军训练处的办公地也顺理成章成了第三军司令部。

武昌战事急如星火，载沣这时苦于无力调兵，便想起了几年前被他赶走的袁世凯，没想到经过三年的改革，到如今大清朝要调兵"平乱"还是非袁不可。八月二十三日，清廷授袁世凯湖广总督，九月十九日下令召回荫昌，命袁世凯以湖广总督兼钦差大臣节制前线各军。袁世凯此次东山再起，岂会乖乖受制于皇室？他虽可以掌控北洋六镇，但驻扎于京师的禁卫军始终是他架空皇室路上的心腹大患，必须先解决禁卫军。于是，拥兵自重的袁世凯威逼利诱，向朝廷提出："当此

干戈扰攘之际，皇族必须亲自出征，以为各军表率。"

什么意思呢？现在，第一、第二军都在武汉与革命党鏖战，袁世凯要求载涛必须率领以禁卫军为核心的第三军出征，否则人心不服。后世很多人认为，袁世凯这一要求将载涛吓破了胆，实际上并没这么简单。袁世凯这一招非常狠毒，相当于将了载涛一军。摆在载涛面前只有两条路：第一，真的率领禁卫军出征，如果是这样，袁世凯控制的陆军恐怕会作壁上观，将禁卫军送到最凶险的前线；第二，认输，载涛不具备明知不可为而为之的英雄主义，在袁世凯的逼迫下，他怂了，选择了退出，自请解职。

十月七日，载涛奏请第三军第一镇由袁世凯调遣，同时取消第三军的名目，袁世凯就这样轻而易举夺取了陆军第一镇兵权。但禁卫军还没有全被解决，他自然不会善罢甘休，于是继续软硬兼施，皇室不得不再度妥协，先后解除了铁良、毓朗贝勒的训练大臣职务，并于十月十五日下旨派与袁世凯私交甚好的汉族大臣徐世昌专司训练大臣。十一月二日，冯国璋自汉阳返京后便接到命令，命其为禁卫军总统官。同一天，禁卫军步队第一协统领官良弼被授予军咨府使，被夺去禁卫军的军权。这样一来，原本一直掌握在满洲皇族手中的禁卫军也落到了汉族官员的手中。

倾国后的复辟余波

辛亥革命让大清帝国的寿命进入倒计时，袁世凯夺权逼宫，载沣妥协退让，载涛将禁卫军兵权拱手相让，满朝文武中敢与袁世凯相争、誓死捍卫大清皇权的，只有良弼这样的帝国鹰派。但好景不长，强硬的宗社党首领良弼很快被革命党志士彭家珍用人肉炸弹炸死，宗室大为惊恐，袁世凯趁势逼宫，终于把孤儿寡母逼得下诏退位，大清终究还是亡了。

宣统三年练成的禁卫军竟然一仗都没有打过就为清王朝送了终。一直以来不乏观点认为，如果载涛有良弼那样的魄力，在袁世凯出言相逼时毅然率领装备精良的禁卫军与革命党拼死一战，未必不能扶大厦于将倾。事实上，禁卫军真实的战力如何，在孤军奋战的情况下能不能击败革命党，真不好说。军队的真实情况，载涛恐怕是最清楚不过的，其实自禁卫军编成以来，军士逃亡的情况一直在发生，为此载涛还于宣统三年二月奏拟了关于禁卫军士兵逃亡惩劝官长的章程。在奏折中，他指出："禁卫军虽然饷糈装服给养较优厚，但仍有逃亡，行文查拿，百无一获。"这也从侧面看出，这支皇族武装并非一支士气旺盛、忠诚可靠的军队。

1912年2月12日，随着清帝宣统一纸退位诏书颁布，大清国轰然倒塌，这支守护紫禁城的禁卫军将何去何从？民国成立后，根据优待清室条例第八条："原有禁卫军归中华民国陆军部编制，其额数俸饷，仍如其旧。"也就是说，禁卫军仍然归冯国璋指挥。另一方面，清帝退位后，紫禁城外虽已是民国，但紫禁城内仍然维持着爱新觉罗家的小朝廷，护卫紫禁城的仍是原禁卫军。载涛后来回忆说，民国初年紫禁城中神武门、北上门的守卫仍由禁卫军担任。而冯国璋在1913年对清室的奏章中言"本军守卫皇城、紫禁城"，可见禁卫军守卫的范围并非只有神武门和北上门。

1914年，冯国璋就任江苏都督，禁卫军也改编为陆军第16师，师长由原禁卫军协统王廷桢担任。皇室的禁卫军最终成了冯国璋的卫队。后来，冯国璋代理大总统，第16师也一直跟随，听其调遣，可以说是完成了从皇族御林军到总统亲卫队的转变。这种情况一直持续到1919年冯国璋病逝。禁卫军改编陆军16师后，紫禁城的守卫工作由该师步兵2团负责，也就是说，冯国璋病逝后，原有的部分禁卫军依然在守护紫禁城内的小朝廷，1924年冯玉祥发动北京政变，废帝溥仪遭驱逐出宫，第16师对紫禁城的守卫任务才结束。次年，紫禁城有了一个新名字——故宫。

那些曾经执掌禁卫军的满洲皇族，在鼎革之变后也先后离开皇宫，在大时代的浪潮中谱写各自的命运。爱新觉罗·载涛，创建禁卫军最关键的人物之一，在清廷覆亡之际，曾加入宗社党，努力挽救爱新觉罗的江山，但随着良弼被刺杀，宗社党终究未能扭转清廷灭亡的命运。民国初年，载涛依旧对清室念念不忘，图谋复辟，1917年夏季的张勋复辟终于让他等来了机会，他再次登上政治舞台，担任禁卫军司令一职，这也是民国以来他最辉煌的时刻。然而，这场闹剧式的复辟仅持续12天就土崩瓦解了。复辟失败也让载涛的思想受到极大冲击，此后，他逐渐放弃了复辟大清的迷梦。奉天事变后，侵华日军掩护溥仪出逃，在东北炮制伪满洲国，同时召集清室遗老遗少前往任职，这次，载涛守住了民族大义的底线，拒

▲ 爱新觉罗·载扶 (中间坐者)，庆亲王奕劻次子，曾作为清皇室代表跟随唐绍仪访美。1911年9月载沣检阅禁卫军后，赞赏"辅国公衔镇国将军载扶训练有方"，赏黄马褂。清朝灭亡后，载扶彻底退出了政治舞台

绝到伪满洲国任职。中华人民共和国成立后，载涛被任命为中国人民解放军炮兵司令部马政局顾问；同时，他也是第一、二、三届全国人大代表，第二、三届全国政协委员。1970年9月2日，83岁高龄的载涛在北京病逝，结束了作为末代皇族曲折起伏的一生。

穆尔察·铁良，禁卫军训练大臣，也是对清室最忠心的皇室成员之一。清帝退位后，铁良与善耆等皇族成员再次组织宗社党，矢志复辟。铁良以"遗老"身份在青岛、大连、天津等地参与了清帝复辟活动。溥仪在回忆录中说，民国初年，紫禁城将铁良、善耆、溥伟和升允并称"四个申包胥"，赞扬他们像春秋时期的楚国大夫申包胥一样，为"复国"事业鞠躬尽瘁。张勋复辟时期，溥仪没有忘记这位宗室"忠良"，马上任命其为弼德院顾问。然而，闹剧很快就草草收场，铁良又狼狈逃回天津租界寓居。20世纪30年代初，铁良在日本人炮制伪满洲国的过程中多有参与，不过他没有到东北任职。1938年，76岁的铁良病死在天津，没有看到伪满政权覆亡的那一天。

辛亥革命后，积极参与宗社党复辟阴谋的还有原禁卫军训练大臣爱新觉罗·毓朗，不过他与宗社党核心人物善耆一样，在复辟阴谋破产后郁郁终生，就在善耆病死九个月后，他也去世，时年59岁。几位禁卫军训练大臣在清廷覆亡后，最安分的当属爱新觉罗·载扶。载扶是庆亲王奕劻次子，他年少多金，风流倜傥，颜值爆表，相当符合今天古装剧中风流俊王爷的形象。不过，这位末代王爷在政治上并无太多作为，担任禁卫军训练大臣期间也无突出表现，唯在宣统三年七月的阅兵中沾了载涛的光，被赏穿黄马褂。清廷覆灭后，末代王公载扶并不像铁良、载涛等人有着强烈的复辟愿望，到处搞事。他选择从此远离政治，寓居天津，当一个安静的美男子。

御龙卫玄金甲根据《武经总要》《八公图》等史料设计。唐宋时期是中国甲胄发展的集大成时代，此时的甲胄集美观与防护为一体，各种附件已发展成熟，形制是中国甲胄最复杂的，故而选取这一时期的甲胄，以多张图片逐一演示中国甲胄的穿戴步骤。

御龙卫玄金甲制作者简介
李辉，甲胄艺术家，1984年生于山东，2006年毕业于中央美术学院，自幼学习传统书画，热衷于商周金文和中古盔甲研究，其作品在中国历届工艺美术大师精品展和"金凤凰""百花奖"等比赛中多次折桂。

叁

肆

㊄

陆

仿宋式《八公图》御龙卫玄金甲穿戴步骤图

柒

捌

甲冑穿戴完整图

玖

仿宋式《八公图》御龙卫玄金甲穿戴步骤图

作者简介
周渝

◎青年作家

◎中国甲胄爱好者，拥有各式铠甲、戎服，收藏了大量中国甲胄、兵人模型

◎中国国民党革命委员会党员

◎"紫金·人民文学之星"奖获得者

◎第三届（2015 年）中国 90 后作家排行榜第一名

◎民革中央第六届《台湾研究》特邀撰稿人

◎现为人民日报社《国家人文历史》主创之一

◎多次作为 CCTV-7、CCTV-1 频道嘉宾、青年代表参与录制军事历史类节目

长期从事历史写作，喜爱收藏历史题材模型、中国传统服饰、中国古代甲胄、中国近现代军服等，已出版《卫国岁月》《战殇：国民革命军抗战将士口述实录》等作品，文章常见于《国家人文历史》《中华遗产》《博物》等文史刊物。